本书由2014年度辽宁省社会科学规划基金重点项目资助（L14AJL009）

韩国对外直接投资的发展轨迹及其绩效研究

金明玉 著

Hanguo Duiwai Zhijie Touzi De Fazhan Guiji Jiqi Jixiao Yanjiu

中国社会科学出版社

图书在版编目(CIP)数据

韩国对外直接投资的发展轨迹及其绩效研究/金明玉著.—北京:中国社会科学出版社,2015.6
ISBN 978 - 7 - 5161 - 6244 - 6

Ⅰ.①韩…　Ⅱ.①金…　Ⅲ.①对外投资—直接投资—研究—韩国
Ⅳ.①F833.126.6

中国版本图书馆 CIP 数据核字(2015)第 123575 号

出 版 人	赵剑英
责任编辑	周晓慧
责任校对	无 介
责任印制	戴 宽

出　　版	中国社会科学出版社
社　　址	北京鼓楼西大街甲 158 号
邮　　编	100720
网　　址	http://www.csspw.cn
发 行 部	010 - 84083685
门 市 部	010 - 84029450
经　　销	新华书店及其他书店

印刷装订	北京金瀑印刷有限责任公司
版　　次	2015 年 6 月第 1 版
印　　次	2015 年 6 月第 1 次印刷

开　　本	710×1000　1/16
印　　张	13.25
插　　页	2
字　　数	230 千字
定　　价	48.00 元

凡购买中国社会科学出版社图书,如有质量问题请与本社营销中心联系调换
电话: 010 - 84083683

目　录

前　言

中国的对外直接投资始于 20 世纪 70 年代末，历经三十多年的发展，对外投资的数量逐渐增加。1984 年之前，中国对外投资额仅有 2.71 亿美元；2001 年中国加入 WTO 后，对外投资的增速明显加快；2010 年对外投资额已达到 688.1 亿美元；截至 2013 年底，中国累计非金融类对外直接投资额为 5257 亿美元。对外投资的区域不断扩大，从区域投资额来看，亚洲和拉丁美洲一直是中国对外投资的重点。近年来，中国对大洋洲、欧洲和北美洲的投资增长迅速；对外投资的行业实现了多元化，采矿业、制造业和批发零售业比重下降，商业服务业和金融业等第三产业的比重有所增加，行业结构也实现了优化；投资方式更加灵活，除了"绿地"投资外，兼并、收购和交叉换股等投资方式被普遍采用；投资主体的构成发生了巨大的变化，国有企业所占的比重持续降低，有限责任公司的比重持续显著提高。

韩国的对外直接投资始于 20 世纪 50 年代末，历经五十多年的发展，对外投资经历了经济发展初期的缓慢发展阶段，以及经济崛起后的快速发展时期。1959—1979 年累计对外投资仅为 1.8 亿美元，1989 年达到 5.83 亿美元。进入 1990 年，对外投资迅猛增长，投资的规模达到 11.43 亿美元，2011 年发展到 257.72 亿美元，增长近 23 倍。韩国对外投资的迅速发展，得益于其较为合理的跨国投资结构：以大企业为投资主体，培育出如三星、LG 等国际知名的跨国公司；从周边发展中国家开始逐步进军发达国家；投资行业从自然资源型向制造业，再进一步向服务业发展；投资方式从独资向合资转变。

近几年来，中国对外直接投资发展比较迅速，但是存在很多问题，诸如投资规模小，投资方式单一，投资层次低，投资地区有限，投资经验缺乏等。当前，中国正处于调整经济结构、转变经济增长方式的关键时期，大力发展对外直接投资有利于中国国民经济的发展。韩国经过了五十多年的对外直接投资，成功培育了三星、现代等国际知名的跨国公司，同时通过对外直接投资，大力促进了国内经济的发展，走出了一条比较成功的跨国经营发展道路。

因此，本书在这样的背景下，总结韩国对外直接投资的发展历程，分析其发展及政策，并进一步实证分析韩国对外直接投资对国内经济影响的效应，概括并总结了韩国对外直接投资的经验与教训，以此为中国发展对外直接投资，促进国内经济发展提出相关的政策建议。

本书研究采用实证分析与规范分析相结合的方法。在实证分析部分，本书基于理论前提，提出假设，然后根据研究的需要，并在参考国外相关研究成果的基础上构建适宜模型，最后选取适当的样本对假设进行检验。在规范分析部分，本书对韩国对外直接投资的历程与政策进行了总结和评价。基于上述实证分析与规范分析的研究结果，总结韩国对外直接投资的经验与教训，并结合中国对外直接投资的现状，提出促进和完善中国对外直接投资的相关建议。

通过对韩国对外直接投资的历程与政策进行定性分析，得出了如下主要结论：第一，根据韩国对外直接投资的发展特点，将其分为四大阶段：第一阶段，1968—1980 年，是对外直接投资的初级阶段；第二阶段，1981—1997 年，是对外直接投资的快速发展阶段；第三阶段，1998—2006 年，是对外直接投资的调整阶段；第四阶段，2007 年至今，是对外直接投资的高速发展阶段。本书在对每个阶段作出详尽分析的基础上，进一步提出目前韩国对外直接投资所存在的问题。第二，梳理了韩国对外直接投资的支援制度并总结了韩国对外直接投资的政策变迁。首先，对韩国支援制度从五个方面进行了描述：金融；保险；税收；情报信息；安全投资环境。其次，把韩国对外直接投资的政策变迁分为五个阶段进行定性分析：制度引入的初级阶段（1968—1974）；制度调整阶段（1975—1979）；奖励阶段（1980—1985）；快速发展阶段（1986—1993）；自由化阶段（1994 年至今）。本书分别从投资重点、投资认证制度、投资条件、投资限制制度、筹措自有资金比例以及金融支援制度六方面概括这五个阶段的演变特点。

本书的重点在于实证分析韩国对外直接投资对国际贸易收支、就业以及产业结构调整的影响，规范分析了其对国内技术创新和产业空洞化的影响。

本书在实证分析韩国对外直接投资对国际贸易收支的影响时，选取1991—2011年为样本期，使用的是韩国银行统计的数据。由于韩国制造业在对外直接投资与国民经济中一直占据很大的比重，本书从其对外直接投资对国内制造业出口的引致效应、出口替代效应和逆进口效应的角度进行了回归分析。实证分析的结果是韩国对外直接投资到目前为止并没有引起国内贸易收支的恶化，但本书预测，随着对外直接投资的进一步发展，必将产生明显的出口替代效应和逆进口效应，进而恶化贸易收支状况。

本书在分析韩国对外直接投资对国内就业的影响时，选取1995—2011年为样本期，使用的是韩国统计厅、劳动部等机构的统计数据，由于一些数据存在内生性等问题，为此本书作了一系列的假定，然后设定理论模型，进行回归分析。实证分析分别从直接效果、间接效果以及对不同行业就业影响的角度进行，本书认为，到目前为止，韩国对外直接投资对国内就业的直接或间接效应，还未产生消极影响，尽管诸如纤维、服装等一部分轻工行业的对外投资引起了国内就业的减少，但电器电子、钢铁等重化学工业的对外投资一直在增加国内就业。

本书在分析韩国对外直接投资对产业结构调整的影响时，选取1985—2011年为样本期，使用韩国进出口银行和各国统计年鉴中的数据，运用Granger因果检验，进行回归分析，得出对外直接投资对韩国国内产业结构调整的影响程度。分析的结论是韩国对外直接投资的扩大促进了国内产业结构的调整，对第一产业的影响程度最大，对第二产业的影响最小，而且拟合度不明显，对第三产业的影响是正向的，即促进了第三产业的发展。

本书在分析韩国对外直接投资对国内技术创新的影响时，使用了规范分析的方法。首先，分析对外直接投资对投资国国内技术创新的影响。其次，进一步研究韩国对外直接投资对国内技术创新的影响机制，即跨国兼并与收购；建立技术开发型国际合资、独资企业；国际战略联盟和建立海外技术研发机构。

本书在分析韩国对外直接投资对国内产业空洞化的影响时，也使用了规范分析的方法。首先，阐述了产业空洞化及其产生的原因与韩国产业空洞化的特点。其次，从国民经济的角度分析对外直接投资对韩国产业空洞化的影响，认为对外直接投资对国内产业空洞化产生了一定的影响，但重要的是如何通过对外直接投资促进国内产业结构的优化，减少空洞化的负作用。最后，从制造业不同行业进行分析，认为对外直接投资加速了韩国制鞋业和纤维产业的产业空洞化；装备制造业有明显的产业空洞化趋势；家电产业由于实现了迅速的技术转换，防止了产业空洞化。

　　本书在分析中国对外直接投资概况时，采用的是规范与实证分析相结合的方法。首先，阐述了中国对外直接投资的现状、历程、特点及存在的问题。其次，对中韩对外直接投资进行了详细的比较分析，分别从中韩投资的规模，对其国内贸易的影响、行业分布、区域分布、投资方式和政策等方面进行了多角度多维度的实证与规范分析。最后，对中韩对外直接投资的比较情况进行了总结。

　　基于上述的定量和定性分析，本书进一步总结韩国对外直接投资的经验与教训，提出了中国发展对外直接投资促进国内经济发展的相应策略。即对外直接投资政策的调整要与经济发展进程相适应；对外直接投资的区位及产业选择要有利于促进出口；对外直接投资要有利于企业的技术创新；对外直接投资要有利于优化产业结构；对外直接投资要有利于国内就业以及中国对外直接投资主体、方式及企业的战略选择。

第一章 导论

第一节 问题的提出

一 研究背景

韩国是经济发展比较成功的新兴工业化国家之一，也是比较成功地通过对外直接投资来促进国内经济发展、取得显著成效的国家之一。回顾其对外直接投资发展的历史，进程并非一帆风顺，总的趋势表现为先抑后扬。目前，韩国对外直接投资的规模虽远不及发达国家，但明显具有发展历史短、增长速度快的特点。1968 年，韩国南方开发股份有限公司对印度尼西亚林业部门投资 300 万美元，生产胶合板原料，开创了韩国对外直接投资的先河。直到 20 世纪 80 年代中期，韩国对外直接投资发展仍然非常缓慢。因为这一时期，韩国主要致力于吸引外资以促进国内经济建设，是国内经济快速发展的时期。20 世纪 80 年代中期以后，为了适应经济全球化以及国内产业结构调整的需要，对外直接投资进入快速发展阶段。据韩国进出口银行的统计，1985 年，实际对外直接投资额为 1.12 亿美元；1991 年，实际对外直接投资额就达到了 11.1 亿美元，增长了大约 10 倍。特别是 1992 年中韩正式建交，韩国对中国的投资迅猛增长。1992 年，韩国在华直接投资的金额仅为 1.2 亿美元，投资项目为 650 项；1996 年，韩国对中国的实际直接投资额就达到 9.33 亿美元，实际投资项目达到 2138 项，增长了大约 8 倍。1997 年，韩国发生金融危机，为了适应国内结构改革的资金需求，对外直接投资有所萎缩，但随着国内经济快速、全面的复苏，为适应经济全球化以及国内产业结构调整与优化和技术创新等方面的需求，韩国很快就进入全面的对外直接投资快速发展阶段。据韩国进出口银行统计，1997 年，实际投资项目为 1335 项，实际投资金额为

37.15 亿美元，在 1997 年短暂的萎缩后，1998 年开始复苏。2005 年的实际投资项目数为 4449 项，实际投资金额为 72.63 亿美元。这一时期一直徘徊在几十亿美元阶段，从增长速度上看，呈现快速增长态势。从 2006 年至今，韩国的对外直接投资开始进入高速发展阶段，实际投资金额进入上百亿美元的阶段。2006 年的实际投资的项目数为 5215 项，实际投资金额为 118.54 亿美元。由于 2008 年末发生的世界性金融危机，2009 年，对外投资金额有小幅度回落，2010 年开始复苏。直到 2013 年，韩国的对外直接投资一直处于高速增长阶段，2013 年实际投资项目数为 2834 项，实际投资金额为 306.52 亿美元，投资金额是 2006 年的 1.59 倍，可见，韩国已经进入对外投资的高速发展阶段。

中国自改革开放以来，对外直接投资的规模远远小于吸引外资的规模。据中国商务部统计数据，中国引进外资的规模正稳步扩大，截至 2013 年 4 月底，累计实际吸收外资金额为 1.3 万亿美元，在全球排名中居第二位；2013 年，中国境内投资者共对全球 156 个国家和地区的 5090 家境外企业进行了直接投资，累计实现非金融类直接投资（下同）901.7 亿美元，同比增长 16.8%。截至 2013 年底，中国非金融类对外直接投资额累计为 5257 亿美元。可见，中国对外直接投资仍然处于初级阶段。从邓宁的投资发展周期论角度看，中国的人均 GDP 处于第二阶段，外国直接投资流入的规模逐渐扩大，而对外直接投资额仍然较小，净对外直接投资额为负值，这也符合中国的实际国情。但是，随着中国经济平稳快速的发展，以及外汇储备额的不断增长，发展对外直接投资的重要性逐步显现出来。自从提出发展"走出去"战略以来，中国对外直接投资的规模逐渐扩大，据中国商务部统计数据，中国 2012 年实际吸收外商直接投资 1117.2 亿美元，同比增长 9.72%，2013 年非金融类对外直接投资 901.7 亿美元，同比增长 24%，"走出去"战略成效显著。长期以来，中国是接受外商对外直接投资的大国，随着中国经济综合实力的增强，在未来几年里，中国对外直接投资的规模还会进一步扩大。

本书正是在此背景下，把韩国作为对外直接投资发展比较成功的新兴工业化国家的代表，深入研究了韩国对外直接投资的发展历程、支援制度等政策的变迁以及韩国的对外直接投资对国内的经济效应，并结合中国对外直接投资的发展现状，探索韩国对外直接投资的经验与教训，提出中国发展对外直接投资的相应对策。

二　研究意义

（一）理论意义

由于对外直接投资在经济中的地位越来越重要，对外直接投资对投资国的经济效应也成为学术界关注的焦点问题之一。特别是随着经济全球化的日益发展，发展对外直接投资已被放在与发展国际贸易同等重要的位置上。现有的文献对有关发达国家的对外直接投资、跨国公司的研究比较多，而对发展中国家对外直接投资的研究比较少，对发展中国家对外直接投资对国内经济效应的研究更是少之又少。中国作为发展中的大国，随着经济的发展以及对外直接投资规模的日益扩大，把韩国作为成功地进行对外直接投资的发展中国家的代表，深入研究其对外直接投资的成功经验与教训，对中国发展对外直接投资具有一定的借鉴意义。因此，本书试图在对一般直接投资以及相关理论进行梳理的基础上，构建一个新的研究韩国对外直接投资的分析框架。首先，总结、概括韩国对外直接投资的发展历程以及支援制度，然后着重通过大量的数理模型，实证分析韩国对外直接投资对国内贸易收支、就业以及产业结构调整的效应，并对国内的技术创新与产业空洞化进行定性分析。总之，本书对韩国对外直接投资进行全面系统的分析，总结其成功的经验与教训，最后提出了中国发展对外直接投资的策略。

（二）现实意义

韩国是一个执行外向型经济发展战略而取得成功的国家之一。其外向型经济发展战略由两部分构成。一方面，大量举借外债和引进外商直接投资以发展本国经济；另一方面，积极从事对外直接投资活动，直接进入国际市场参与国际竞争。目前，韩国的对外直接投资规模虽远不及发达国家，但其增长速度很快，在国际投资市场上已经越来越受人关注。因此，研究韩国对外直接投资的发展状况，从其历程、政策和对国际贸易收支、就业、技术创新、产业结构调整以及产业空洞化的角度研究其所取得的成效，对于同样是发展中国家及与韩国经济结构有众多相似之处的中国具有一定的借鉴意义。韩国的经验对中国发展对外直接投资，利用国内外"两个市场、两种资源"，开拓国际市场，利用海外资源，引进先进科学技术，推动产业结构升级，防止产业空洞化，优化外贸结构，促进国内就业等方面颇具参考价值。

第二节 文献综述

一 关于对外直接投资与国际贸易的研究

（一）对外直接投资与国际贸易关系的理论研究

研究对外直接投资与国际贸易之间的关系可以从对外直接投资理论、跨国公司理论及需求理论角度展开。

1. 从对外直接投资理论的角度

贸易与投资的关系最初是由蒙代尔（Mundell，1957）提出的。[1] 他认为，贸易与投资之间具有替代性，即贸易障碍会产生资本的流动，而资本流动障碍会产生贸易。贸易与投资之间的这种替代关系从"关税引致投资"的实践中得到了验证。在 20 世纪 60 年代以后，随着各国对外直接投资和跨国公司的迅速发展，西方经济学界对这一领域产生了极大的兴趣，并进行了大量的理论探讨和研究，形成了许多观点各异的理论，一般统称其为对外直接投资理论。一般说来，对外直接投资理论认为，FDI 与出口是对外输出的两种方式，两者可相互替代，巴克莱与卡森（Buckley and Casson，1976）提出的内部化理论认为，当外部交易的成本足够大时，FDI 就会替代出口[2]；邓宁（Dunning，1979）的折衷主义理论认为，一个企业要从事对外直接投资必须同时具备三个优势，即所有权优势、内部化优势和区位优势，三种优势的不同组合，决定了对外直接投资的部门结构和国际生产类型。[3] 如果三者都具备，国际直接投资是最佳的选择；如果具有所有权优势和内部化优势，则可以选择对外贸易；如果仅具有所有权优势，他国区位优势又不明显，那么许可证贸易是最佳选择。

日本学者小岛清（Kiyoshi Kojima，1973）提出了一个 FDI 与贸易存

---

[1] Mundell, R. A., "International Trade and Factor Mobility," *American Economic Review*, 1957, June, pp. 321-335.

[2] P. J. Buckley, M. Casson, *The Future of the Multinational Enterprise* (London, Macmillan, 1976).

[3] Dunning, J. K., "Trade, Location of Economic Activity, and the MNE: A Search for an Eclectic Approach," in B. Ohlin, P-O, Hesselborn and P. M. Wijkman (eds.), *The International Allocation of Economic Activity* (London: Macmillan, 2000; "The Eclectic Paradigm of International Product: A Personal Perspective", in Christos N. Pitelis and Roger Sugden (eds.), *The Nature of the Transnational Firm* (Routedge Press, 1977).

在互补关系的比较优势理论。① 小岛清认为，由于各国的经济状况不同，根据美国对外直接投资状况推断出来的理论（一般支持 FDI 和国际贸易的替代关系）无法解释日本的对外直接投资现状。比较优势理论的基本内容是：对外直接投资应该依次从本国已经处于或即将处于比较劣势的产业（边际产业）开始，通过对外投资扩大两国的比较成本差距，创造出新的比较成本格局。

美国哈佛大学的弗农教授（R. Vernon）② 提出了产品生命周期理论，呈现了 FDI 和贸易间关系的复杂性。弗农把产品分为创新阶段、成熟阶段、标准化阶段。在产品创新阶段，创新国垄断着新产品的生产技术，生产成本的差异对公司生产区位的选择影响不大（因为产品的需求价格弹性很低），这时最有利的安排是在国内生产并出口。但在产品成熟阶段，生产技术基本稳定，加上仿制者和竞争者的出现，产品的需求价格弹性增大，降低成本成为竞争的关键。此时，创新国企业开始展开对外直接投资，在国外进行生产。但投资地区一般是那些收入水平和技术水平与创新国相似，但劳动力成本低于创新国的地区，如美国公司对欧洲的直接投资。到产品的标准化生产阶段，价格竞争尤为重要，创新国的优势丧失，此时只能将生产向低收入、低成本国家和地区转移，并通过贸易将产品返销到跨国公司母国或其他国外市场。

2. 从融合跨国公司理论的贸易模型的角度

20 世纪 80 年代以前，国际贸易理论一度由 H–O 模型占据统治地位，然而由于 H–O 模型越来越不能解释禀赋相似国家的同类产品间的大量贸易而遭受质疑，加上跨国公司的蓬勃发展，大量的理论研究不得不在一般的贸易模型中引入跨国公司的因素，出现了以报酬递增、不完全竞争和产品差别为特征的"新贸易理论"。最初，此类模型仅能处理一种投资的情况，即水平性投资或垂直性投资，能包括两种类型投资的模型只是在近年来才出现的，表现为知识资本模型。

FDI 和贸易间的互补关系一般存在于垂直性对外投资模型中，特别是当解释发达国家流向发展中国家的 FDI 时，赫尔普曼（Helpman，1984）

① Kojima, K., *Direct Foreign Investment* (Croon Helm, London, 1978).

② Vernon, R., "International Investment and International Trade in Product Cycle," *Quarterly Journal of Economics*, 1966（8）：190-207.

在国家间比较要素禀赋差异的基础上引入跨国公司，建立了一个两种产品、两种生产要素的两国模型。跨国公司垂直性对外扩张源于相对要素禀赋差异，价格差异，投资是单向的，一国仅生产且出口具有要素禀赋优势的产品，进口具有要素禀赋劣势的产品。在这种情况下，FDI 将创造贸易，即两者存在互补关系。与赫尔普曼（Helpman）不同的是，马库森（Markusen）假定国家间仅有单一的、同质的要素禀赋，但规模报酬递增。他解释了跨国公司仅在母国总部活动但在不同国家或地区分散生产活动的事实。此时，FDI 同样是贸易创造型的。当 FDI 是垂直型投资时，意味着跨国公司在不同国家生产相同的产品或服务，FDI 同样是贸易创造型的。当 FDI 是水平型投资时，意味着跨国公司在不同国家生产相同的产品或服务，FDI 与对外贸易的关系将是替代性的。在此类模型中，一般来说，不仅投资是水平性的，还假定国家的相似性质（大小、禀赋和技术）、规模经济和运输成本，如霍斯特曼和马库森（Hortsman and Markusen，1992）和布雷纳德（Brainard，1993）。马库森和维纳布尔斯（Markusen and Venables，1998）进一步发展了该理论。尽管布雷纳德考虑的是差别产品而霍斯特曼和马库森考虑的是同质产品，然而，这些模型都认为，FDI 和贸易的最终选择取决于母公司的规模经济、交易成本和子公司的规模经济效应偏好水平。此外，霍斯特曼和马库森还识别了存在三种均衡的可能性，即存在跨国公司和国内公司出口并存的情形，而且混合的均衡更有可能得到。此外，马库森（Markusen，1997，2000）提出的贸易模型包含了水平和垂直两种性质的投资，相应的 FDI 和贸易存在替代和互补两种方式。

3. 从需求的角度

从需求方面解释 FDI 和国际贸易关系的思想比较零散。一般认为，生产单一产品的企业在决定是通过贸易出口还是到目标市场生产时，出口和 FDI 是替代的，除非本地化生产能促使企业的需求曲线右移（需求扩大）；利普希和韦斯（Lipsey and Weiss，1984）认为，外国需求能通过提供某些重要的售后服务而被激发，于是，两者存在正的相关关系；赫德和里斯（Head and Ries，2001）确认了此观点："建立销售部门（也属于 FDI）能对外国消费者提供有价值的、通过地方代理所不能有效提供的服务。"另外，对市场的永久性承诺（例如生产性的 FDI）对消费者是有很强吸引力的。如果企业生产的是最终产品和中间品，那么，在外国生产使更高水平的中间品替代最终产品出口是可能的。如果企业生产多种产品，那么，在国外生产还具有品牌宣传效应，可以刺激其他产品的出口。正如利普希和韦斯（Lipsey and Weiss，1981）所提出的："我们在印度生产（X产品），消费者看到我们的品牌，他们知道我们，于是他们购买我们从美国进口的（Y和Z）产品。"柏莱尼根（Blonigen，2001）进一步指出，在外国市场建立某产品的生产企业能通过更快、更有效的配送而增加对其他产品的需求。

（二）对外直接投资与国际贸易关系的实证研究

关于对外直接投资（FDI）的理论，比如内部化理论和折衷主义理论，以及融合了水平跨国企业的一般均衡的贸易模型，都支持FDI和国际贸易间的替代关系；而引入垂直性FDI的贸易模型和从需求角度考虑的理论则支持两者的互补关系，但在实证研究中，却很难找到两者替代关系的证据。得出替代关系的研究者有弗兰克和弗里曼（Frank and Freeman，1978）、库什曼（Cushman，1988）、柏莱尼根（Blonigen，2001）；大量的实证研究都支持互补关系，利普希和威斯（Lipsey and Weiss，1981，1984）分别从行业、企业层面，将FDI指标作为生产性销售，利用截面数据实证分析得出互补关系的结论；格鲁伯特和穆特（Grubert and Mutti，1991）从国家层面，将FDI指标作为平均有效税率，利用截面数据实证分析得出互补关系的结论；皮弗马瑞（Pfaffemayr，1996）从行业层面，以FDI存量为指标，利用面板及截面数据，实证分析得出互补关系的结论；克劳辛（Clausing，2000）从国家层面，以当地销售和国外分公司的净税负为FDI指标，利用面板数据实证分析得出互补关系的结论；艾弗瑞肯和马格赫斯（Africano and Magalhaes，2010）从国家层面，以时期内FDI平均值为指标，利用面板数据实证分析得出互补关系的结论。在实证研究中不容易得出替代关系可能是因为两个变量间存在潜在的伪正向关系，比如内生性和加总偏误（由数据加总带来的偏误）所引发的伪回归（Head and Ries，2001）。

（三）韩国对外直接投资与国际贸易关系的国内外研究

随着韩国对外直接投资的不断扩大，韩国国内学者开始关注韩国对外直接投资对国内贸易收支的影响。金源泰（김원태，2002）运用1985—2001年期间的时间数据资料，分别分析了对外直接投资对出口和进口的影响，然后总结出韩国对外直接投资对贸易收支的影响，得出韩国这一期间对外直接投资对出口的影响不大，但诱发了进口的增加，所以造成贸易

收支赤字的结论。徐永景（서영경，2008）运用1990—2007年的时间数据资料，通过截面数据分析了在不同的行业中对外直接投资对进出口的影响，认为总体上轻工业的对外直接投资减少了国内的出口，重化学工业的对外直接投资促进了国内的出口，而无论是轻工业还是重化学工业对国内进口的影响并不明显。他还进一步证明了对发达国家的对外直接投资减少了国内的出口，而发展中国家的对外直接投资则促进了国内的出口。李彰洙（이장수，2008）运用引力模型，运用1991—2002年的数据资料，证明韩国对外直接投资对出口有明显的促进作用，而对进口的影响是微弱的。郑会锡（정회석，2010）利用VAR模型进行实证分析，运用1985—2007年的时间序列资料，证明韩国的对外直接投资促进了国内的出口，对进口的影响则不明显。

中国国内还没有学者专门研究韩国对外直接投资对韩国国内贸易收支的影响，只有一些学者研究了韩国对外贸易战略，如张宝仁（2000）研究了韩国对外贸易的主要成就、支持出口的措施以及贸易政策的演变过程；金承男（2000）研究了韩国对外贸易发展水平、贸易结构、进出口弹性以及出口对经济增长的作用；涂澄（2006）对中韩双边贸易结构进行了实证分析，得出自建交以来，中韩贸易商品结构发生了很大的变化，产业内贸易比重不断提高，但两国的国际分工仍然具有明显的垂直分工特点的结论。

二　关于对外直接投资与就业的研究

（一）关于对外直接投资与就业的理论研究

有关对外直接投资与就业关系的文献集中在对外直接投资对东道国就业的影响上，也有一些文献研究了对外直接投资对投资国国内就业的影响。还有一部分文献是通过分析对外直接投资对母国国内投资以及国际收支的影响来间接地得出它与母国就业的关系的结论的，另一部分文献是直接分析对外直接投资对母国就业的直接与间接效用的。

1. 就业替代论

贾塞（1960）是最早研究对外直接投资对投资国国内就业影响的学者。[1] 该理论认为，在母国资本资源有限的情况下，对外投资将替代国内

---

[1]　Jasay, A. E., "The Social Choice between Home and Oversea Investment," *Economic Journal*, 1960 (70): 105-130.

投资或国内消费，如果资金流出并没有增加出口或减少进口，就会产生对就业的负效应。即使当对外投资替代母国投资或消费时，也没有立即对就业产生负效应，但是通过乘数和加速效应，就业人数最终会减少。鲁泰伯格（Ruttenberg）是美国学者，他在1971年研究了二者的替代关系。①

2. 就业补充理论

该理论认为，当对外投资属于防御性投资的情况下，如企业投资于国外是为了开发国内得不到的资源或是由于关税壁垒妨碍其出口而导致对外横向投资时，对外投资将补充或促进国内投资或消费。这类投资往往能增加国外子公司对母国资本设备、中间产品或辅助产品的需求，而产生对国内就业的正效应。哈金斯（Hakins）是最早从这个角度研究两者关系的学者。他认为，外向国际直接投资的替代效应小于出口、母国本身和母公司的就业创造效应。② 后来一些学者通过出口的促进关系（Reddaway, Pekins, Potter, 1967, 1968；Bergsten, 1978；Swedenborg, 1979, 1982, 2000；Lipesy and Weiss, 1981, 1984；Blomstrom, 1988, 1999；Andersen and Hainart, 1988），个别企业的案例研究（Stobaugh, 1976；Jodan and Vahlne, 1981）和对外直接投资概念的研究（Chaudhuri, 1983；Hufbauer and Scott, 1993；Buigess and Jacquemin, 1994；Jungnickel, 1995）等说明了二者的促进关系。

3. 就业组合效果论

这种观点认为，对外直接投资的发展既有正的效果，又有负的效果。效果的大小取决于力量的对比与对外直接投资的产业分布等。布罗姆斯特伦（Blomstrom）比较了美国与瑞典海外直接投资的差别，认为美国在发展中国家的对外直接投资主要是劳动密集型产业，从而在母国发展大量的非劳动密集型产业；瑞典的对外直接投资对象主要是发达国家，尤其是欧洲的发达国家，从而其对外直接投资的结果是在母国发展劳动密集型产业。③ 利普希（Lipesy）利用回归分析与出口替代的方法分析了美国对外直接投资的负效应被内向的外国直接投资的正效应所抵消，个别企业可能

---

① Ruttenberg, S. Needed：A Constructive Foreign Trade Policy, AFL – CIO, Oct. , 1971.

② Hakins, R. G. , Job Displacement and Multinational Firm：A Methodological Review, Occasional Paper, No. 3. , Washingtong：Center of Multinational Studies, 1972：June.

③ Blomstrom, M. and Kokko, A. Home Effects of Foreign Direct Investment Evidence：From Sweden, Working Paper, NBER, No. 1994.

还有负的效果。①

4. 就业结构优化论

该理论认为，由于管理职能集中于母公司，创造了许多母国非生产性就业机会。另外，国外子公司的经营业务也会导致母国法律、公共关系、服务和工程咨询等方面需求的增加。1999 年法斯（Fors）和库科（Kokko）分析了瑞典制造业的 17 家跨国公司对外直接投资的就业结构变化并得出了这样的结论。②

5. 公司战略论

海米尔 1992 年撰文认为，公司战略可能以不同方式影响母国就业数量、质量及就业区位。③ 采取独立子公司战略、简单一体化战略、深层次一体化战略的跨国公司对母国就业的影响是不同的。该理论认为，随着跨国公司一体化的增大，国际生产的劳动力市场状况变得更为复杂，跨国公司对就业数量、质量和就业区位在母国和东道国之间的配置具有更大的主动性和灵活性，从而对外投资对母国就业的影响就具有不确定性和不稳定性。

可见，国际上关于对外直接投资对母国就业的影响是从 20 世纪 60 年代开始从五个层面展开研究的。早期的文献认为。对外直接投资对母国的就业具有替代效应的比较多；当代的国际文献认为，二者具有相互替代的关系，但这不是主流思想。主流的思想还是认为对外直接投资与母国的就业是互补的、相互促进的关系。

综上所述，对外直接投资对母国就业的影响是围绕着对外直接投资对就业的替代效应和促进效应以及对就业规模、结构和区位分布的影响来进行的。对外直接投资对母国就业的影响取决于众多的因素，如对外投资与

①　Lipesy, R., Foreign Production and Parent Employment, Paper presented at the Les structural change in home country operations , Paper presented at the Les strategies des enterprises Multinationales, U niversite de Paris, 1999.

②　Fors, G. and Kokko, A. Home Country Effects of FDI: Foreign Production and Structural Change in Home Country Operations, Paper presented at the Les Strategies des Enterprises Multinationales, Universite de Paris, 1999.

③　Hamill, J., 1992, "Employment Effects of Changing Multinational Strategies in Europe," *European Management Journal* (10): 334-400. Hamill, J., 1993, Employment Effects of Changing Strategies of Multinational Enterprises. In P. Bailey, A. Prisotto and G. Renshaw (eds.), *Multinational and Employment*, Global Economy of the 1990s (Geneva: International Labour Office).

国内投资的关系，母国是否存在充分就业，与对外投资相关的资金流出是否被较高出口及较低进口所造成的实际资源转移所抵消等。此外，母国所面临的就业问题可能是由多种原因造成的，其中很多因素可能比对外直接投资所产生的问题更多更重要。因此，有关对外投资与母国就业关系的理论一直处于争论之中。

（二）关于对外直接投资与就业的实证研究

对外直接投资与投资国国内就业关系的实证研究主要集中于美国。一方面因为美国对外直接投资的规模比较大，二是因为美国在对外直接投资的统计方面有相对完善的数据库。目前国际上研究对外直接投资对母国经济影响的学者也相对集中在美国。

后来，日本的筱原弘道（Shinohrar，1979）和法国的阿蒂斯（Arthuis，1993）分别研究了日本的服装工业和法国的产业转移，瑞典的史文森（Svensson，1996）从长期效应的角度，美国的弗兰克和弗里曼（Frank & Freeman，1978）以及格利克曼和伍德沃德（Glickman & Woodward，1989）通过计算就业"剩余率"和"替代率"分别得出了对外直接投资对母国就业具有替代效应的结论。

英国的赖德维、皮京斯、波特（Reddaway，Pekins，Potter，1967，1968），美国的霍斯特（Horst，1974）、利普斯和韦斯（Lipesy & Weiss，1981，1984）、克拉维斯和利普斯（Kravis & Lipesy，1998）以及瑞典的斯韦登伯格（Swedenborg，1979）、布罗姆斯特伦（Blomstrom，1988，1999）等人从出口替代的角度，利用统计回归分析方法，分别测算了美国和瑞典对外直接投资与母国出口的联系；美国的斯托博（Stobaugh，1976）、瑞典的乔丹和瓦勒（Jordan & Vahlne，1981）通过对商业案例的研究，美国的乔杜里（Chaudhuri，1983）、胡弗鲍尔和斯科特（Hufbauer & Scott，1993）以及日本的伯希和雅克曼（Buigess & Jacquemin，1994）、德国的容尼克尔（Jungnickel，1995）、法国的穆策莱和索西耶（Mucchielli & Saucier，1997）通过概念分析方法都得出了对外直接投资对母国就业具有补充效应的结论。

20世纪90年代后期的大部分学者，如瑞典的布罗姆斯特伦等（1997）、法斯和库科（Fors & Kokko，1999）以及美国的莱克和布雷纳德（Riker & Brainard，1997），利普希（Lipsey，1999，2000）、德国的图塞尔曼（Tusselman，1998）、澳大利亚的艾特京赫（Altzinger）和波拉克

（Bellak）、法国的穆策莱和澈道（Mucchielli & Chedor，1999）等人，通过统计回归分析方法得出了对外直接投资对母国就业具有组合效应的结论。这种影响相当复杂，牵涉到对外直接投资的流向类型、跨国公司的战略定位、产业的水平与垂直分工和就业的质量、结构等，因而得出的结论也随具体情况的不同而有所不同。

以上所有文献采用的方法各有利弊，不尽完善。到目前为止，有关FDI与母国就业效应的关系还没有一般性的结论，也没有正式的理论框架去分析这种效应。目前已采用的研究方法有如下几种：一是统计回归分析法。它利用FDI与母国出口或投资的数据进行统计回归分析，间接得出FDI与母国就业的相关性结论。二是商业案例分析法。通过对个别企业或人员的走访调查，由经验归纳总结出FDI对母国就业的影响。三是概念分析法。从对外投资的不同类型、不同流向等角度分析FDI对母国就业不同层面的影响。四是长期分析法。采用跨度较长的区间，从FDI对母国就业动态影响的角度来分析。五是反证分析法。即假设FDI没有发生时，国内就业将如何变化，通过与已发生的FDI进行比较分析得出结论。

（三）韩国对外直接投资与国内就业间关系的国内外研究

金源泰（김원태，2006）分析1988—2005年韩国对外直接投资对国内就业的影响，就对外直接投资对国内投资的替代效果和出口效果进行综合分析，得出1988—2005年，韩国对外直接投资减少了国内就业岗位19.1万个，相当于2005年制造业就业岗位的4%。申东和（신동화，2008）利用1991—2006年的时间序列数据，运用11个不同行业的制造业数据，进行了面板分析，实证探讨了韩国制造业对外直接投资对国内就业的影响，但由于统计结果缺乏显著性，他没有得出明确的结论。申铉烈（신현열，2009）分析了1990—2007年的时间序列数据，利用就业函数模型推导出韩国对外直接投资对国内就业的直接影响，以及韩国对外直接投资对出口的影响，进一步分析得出出口对就业的间接影响，并对直接影响和间接影响再进行综合分析，得出这一期间韩国对外直接投资对国内就业并没有产生消极影响的结论。

中国国内还没有学者专门从实证的角度分析韩国对外直接投资对其国内就业的影响。张喜民（1997）从理论上对之作了阐述，韩国对外直接投资导致国内某些产业部门的投资相应减少和部分产业部门转移海外，使被波及部门的就业人数减少。这些被裁减下来的人员自然流向由对外投资所诱发、带动的新兴产业部门。石柱鲜、吕有晨（2010）通过分析韩国对外直接投资对国内产业结构的影响，进一步分析了对外直接投资对国内就业的影响，得出到 2009 年 11 月为止，韩国对外投资引起国内制造业就业人数的减少，批发等服务业就业人数的增加。

三　关于对外直接投资与技术创新、产业结构高度化的研究

（一）关于对外直接投资与技术创新、产业结构高度化的理论研究

西方对外直接投资理论诞生于 20 世纪 60 年代，比对外直接投资的实践滞后近一个世纪。但近四十年来，对外直接投资理论有了长足发展。其学术渊源主要有两大体系：一是以国际贸易理论为基础；二是以产业组织理论为基础。对外直接投资理论大都以发达国家跨国企业的利益最大化为分析起点，尚未有从产业结构的角度专门研究对外直接投资理论的。其中只有小岛清的边际产业投资论、坎特威尔和托兰惕诺的技术创新和产业升级论以及弗农的产品生命周期论，在一定程度上涉及了对外直接投资的产业选择与投资国国内产业结构调整的关系。

1. 边际产业扩张论

1977 年，日本一桥大学的小岛清教授提出了著名的边际产业扩张论。该理论以 20 世纪 50—70 年代日本的对外直接投资为考察对象，将资源禀赋差异所导致的比较成本差异的原理用于分析日本对外直接投资。他提出了"对外直接投资应该从本国（投资国）已经处于或即将陷于比较劣势的产业——可称为边际产业——（这也是对方国家具有显在或潜在比较优势的产业）依次进行"的理论。[①] 这里的比较劣势产业指的是已经或即将丧失比较优势的产业，又称边际产业。投资国应按本国边际产业顺序进行对外直接投资，即通过 FDI 将国内的比较劣势产业以投资国的中小企业作为承担者，转移并转换为东道国的比较优势产业，以扩大双方的比较优势，从而导致贸易和出口的扩大，创造更高的利润等。

小岛清理论是对第二次世界大战后一段时期里日本海外直接投资模式的概括，比较符合日本国情和 20 世纪六七十年代特定历史条件下日本对外直接投资的实践，较有说服力地解释了日本企业对外直接投资的动因，同时对于 20 世纪 70 年代日本 FDI 的产业选择具有很强的指导意义。他的

---

① ［日］小岛清：《对外贸易论》，周宝廉译，南开大学出版社 2000 年版，第 444 页。

依次转移劣势产业进行跨国投资的论点也从另一个侧面反映了日本向发展中国家让渡适用技术，为其国内产业结构的调整提供资金和空间，以推动产业结构升级的事实。同时，边际产业扩张理论给予人们以启迪：并非拥有垄断优势的企业才能进行跨国经营，具有比较优势或者寻求比较优势的企业都可以进行跨国经营。

2. 技术创新与产业升级理论①

20 世纪 80 年代中期以后，以发展中国家为代表的新兴工业化国家出现了 FDI 加速增长的趋势。如何解释发展中国家 FDI 增长的新趋势，是国际投资理论界面临的重要挑战。英国里丁大学的坎特威尔与托兰惕诺共同对发展中国家的对外直接投资问题进行了系统的考察，提出了发展中国家技术创新和产业升级理论。

通过分析发展中国家跨国公司对外直接投资的产业特征和地理特征，他们认为，发展中国家跨国公司对外直接投资受国内产业结构和内生技术创新能力的影响。在产业分布上，先是以自然资源开发为主的纵向一体化生产活动，然后是以进口替代和出口导向为主的一体化生产活动。从海外经营的地理扩张看，发展中国家企业在很大程度上受"心理距离"的影响，其投资方向遵循周边国家——发展中国家——发达国家的渐进式发展轨道。随着工业化程度的提高，一些新型工业化经济体的产业结构发生了明显变化，技术能力也得到了迅速提高。在对外直接投资方面，它们已经不再局限于传统产业的产品，而是开始从事高科技领域的生产和开发活动。

3. 产品生命周期理论②

哈佛大学教授弗农于 1966 年在《产品周期中的国际投资与国际贸易》一文中提出了美国 FDI 变动与产品生命周期密切联系的论点。他从美国制造业的时间情况出发，将产品生命周期划分为创新、成熟和标准化三个阶段。在新产品的初级生产阶段，美国企业依靠新产品的独创性及其技术、品牌等非价格因素，在国内生产并出口，以维护其产品生产和出口

---

① Cantwell, John, Paz Estrella E. Tolentino, "Technological Accumulation and Third World Multinationals," *University of Reading Discussion Paper in International Investment and Business Studies*, No. 139, 1990, May.

② Vernon, R., "International Investment and International Trade in Product Cycle," *Quarterly Journal of Economics*, 1966 (80): 190-207.

的垄断优势；在产品成熟阶段，美国企业应到其他发达国家投资设厂，扩大市场和生产规模，降低成本，以保证其比较成本优势；在产品标准化阶段，美国应把产品生产转移到生产要素成本特别是劳动力成本比较低的发展中国家，以保持其价格竞争优势。

产品生命周期理论基本上反映了 20 世纪五六十年代美国制造业 FDI 的情况，驱使美国对外投资的原因在于产品比较优势和竞争条件的变化。随着技术垄断地位的丧失，成本价格的上升，美国企业为降低成本，便将企业设置在国外，以获取利润最大化。它一般遵循先西欧等发达国家，后发展中国家的顺序。不难看出，美国对外直接投资的实质是通过产业转移进行产业结构调整的过程，即不断向国外转移已在国内丧失垄断优势的产业，为本国的产品进入新一轮的创新阶段做准备，从而使产品得以不断创新，维持其在国际上的垄断或寡占优势。

产品生命周期理论把对外直接投资的原因归纳为比较优势和竞争条件的变化，较好地解释了美国战后对西欧各国大规模直接投资的动机和时机。但该理论关于寻求低廉生产成本地区的观点有悖于许多国家特别是发展中国家的跨国公司在美国投资的现实情况。

（二）关于对外直接投资与技术创新、产业结构高度化的实证研究

格洛伯曼、库科和索尔姆（Globerman，Kokko and Sjoholm，2000）从瑞典创新的专利引用记录中发现，瑞典的跨国公司和一些非跨国公司，更多地吸收、采用了有大量瑞典直接投资国家的专利，这就说明了通过对外直接投资，瑞典企业获得了东道国的技术溢出。美国学者布兰斯泰特（Branstetter，2001）在研究日本企业设立在美国的研发机构时，发现日本通过对美国的直接投资获得了美国大量的知识溢出。日本学者岩佐朋子（Tomoko I wasa）、小田切弘治（Hiroyuki Odagiri，2002）对日本在美国的直接投资做了研究，也发现了日本企业申请专利时的海外专利引用量和日本企业在美国的研发机构的研发经费呈明显的正相关，日本企业在美国的直接投资促进了日本的技术进步。希奥尔希奥·巴尔巴·纳瓦雷蒂和大卫·卡斯泰拉尼（Giorgio Barba Navaretti and Davide Castellani，2004）对比研究了对外直接投资的意大利企业和没有对外直接投资的意大利企业，发现对外直接投资显著地增强了母国企业的竞争力，特别是在对外投资发生后，对外投资企业的全要素生产率的增长率明显提高了。英国学者雷切尔·格里菲斯、鲁伯特·哈里森、约翰·凡·雷南（Rachel Griffith，Rupert Harrison，John Van Reenen，2004）研究了20世纪90年代美国研发经费大幅增长对英国技术进步的影响，发现在美国大量投资的英国企业，在美国90年代大量的研发投入中所获取的技术进步甚至要高于美国本土企业。安娜·玛利亚和玛拉·格拉斯尼（Anna Maria and Mara Grasseni，2005）利用意大利企业的数据对意大利海外投资对本国企业的全要素生产率、劳动生产率、就业等方面的影响做了详细分析。结果表明，母国公司的生产率很少从对欠发达国家的投资中得到提高，相反，对发达国家的投资，会对母公司的生产率起到明显的积极作用。

王林（2006）分析了中国对外投资的产业现状，提出中国的对外直接投资应以优势型产业对外投资为主，学习型产业对外投资为辅，并逐渐加大学习型产业对外投资的比重。范欢欢、王相宁（2006）利用自回归分布滞后模型，分析对外直接投资对中国产业结构的影响，发现对外直接投资与第二产业结构正相关，与第一、三产业无关。在与美、日、韩对外投资规模和产业结构比较的基础上，得出中国对外直接投资不能提升中国产业结构的结论。崔彩周（2007）通过分析发展中国家企业对外直接投资相关理论与中国产业结构优化和对外直接投资促进产业结构优化的机理，得出中国企业对外直接投资对中国产业结构调整、促进产业结构优化的影响是十分有限的结论。

（三）韩国对外直接投资与技术创新、产业结构高度化关系的国内外研究

韩国国内对于企业对外直接投资所引起的国内技术创新的研究并不多。金先锡（김선식，2007）通过调查韩国企业技术创新型海外直接投资，认为企业是为了获得东道国当地的潜移默化的知识，实现母国或企业的技术创新。李载佑（이재유，2008）对韩国企业对外直接投资的有无与投资程度对海外技术引进的效果，海外直接投资的知识创造能力进行了实证分析，得出进入21世纪必须重视从海外引进尖端技术，提出韩国企业海外直接投资方向的结论。何炳基（하병기，2010）认为，成长初期的产业应该引进对外直接投资，进入成长期的产业应该在引进外国投资的同时本国要进行对外直接投资，而且要制定有利于夕阳产业海外转移的政策。

国内学者还没有人专门对韩国对外直接投资与技术创新进行研究。只有一些学者研究了韩国建设创新型国家的经验，如李安方（2006）介绍

韩国的科技创新战略具有鲜明的特点，特别是其以国家意志为先导、以科技立法为保障、以企业创新为主体、以市场需求为导向、以产业应用为目的的科技创新模式对于当前中国建设创新型国家具有非常重要的参考价值。国内有两位学者研究了韩国对外直接投资与产业结构优化升级方面的关系。有两位学者研究了韩国对外直接投资与国内产业结构调整的关系。石柱鲜、吕有晨（1999）阐述了韩国主要企业对外直接投资的规模，韩国企业对外直接投资增长的主要原因，通过对外直接投资与韩国产业结构的相关性分析，得出韩国 1986—1996 年，对外直接投资与其国内制造业产业结构比的弹性系数为负，对外直接投资与服务业产业结构比的弹性系数为正，且前者的绝对值大于后者的绝对值。董蓉蓉、臧新（2006）运用 Granger 因果检验和建立韩国对外直接投资与产业结构调整的定量模型，验证韩国产业结构升级战略与其大规模对外直接投资关联的设想是否吻合。实证结果表明，韩国产业结构调整促进了对外直接投资的扩大，其中，第三产业的发展对韩国对外直接投资的影响程度最大。

四　关于对外直接投资与产业空洞化的研究

（一）关于产业空洞化的理论研究

克拉克（Clark，1957）认为，随着经济的发展，对农林渔业的产品需求减少，对制造业产品的需求增加，当收入达到一定的水平时，对教育、医疗等服务业的需求进一步增加，进而减少了对制造业产品的需求。这种现象是因为不同产业的需求收入弹性不同。首先，根据恩格尔法则，随着人均收入的增加，对食品的支出比例减少，对制造业产品的需求比例相对增加。当人均收入超越这一阶段时，就会出现对制造业产品的需求逐渐减少，对服务业产品的需求进一步增加的现象。因此，收入与制造业产品生产比重间的关系就会呈现倒 U 形。当收入水平上升到一定程度时，对制造业产品的进口减少，对服务业产品的进口相对增加，就会出现产业空洞化的现象。因此，从克拉克（Clark）的角度定义产业空洞化，就是随着人均收入的增加，对制造业产品的需求逐渐减少，对服务业产品的需求日益增加，这是一种自然的经济现象。

与克拉克的观点不同，布侔（Bumol，1967），罗索恩和韦尔（Rowthorn and Well，1987），鲍莫尔等（Baumol et al.，1985）认为，产业空洞化的原因是制造业和服务业的生产性差异，是经济发展过程中的自然经济现象。出现产业空洞化的原因是发达国家制造业的劳动生产性比服务业的劳动生产性相对增加得比较快，但这两种产业的总生产量并没有发生大的变化。或者说，这两种产业在一定的总的生产量的状况下，生产性增长率相对低的服务业吸纳劳动力的能力，比制造业吸纳劳动力的能力要高，结果就会出现产业空洞化的现象。

这两种产业空洞化产生的原因是国内因素，即产业间的需求收入弹性不同，或产业的劳动生产性差异。随着产业间的需求及生产结构的变化，这两种产业的就业结构也发生了变化，说明产业空洞化是经济发展过程中发生的自然现象。

劳伦斯（Lawrence, 1983, 1987）, 劳伦斯和斯劳特（Lawrence and Slaughter, 1993）, 萨克斯和莎茨（Sachs and Schatz, 1994）, 伍德（Wood, 1994, 1995）, 罗索恩和拉马斯瓦米（Rowthorn and Ramaswamy, 1997, 1999）认为，产业空洞化的原因主要是国外因素。伍德（Wood, 1994, 1995）通过分析制造业就业比重和 GDP 与从发展中国家进口比重的相关分析，指出了与发展中国家贸易的增加对 OECD 国家产生产业空洞化的影响。OECD 国家从发展中国家进口制造业产品，主要是劳动密集型产品，就会降低本国同一行业产品的竞争力，进而减少本国同一产业的就业比重。或者说，进口劳动密集型产品所引起的就业减少的幅度，比随着贸易扩大，出口增加所引起的技术密集型产业就业增加的幅度，要更明显。因此，从国民经济整体的角度看，制造业的就业比重就会减少。同时，随着收入的增加，对服务业的需求就会增加，就会引起服务业就业比重的提高。

（二）关于对外直接投资与产业空洞化的实证研究

萨克斯和莎茨（Sachs and Schatz, 1994）明确地认为，引起美国产业空洞化的重要原因是国际贸易的增加。通过分析比较非熟练劳动力的工资趋势、不同产业的进口结构以及就业情况，得出随着与发展中国家国际贸易的扩大，从发展中国家大量进口劳动密集型产品，会弱化国内同一产业的产品竞争力，减少对非熟练劳动力的需求。但是，萨克斯和莎茨与伍德不同，他们认为引起产业空洞化的原因，国内因素比国外因素更重要。

罗索恩和拉马斯瓦米（Rowthorn and Ramaswamy, 1997, 1999）利用1964—1994 年 18 个发达国家的数据资料，分析了国内各个因素对产业空洞化的影响。结果认为，产业空洞化的原因是制造业生产相对增加比较快，制造业产品相对价格的变化，以及制造业对服务业相对需求的增加。这些国内因素比国外因素，即与发展中国家贸易的增加，对产业空洞化的影响更大。罗索恩和库茨（Rowthorn and Coutts，2004）在以上分析的基础上，追加了韩国等 5 个国家的数据，利用 1964—2002 年的数据资料，分析认为，由贸易引起的就业岗位的丧失占整个就业岗位的比重很小，但他们仍然认为，国际贸易是产业空洞化的重要原因。

劳伦斯（Lawrence，1987）实证分析了法国、德国和瑞典的产业空洞化现象，认为它是经济发展过程中的自然现象，英国对外贸易的扩大对国内产业空洞化的影响不超过 20%。德勒和沃尔夫（Dollar and Wolff，1993）分析了 1970—1987 年的数据资料，认为 OECD 国家制造业产品的贸易及生产所占的比重正在减少，但是减少的幅度很小，因此，由于贸易引起的产业空洞化的因素是很小的。然而，伯曼等（Berman et al.，1994）认为，贸易引起的制造业内部结构的变化比制造业规模的减少对产业空洞化的影响更大。

（三）关于韩国对外直接投资与产业空洞化关系的国内外研究

很多韩国学者也正在研究韩国产业空洞化的问题。主要研究韩国产业空洞化原因的学者有：徐英景和李汉宁（서영경，이한녕，2006）、朴铉俊（박현준，2007）、任铉俊（임현준，2007）、何炳基（하병기）和吴俊炳（오준병，2007），研究有关产业空洞化对经济增长、收入及就业影响的学者有：任铉俊（임현준，2007）、姜斗容（강두용，2008）、金钟一（김종일，2009）。

朴铉俊（박현준，2007）分析得出 20 世纪 90 年代韩国对外直接投资与就业比重之间不存在相关性的结论，即韩国的对外直接投资并没有引起产业空洞化；同时得出国外因素（国际贸易）比国内因素（收入、生产性的差异、国内投资）对产业空洞化的影响更大的结论。

申泰永（신태영，2007）利用 1985—2005 年的数据资料，对韩国对外直接投资与国内制造业就业及生产比重进行了回归分析，同时利用相同的模型，利用发达国家美国、英国、日本、德国和法国的数据资料，对产业空洞化进行了实证分析。分析结果表明，对外直接投资的增加会引起国内制造业就业比重的减少以及附加价值的生产比重增长。

任铉俊（임현준，2007）利用 1970—2005 年韩国的数据资料进行分析，认为产业空洞化并不是由贸易的扩大，外国产品的进入，国内产品市

场的相对缩小，制造业的对外竞争力降低，生产基础的海外转移引起的，而是因为制造业部门的生产性快速上升和收入水平的提高所引起的消费模式的变化，是经济发展过程中的自然现象。但是，产业空洞化发展过于迅速，则是由结构性失业的增加或收入不均衡的深化等原因所引起的。

何炳基（하병기）和吴俊炳（오준병，2007）利用 1970—2005 年的数据资料，分析韩国产业空洞化的原因，认为收入水平的上升所引起的需求结构的变化、劳动生产性的差异、制造业产品相对价格及国外因素所引起的制造业部门贸易收支的变化都对国内就业和生产比重产生了影响。利用回归分析的结果分析各因素对产业空洞化的影响程度，认为制造业就业比重减少的最主要原因是劳动生产性的差异所引起的劳动需求的减少。但是导致产业空洞化的主要原因，并不是从发展中国家的进口的，从发展中国家的进口反而促进了国内的就业。因此，引起韩国产业空洞化的主要原因是收入水平的上升和产业间生产性的差异等国内因素，是经济发展过程中显现的自然的结构调整过程。

韩国国内研究对外直接投资对国内产业空洞化影响的学者有：金圣镇（김승진，2002）。他通过实证分析得出韩国对外直接投资对国内就业有积极的影响。徐英景和李汉宁（서영경，이한녕，2006）以及任铉俊（임현준，2007）认为，制造业的对外直接投资对产业空洞化没有影响，即到现在为止，生产的海外转移对国内产业空洞化的影响还不突出。

在中国国内，还没有人专门研究韩国对外直接投资对其产业空洞化影响的问题。刘秀莲（2004）通过分析韩国对国内产业空洞化的忧虑以及采取的相应措施，进一步提出对中国的启示。李东阳（2000）针对一些西方学者关于美国、日本对外直接投资导致了国内产业空洞化的观点，提出了不同的见解，认为第一、第二产业比重下降，第三产业比重上升是一国产业结构演进的一般规律，与对外直接投资无关；一国的对外直接投资规模巨大与贸易逆差并无直接联系；对外直接投资增强了投资者的国际竞争力；对外直接投资对一国的就业机会影响甚微。杜鹏、韩福荣（2003）针对产业空洞化对一国经济发展弊大于利这一较普遍的观点，区分以美、日为代表的发达国家和以中国为代表的发展中国家，以造成产业空洞化的诱因——跨国直接投资为切入点，分别从贸易差额、失业率、制造业竞争力和技术进步四个方面论证了产业空洞化对发达国家和发展中国家经济发展的不同影响，指出产业空洞化对前者而言是促进其产业结构调整，继续保持优势，对后者而言则是拉大差距，是真正的空洞化。喻言（2005）分析了中国产业空洞化的成因以及对经济发展的影响，在此基础上提出了相应的对策。最后，从有关数据中可以看出，中国的产业空洞化问题已有所好转，但对之仍不能掉以轻心。

五　文献述评

对外直接投资对母国经济的影响是研究对外直接投资对经济影响的一个重要方面。从中可以看出，国内外的研究文献关于对外直接投资对母国经济影响及韩国对外直接投资对韩国国内经济影响方面，文献研究主要呈现出以下几个方面的特征：

第一，因为发达国家是对外直接投资的主体，国外的研究多以发达国家或地区为对象，而且主要验证的是对外直接投资对母国国内投资、产业结构调整、出口、就业等方面的影响，很少研究发展中国家的情况。近年来，发展中国家的对外直接投资有明显的上升趋势，而发展中国家对外直接投资与发达国家有很大的区别，因此，有必要研究发展中国家对外直接投资对国内的经济效应，以进一步丰富、发展已有的研究成果。

第二，韩国是新兴工业化国家，也是发展中国家，是发展中国家进行对外直接投资最多的国家。由于韩国对外直接投资历史短的缘故，韩国国内学者对其的研究比较分散，分别从韩国对外直接投资对贸易收支、就业、技术创新、产业结构调整以及产业空洞化等角度作了单项研究，并没有结合对外直接投资的发展历程与政策，进行深入、系统的研究。中国国内学者研究韩国对外直接投资，大多研究其发展历程、产业政策、投资区域分布以及韩国在华投资的状况，大多只是定性分析。仅有董蓉蓉、臧新（2006）用格兰杰（Granger）因果检验分析得出，韩国的对外直接投资与韩国产业结构调整并没有明显的相关性；石柱鲜、吕有晨（1999）利用相关分析模型研究韩国对外直接投资对其国内产业结构调整的影响。可以说，无论韩国国内还是中国国内，对韩国对外直接投资与韩国国内经济效应关系的研究还处于起步阶段，这可能与韩国发展对外直接投资的历史较短有关。中国是发展中大国，对外直接投资还刚刚起步，借鉴同样是发展中国家的韩国对外直接投资的经验很有必要。

第三，以上所有文献采用的方法各有利弊，不尽完善。到目前为止，有关对外直接投资对母国经济效应（贸易收支、就业、技术创新、产业结构调整以及产业空洞化)的研究并没有形成一般性的结论，也没有找到正式的理论框架去分析这种效应。目前已采用的研究方法有如下几种：一是统计回归分析方法。它利用对外直接投资与母国出口、进口、产业结构比例以及就业的数据进行统计回归分析，间接得出对外直接投资与母国经济效应的相关性结论。二是不同产业的案例分析法。通过对不同产业对外直接投资对国内不同产业的经济效应分析，归纳、总结对外直接投资国内的经济效应。三是概念分析法。从对外投资的不同类型、不同流向等各个角度分析对外直接投资对母国经济所产生的经济效应。四是长期分析法。采用跨度较长的区间，从对外直接投资对母国动态经济效应的角度加以分析。

第三节　研究目标、研究内容

一　研究目标

由于还没有学者对韩国对外直接投资的发展轨迹及其绩效进行系统研究，且大部分相关的研究存在较严重的片面性，主要体现为从理论上概述性地描述韩国对外直接投资的发展历程；从某一个角度简单地定性分析韩国对外直接投资对国内经济的影响。对韩国对外直接投资的发展特点、支援制度以及对其国内贸易收支、就业、技术创新、产业结构以及产业空洞化的影响进行系统的定性与定量分析的研究几乎没有。因此，本书的研究目标主要是：

第一，实现研究角度的创新。本书对韩国对外直接投资对其国内经济效应的研究，尤其是把韩国作为发展中国家对外直接投资的代表进行研究，对于同样是发展中国家的中国发展对外直接投资，改善贸易结构、促进国内就业、创新技术以及调整产业结构提供了一定的理论和政策借鉴。

第二，实现研究内容的创新。本书没有简单地停留在前人有关对外直接投资与母国经济效应的研究上，而是从更加宽泛的角度，具体到韩国对外直接投资的发展历程、支援制度及对国际贸易收支、就业、技术创新、产业结构与产业空洞化方面，这对于指导中国对外直接投资具有一定的理论意义。

第三，实现研究方法的创新。本书采用协整理论、格兰杰（Granger）因果检验、回归分析等现代数理实证的分析手段，利用韩国统计厅、韩国进出口银行、韩国贸易协会、WTO、UNCTAD、IMF、WB 和中国统计局发布的统计数据，对韩国对外直接投资的国内经济效应进行全面的实证分析和研究。

二 研究内容

本书主要围绕以下几个方面展开：

1. 研究背景：总结韩国对外直接投资发展的历程及存在的问题、韩国对外直接投资支援制度与政策变迁。

2. 实证分析韩国对外直接投资对其本国国际贸易收支、国内就业、国内技术创新、国内产业结构调整及其国内产业空洞化的影响。

3. 总结韩国对外直接投资对其本国经济影响的经验教训及对中国的启示。

第四节　研究方法和基本框架

一 研究方法

（一）演绎推理与归纳总结相结合

从对一般理论的回顾与梳理开始，确立本书研究的逻辑起点，提出新的分析框架，然后对韩国这样一个特定国家的对外直接投资进行理论和实证的检验。

（二）实证分析与规范分析相结合

规范分析了韩国对外直接投资的发展历程与支援制度，并分析了韩国对外直接投资对其国内技术创新和产业空洞化的影响。然后，实证分析韩国对外直接投资对其国内贸易收支、就业以及产业结构调整的影响。

（三）历史分析和现实检验相结合

研究韩国对外直接投资的发展轨迹及其绩效，必然要对有关韩国对外直接投资的历史进行细致的梳理，以期从中发现规律；还要根据历史的数据对其国内效应进行实证分析，同时结合中国对外直接投资的发展情况作出具体分析，以期提供经验和借鉴。

二 基本框架

导论部分介绍的是本书研究的背景与意义，相关研究的国内外现状及评析，研究目标和研究内容，是本书的研究方法和基本框架。

第二章研究了韩国对外直接投资的发展历程及存在的问题。韩国对外直接投资的发展历程按照发展情况可分为四大阶段：第一阶段，1968—1980年，是对外直接投资的初级阶段；第二阶段，1981—1997年，是对外直接投资的快速发展阶段；第三阶段，1998—2006年，是对外直接投资的调整阶段；第四阶段，2007年至今，是对外直接投资的高速发展阶段，并总结出每个阶段的特点及原因。最后描述韩国对外直接投资存在的问题。

第三章阐述了韩国对外直接投资的支援制度与政策变迁。从其金融、保险、税收、提供情报信息资料、创造安全的投资环境五个角度描述了韩国对外直接投资的支援制度；把韩国对外直接投资制度的政策变迁分为五个阶段：制度引入的初级阶段（1968—1974）；制度调整阶段（1975—1979）；奖励阶段（1980—1985），快速发展阶段（1986—1993）；自由化阶段（1994年至今）。本章分别从投资重点、投资认证制度、投资条件、投资限制制度、筹措自有资金比例以及金融支援制度六方面概括这五个阶段的演变特点。

本书的重点在第四章至第八章，分析了韩国对外直接投资对其国内的经济效应。第四章实证分析了韩国对外直接投资对其国内贸易收支的影响。首先，阐述对外直接投资对进出口及贸易收支的影响；其次，因为韩国制造业在其国民经济和对外直接投资中占有很大的比例，所以本章利用 $\ln XE_t = a_0 + a_1 \ln GDP_t^* + a_2 \ln FDI_t + a_3 \ln EX_t + e_t$，$\ln CA_t = b_0 + b_1 \ln GDP_t + b_2 \ln FDI_t + b_3 \ln EX_t + e_t$ 分别实证分析了1991—2011年这一期间韩国对外直接投资对国内贸易收支的影响，还利用 $\ln XE_t = a_0 + a_1 \ln GDP_t^* + a_2 \ln FDI_t + a_3 \ln EX_t + a_4 D_1 \times \ln FDI_t + e_t$，$\ln CA_t = b_0 + b_1 \ln GDP_t + b_2 \ln FDI_t + b_3 \ln EX_t + b_4 D_1 \times \ln FDI_t + e_t$ 模型把1991—2011年分成1997年前后两个时期，实证分析了韩国对外直接投资对其国内贸易收支的不同影响。实证分析结果得出，从韩国对外直接投资初期到金融危机前，对外直接投资对其国内出口的引致效应很明显，在一定程度上起到改善贸易收支的作用。而在金融危机后，对外直接投资进一步扩大，对国内出口的引致效应缩小；但是，韩国对外直接投资对其国内的出口替代效应和逆进口效应到目前为止一直不很明显。因此，韩国对外直接投资到目前为止并没有引起国内贸易收支的恶化。然而，实证分析预测到随着对外直接投资的进一步发展，必将产生明显的出口替代效应和逆进口效应。

第五章"韩国对外直接投资对国内就业的影响",主要研究韩国制造业对外直接投资对其国内就业的影响。笔者利用 $\Delta EMP_{i,t} = \alpha_i + \beta_1 \Delta VA_{i,t} + \beta_2 (\Delta W_{i,t} - \Delta LP_{i,t}) + \beta_3 \Delta maFDI_{i,t} + \beta_4 \Delta EX_{i,t} + \varepsilon_{i,t}$, $\Delta EX_{i,t} = \gamma_i + \delta_1 \Delta WMQ_{i,t} + \delta_2 \Delta XP_{i,t} + \delta_3 \Delta maFDI_{i,t} + \varepsilon_{i,t}$ 分别实证分析了 1995—2011 年韩国对外直接投资对其国内制造业就业的直接和间接影响。分析得出的结论是,总体上,韩国对外直接投资对其国内就业并未产生消极的影响。如纤维—服装等一部分轻工行业,由于进行对外直接投资而导致国内生产设备投资的减少,直接引起当地就业机会的减少。但是,如电器电子、钢铁—金属等大部分重化学工业行业的对外直接投资增加了国外子公司的管理—支援及研究开发人力的需求,反而增加了国内就业数量,而且还通过国外直接投资对其国内出口的增加,间接地扩大了国内就业机会。

第六章"韩国对外直接投资与技术创新",主要运用了定性分析的方法。首先,描述对外直接投资对国内技术创新影响的一般规律;其次,从跨国兼并与收购、建立技术开发型国际合资与独资企业、国际战略联盟以及建立海外技术研发机构四个角度分析韩国对外直接投资对其国内技术创新的机制。分析得出韩国对外直接投资是其国内技术创新的重要途径之一,促进韩国国内技术实现跨越式发展,使韩国的电子、半导体、汽车等制造业和生命科学等高科技行业领先于世界,成为创新型国家之一的结论。

第七章"韩国对外直接投资与产业结构调整",运用了定量分析的方法。首先,阐述对外直接投资对国内产业结构调整的一般规律;其次,利用模型 $\Delta y_t = \alpha + \lambda t + (\rho - 1)y_{t-1} + \sum_{}^{m} \gamma_t \Delta y_{t-i} + \mu_t$,对韩国对外直接投资与产业结构进行了格兰杰因果关系的检验,时间期限是 1985—2011 年,得出的结论是韩国第二、三产业的结构调整不是对外直接投资变化的原因,而对外直接投资是其第三产业结构调整的原因,说明韩国在发展对外直接投资的同时,大力支持国内第三产业的发展。最后,对韩国对外直接投资与产业结构的相关关系进行了分析,结论是第一、二产业对对外直接投资的弹性系数均为负数,而第三产业为正数,说明累积对外直接投资额与第一、二产业在三次产业构成中所占比重的变化呈现反向关系,即韩国对外直接投资的增加将导致该产业比重的下降。

第八章"韩国对外直接投资与国内产业空洞化",运用了定性分析的方法。首先,介绍了产业空洞化的内涵与原因。其次,分析韩国产业空洞化的特点:韩国已经进入产业空洞化阶段,与其他发达国家进入产业空洞化的特征相比,其制造业就业比重低,而附加价值比重较高;与美国和日本相比,韩国的制造业就业比重的下降幅度和速度以及附加价值的下降幅度和速度,都表现出较快的发展趋势;从经济发展阶段来看,韩国比较早地进入了产业空洞化时期;韩国产业空洞化发展速度过快。最后,从国民经济发展和个别企业(制鞋业、纤维业、家电产业和机械装备业)的角度分析韩国企业对外直接投资对其国内产业空洞化的影响。

第九章"中韩对外直接投资比较"采用的是规范与实证分析相结合的方法。首先,阐述了中国对外直接投资的现状、历程、特点及存在的问题。其次,对中韩对外直接投资进行了详细的比较分析,分别从中韩投资的规模、对其国内贸易的影响、行业分布、区域分布、投资方式和政策等多角度、多维度地进行了实证与规范的分析。最后,对中韩对外直接投资的比较进行了总结。

第十章阐述了韩国对外直接投资对中国的借鉴意义,也是本书研究的目的,研究韩国对外直接投资最终是为了对中国发展对外直接投资有所启示。本书从五个角度进行了探索:对外直接投资政策的调整要与经济发展进程相适应;对外直接投资的区位及产业选择要有利于促进出口;对外直接投资要有利于企业的技术创新,要有利于优化产业结构,要有利于国内就业,以及中国对外直接投资主体、方式及企业的战略选择。每个角度的分析都具体借鉴了韩国对外直接投资的成功经验与教训,结合中国的具体实际,提出了中国应采取的相应对策。

第二章 韩国对外直接投资发展溯源

韩国对外直接投资的发展过程，按其发展情况可分为四大阶段：第一阶段，1968—1980 年，是对外直接投资的初级阶段；第二阶段，1981—1997 年，是对外直接投资的快速发展阶段；第三阶段，1998—2006 年，是对外直接投资的调整阶段；第四阶段 2007 年至今，是对外直接投资的高速发展阶段。

第一节 对外直接投资发展的历程

韩国对外直接投资始于 1968 年，快速发展始于 1985 年，1997 年有所回落，直至 2006 年，韩国对外直接投资一直处于调整阶段。2007 年以后，对外直接投资的金额进入上百亿美元阶段，至今，一直处于高速发展阶段。由此可见，韩国对外直接投资的发展道路并不是一帆风顺的。我们可以把它的发展道路分为四大阶段来考察，每个阶段都有其特点和原因。

一 对外直接投资的初级阶段 （1968—1980）

1968 年，韩国南方开发股份有限公司向印度尼西亚林业部门投资 300 万美元，生产胶合板原料，开创了对外直接投资的先例。自此至 1980 年，韩国对外直接投资逐步发展，构成对外直接投资的初级阶段。根据这一阶段前后的不同特点，又可把它分为两个时期：1968—1975 年的对外直接投资起步时期；1976—1980 年的对外直接投资定型时期。

（一）对外直接投资的起步时期 （1968—1975）

这一时期，韩国对外直接投资的主要特点是，投资力量薄弱，投资项目少，投资规模小，投资对象主要集中在林业和水产业。据统计，1968—1975 年，对外直接投资项目共计 82 项，金额为 5547.6 万美元，平均每项投资额为 67.65 万美元。造成上述特点的主要原因如下。

1. 20 世纪 60 年代末 70 年代初，正是韩国经济发展的转折关头

这一时期，韩国以轻纺工业为主的出口加工工业发展到基本成熟阶段，后劲日显不足。原因是：重化学工业基础薄弱，发展轻纺工业所需要的关键设备和重要原材料都需要进口，轻纺工业品出口越多，需要进口的原材料和机械设备也就越多。出口创取的外汇又被进口所需抵消殆尽。为了改变这一状况，韩国开始在第三个五年经济发展计划中，提出在出口主导型总战略下，优先发展重化工业的开发战略，力图通过这一开发战略，把产业重点转向资本、技术密集型的重化工业，扭转重化工业的落后状态，加强出口产业的后劲和竞争能力。为了鼓励重化工业的发展，政府制定了一系列优惠政策，不仅将所借外债的大部分和引进的直接投资引向重化工业，而且促使国内企业向重化工业投资。可见，这一时期，韩国经济的重点在于发展替代进口的重化工业。与此相联系，韩国企业投资的重点便落在国内，对外直接投资尚未引起足够的重视。

2. 企业财团的实力有限

韩国的财团企业这时虽在国内已具备一定的经济实力，但由于它们多由贸易和轻纺工业起家，发展重化工业的历史很短，其生产规模、经济实力、技术水平和管理经验都不具有较大优势，尚不具备对外大规模投资的能力，而且国内投资场所还有一定的余力，对外直接投资的要求尚不迫切。因此，这一时期对外投资不仅项目少，而且规模有限。

3. 受资源开发投资的影响

当时，韩国企业在发展出口加工业的过程中所面临的主要问题一是资金，二是资源。在解决资金短缺的问题上，政府颁布了一系列引进外资的政策，为企业筹集资金提供了便利。在资源短缺问题上，韩国企业的应对措施一贯是依靠进口。由于对资源进口的依赖性非常高，韩国企业的资源供给机制更显脆弱，一旦进口来源国出现经济问题，国际市场价格出现波动，就会影响资源的正常供应，而且进口资源需要大量外汇，也使企业感到筹集外汇的压力日益增大。特别是在即将到来的重化工业发展浪潮中，资源的进口压力更大。出于各种因素的综合考虑，韩国企业在刚刚起步的对外投资中，在企业实力和投资规模都有限的情况下，就把资源开发作为自己投资的重点领域，特别是满足国内造纸、家具、木材业和食品工业需要的林业和水产捕捞业。同时，韩国政府 1971 年开始的对海外投资的金

融支持，最初也仅限于为确保原料所进行的资源开发投资。直到 1973 年，制造业才开始享受金融支持。这一措施在一定程度上鼓励了企业对资源开发业的投资。当然，除此之外，这一时期的对外投资集中在林业和水产业上，这与这两个行业对资金和技术水平的要求都不高有着极大的关系。因为这正好与韩国企业当时的资金和技术实力相适应，韩国企业在这方面已具备相对优势。

（二）对外直接投资的定型时期（1976—1980）

这一时期，韩国对外直接投资的主要特点有四个：（1）对外直接投资项目逐年增加。据统计，1976—1980 年，对外直接投资达到 281 项，相当于 1975 年以前的 3.43 倍。具有转折意义的一年是 1976 年。这一年韩国对外直接投资数达 46 项，比 1975 年增长了一倍多。此后，投资项目数均达到 40 以上，最多的 1978 年达到 86 项，超过了 1975 年以前所有的对外直接投资项目数。（2）对外直接投资额随项目数的增加而增加。据统计，1976—1980 年，对外直接投资额达到 11348 万美元，相当于 1975 年以前对外直接投资总额的 2.1 倍。但从平均每个项目投资数额来看，1976—1980 年为 40.38 万美元，低于 1975 年以前的 67.65 万美元。[①]（3）对外直接投资对象开始增加，除了林业、水产业之外，制造业、建筑业、贸易业的投资项目和金额都有大幅度增加。（4）对外直接投资区域主要是发展中国家和地区。其中，东南亚等韩国邻近地区所占比重最高，其他有中东、中南美洲和非洲等地区，对发达国家的投资比例很低，主要集中在北美地区。上述特点的出现仍与韩国总体经济发展战略密切相关。投资对象范围的扩大，特别是贸易业投资项目的增加，与出口导向型经济发展战略有着直接的关系。

20 世纪 70 年代中期以后，韩国出口导向型工业特别是轻纺工业已经取得了相当程度的发展，出口增长迅速。据统计，1976—1980 年，出口年增长率达到 28.60%。为了配合国内出口加工业的发展，必须进一步拓展国际市场。但仅仅依靠企业出口商品来达到这一目的是远远行不通的。因为企业在国内生产，并不了解国外消费者的需求现状和变化趋势，不知道各地消费者的风俗习惯及购买能力等有关信息，即使知道一些，也不详细，更不必说国外消费者对本国企业产品的接受程度，以及意见和建议的

---

① 张喜民：《韩国的利用外资和对外投资》，山东大学出版社 1997 年版，第 108—200 页。

有关信息了。这一切均制约着企业对国际市场的开拓。因此，一些长期发展出口事业并具有相当规模的大企业，便开始在主要出口市场投资开办贸易机构，一方面促进本企业产品的出口，另一方面及时调查并反馈主要出口市场的供求信息，为国内企业的生产经营服务。这便是20世纪70年代中期以后，投资于贸易业的项目逐渐增多的主要原因。

对制造业投资的增加主要起因于重化工业的发展和国内经济条件的变化。

国内经济条件的变化，主要体现在轻纺工业中的某些部门由于劳动力成本上升和利润率的降低，已经逐渐失去了国际竞争力并使投资者的投资意愿降低上。其结果便是许多企业开始把这些逐渐丧失竞争力的产业转移到具有劳动力成本低和资源丰富双重优势的其他发展中国家，特别是韩国的近邻东南亚国家和距离韩国主要市场美国较近的中南美洲国家，以提高这些劳动密集型产品的国际竞争力和利润率。这是20世纪70年代末，韩国对国外制造业投资迅速增加的一个重要原因。同时，韩国从20世纪70年代上半期开始的重化工业化进程，其最终目的是把重化工业培养成出口产业。而要使重化工业成为出口产业所必需的条件，是能够提供具有可与发达国家重化工业品相关的国际竞争力的产品。但是，韩国在这方面存在一个严重的制约因素，即技术力量落后于发达国家。如果不倚赖发达国家的设备、技术和中间材料，韩国的重化工业便难以出现重大飞跃。一般说来，引进国外先进技术有两条途径：一是进口，用外汇购买；二是到国外投资，与国外企业共同开发，然后通过公司内部渠道转移到国内。对于外汇资金十分缺乏的韩国企业来说，第二条途径是较为有利的。虽然缺乏充分的数据证明这一点，但从经济发展的逻辑上推断，韩国企业这一时期对制造业投资的增加，肯定与引进国外先进技术有关。

国际经济环境的变化对韩国对外直接投资产生了重大影响。这一时期，国际经济环境的变化主要表现在"石油危机"及其引发的一系列变化上。"石油危机"所引发的最重要变化，就是发展中国家出口环境的恶化。第二次世界大战以来，尤其是20世纪50年代到70年代初，西方发达国家都在不同程度上放宽了进口限制。不仅大幅度削减了关税，对来自发展中国家或地区的制成品和半制成品的进口给予普遍的、非歧视性和非互惠的关税优惠，而且降低或撤销了许多非关税壁垒。这些措施对发展中国家的产品出口起到了一定的积极作用。但在1973年"石油危机"以后，由于西方发达国家发生了经济危机，使战后延续了二十多年的贸易自由化趋于停顿，贸易保护主义重新抬头。到 20 世纪 70 年代后半期，便出现了现代资本主义历史上的第三次保护主义浪潮。这次新保护主义所涉及的主要行业有纺织、服装、制鞋、钢铁、电子产品和造船业等。这些行业在发达国家均属"夕阳产业"，已失去国际竞争能力；而对发展中国家来说，特别是对韩国这样的新兴工业化国家来说，这些行业却正处于新兴阶段和成熟阶段。纺织、服装、鞋类在 20 世纪 70 年代后半期占韩国出口商品的 1/3 以上，钢铁、造船和电子产品则属于新兴产业并正在成为出口主导产业。发达国家的贸易保护必然会对这些行业的发展造成威胁，特别是作为出口行业，其国际市场将难以扩展。据统计，1973 年，韩国受到发达国家限制的出口产品额为 4.87 亿美元；1977 年，这一数字上升到 24.4 亿美元。面对这一问题，韩国企业一方面通过影响政府，运用外交手段与发达国家谈判减少出口障碍；另一方面则开始着手将其中的某些行业转移到其他尚未受到发达国家进口限制的发展中国家（主要是东南亚国家、中南美洲国家），或者直接转移到主要出口市场，如美国、欧共体和澳大利亚，以绕过贸易壁垒，直接打入这些市场。同时，在这些主要出口市场投资开办贸易业，为出口服务。

石油危机引起的第二个变化就是，在发展中国家出现了石油输出国和非产油国的两极分化。石油输出国由于依靠集体力量，在 20 世纪 70 年代先后两次大幅度提高石油输出价格，使大量"石油美元"流入这些国家，这些国家的资金一下子充裕起来，国内需求迅速膨胀，建筑业和房地产业日益兴旺。而那些非产油国则由于难以承受石油涨价的重负，经济出现凋敝现象。韩国是石油进口国，石油危机虽没使韩国经济发生大衰退，但其出口增长率和国民生产总值的增长速度都有所下降，而同时进口却大量增加，国家收支出现困难。然而，韩国企业界却趁此时机，机动、迅速地打进由于石油收入增加而膨胀的中东市场。在中东市场出现的建设热潮中，韩国企业承包的建设项目比重，在 1975 年 6 月至 1979 年 6 月占该地区建设总量的 8.6%，居第五位。其中，1977 年 5 月至 1979 年 6 月曾占到 21.4%，居第一位。1970 年，韩国的海外建设合同额仅为 4800 万美元，到 1980 年，则高达 82.59 亿美元，增长了 172 倍。1965—1980 年，韩国海外建设合同总额的 94% 集中在中东市场。随之而来的建设器材和原材料出口在 1978 年为 3.9 亿美元，占出口总额的 3.1%，到 1980 年，这项出口额达到 8.9 亿美元，占出口额的 5.1%。① 通过开拓中东产油国市场，韩国在 20 世纪 70 年代后半期取得了良好的经济成果。这就不难说明，20 世纪 70 年代后半期韩国对外直接投资中建筑业比重上升，在投资地区中，中东占有重要地位的原因了。同时，上述事实也说明，韩国在 20 世纪 70 年代后期对外直接投资的重要动机仍是开拓国际市场，扩大出口（它不仅直接投资创办贸易业为出口服务，而且通过对外投资带动国内产品的出口）。

综上所述，可以发现，1968—1980 年，韩国对外直接投资初级阶段的主要特点是：

1. 对外直接投资项目的增长快于对外直接投资总额的增长，单项投资规模逐渐缩小。据统计，1968—1975 年，韩国对外直接投资共 82 项，投资额 5547.6 万美元，平均每项投资额为 67.65 万美元。1976—1980 年，项目增加了 281 个，金额增加了 11348 万美元，均大幅度超过以往的数目。但平均每项投资额却仅有 40.38 万美元，明显小于以往的规模。

2. 对外直接投资领域逐步扩展。由初始投资的资源开发业逐步扩展到贸易业、制造业、建筑业等部门。到 20 世纪 70 年代末期，韩国对外直接投资的领域已基本定型：满足国内对自然资源需求的资源开发业（林业、水产业和矿业），促进出口的贸易业，转移淘汰产业或引进先进技术的制造业以及赚取外汇的建筑业，等等，均已得到一定程度的发展。

3. 对外直接投资的区域与投资领域关系很大。制造业主要分布在东南亚邻国；贸易业分布在东南亚和欧美一些发达国家；建筑业分布在中东石油输出国；资源开发业主要分布在邻近的一些资源丰富的国家。从总体上看，1968—1980 年，韩国对外直接投资的主要地区是发展中国家，对发达国家的投资则刚刚起步，且主要分布在它最大的外销市场——美国。

这些特点的成因主要有：（1）韩国经济发展的重点是提高出口能力，对外直接投资尚未引起足够的注意，缺乏系统的鼓励措施和法规规范；（2）韩国企业的实力尚小，不足以发展大规模的对外投资；（3）为经济转型而向外输出产业的要求尚不迫切，对外直接投资以鼓励和促进贸易、开拓海外市场为主，故贸易业在 20 世纪 70 年代后期得到迅速发展，但贸易业一般投资规模较小，从而在一定程度上影响了总体平均规模；（4）

---

① 张喜民：《韩国的利用外资和对外投资》，山东大学出版社 1997 年版，第 200—210 页。

与邻近东南亚国家和地区有地理、文化、历史、经济交往的渊源，彼此之间隔阂较少，故投资区域以东南亚国家为主。

二　对外直接投资的快速发展阶级（1981—1997）

进入 20 世纪 80 年代以后，韩国对外直接投资规模迅速扩大。依照对外直接投资目标的差别，80 年代的韩国对外直接投资也可分为两个时期，即 1981—1986 年和 1986 年以后两个时期。80 年代初期至 1986 年，韩国对外投资的目标主要是：适应国际经济环境的变化，维持现有的进出口市场，确保原材料的长期稳定供应，并通过向第三国的迂回出口突破关税及非关税壁垒。1986 年以后，对外直接投资的主要目标在于迎合产业结构调整的需要，实现产业结构的高级化。

（一）韩国对外直接投资的巩固阶段（1981—1986）

1981—1986 年的对外直接投资可以称为韩国对外直接投资的巩固阶段。这一阶段的主要特点有以下几个方面。

1. 对外直接投资项目稳定增加，投资规模迅速扩大

1981—1986 年，韩国对外直接投资项目为 291 项，与 1976—1980 年（281 项）相比，多出 10 项。仅仅从项目的增长速度来看，还看不出这一时期韩国的对外直接投资有较大的增长。但是，其规模却呈现出迅速增长的态势。据统计，1981—1986 年，韩国对外直接投资额为 6.3 亿美元，相当于 1968—1980 年对外投资额（1.69 亿美元）的 3.7 倍。在项目稳定增长和投资额迅猛扩大的前提下，对外投资规模有了明显的扩展。据统计，这一时期韩国对外投资的平均项目规模为 216.5 万美元，是 1980 年以前平均规模的 4 倍。这一切均显示出韩国对外投资有了实质性的发展，大财团、大企业成为对外投资的中坚力量。

2. 投资区域出现明显变化

据统计，1986 年，韩国对外投资的区域结构与 80 年代以前明显不同。对东南亚地区的投资由 35.9% 下降为 19.0%，从原来的第一位下降为第二位；对中东的投资由 15.1% 增加到 18.0%，从原来的第四位上升到第三位；对中南美洲的投资由 5.2% 上升到 9.7%，对欧洲的投资由 3.0% 下降到 2.6%。而最引人注目的变化有三：一是对北美地区的投资迅速增长，由 22.7% 上升到 36.2%，居对外投资的第一大区域；二是对大洋洲的投资由 1.4% 上升到 12.7%，由原来的第七位上升到第四位；三

是对非洲的投资由16.7%速降为1.8%，从原来的第三位跌到最后一位。[①]
投资区域的这种变化与投资动机及目标高度一致，表现出韩国的对外投资
已摆脱自由发展的初级阶段，而进入有计划发展的成熟阶段。

3. 对外投资行业结构上的变化

这段时期，韩国对外投资在行业结构上发生如下变化：

（1）资源开发业所占比重高居首位，占对外投资总额的9%。但其内
部结构发生变化，在资源开发业中，矿业开发占第一位，比例达38.6%，
而林业和水产业的比重则有较大的下降，只是林业下降幅度小于水产业，
居资源开发的第二位。

（2）制造业比重有较大上升，由原来的17.6%递增为25.3%。

（3）贸易业所占比例下降，由原来的首位下跌至第三位。

（4）建设业下降幅度最大，由原来的17.2%跌至5.5%，由原来的第
三位降到第五位。

对外投资行业结构的这些变化，再次证明韩国的对外投资已成为韩国
国民经济发展的重要构成部分，成为配合经济发展战略顺利实施的重要保
障条件。

发生上述变化的主要原因有：

（1）国际经济环境发生了变化

进入20世纪80年代，国际经济环境出现了一些新的特点，对韩国出
口导向型经济发展战略造成极大的影响：

第一，发达国家贸易保护主义进一步加强，增加了韩国出口贸易的困
难。自20世纪60年代以来，韩国产品出口的主要市场一直是美国、加拿
大、西欧和日本等发达国家。进入80年代，韩国对发达国家出口市场的
依赖率仍达60%以上。由于发达国家由70年代末开始的经济不景气在80
年代初进一步加剧，这些国家纷纷放弃了50年代以来实施的"自由贸
易"政策，转而实行更加强烈的贸易保护主义，对发展中国家的出口产
品实施配额限制制度。韩国当然难逃此列。据统计，1984年，韩国出口
受限的商品达87类167种，受限商品比率由70年代中期的23.6%上升到
80年代初期的41.2%，这对韩国的出口产业构成了严重威胁。

第二，亚洲"四小龙"在国际市场上的竞争日益激烈。以往，发达

国家没有实施贸易保护主义，"四小龙"在发达国家出口市场上的竞争相对缓和。现在，由于"四小龙"都把增加出口作为维系其经济增长的重要支柱，而国际市场的容量又因贸易保护而相对狭小，"四小龙"之间的竞争日益激烈。

第三，后起的发展中国家的出口攻势，使韩国传统的出口产品失去优势。20世纪六七十年代，韩国的主要出口工业品是轻纺产品，到20世纪70年代中期以后，虽然重化工业品的出口有所增长，但轻纺工业品仍占重要地位。自20世纪70年代末以来，亚洲的许多发展中国家，如菲律宾、泰国、印度尼西亚、马来西亚和中国等，借鉴"四小龙"经济发展的经验，致力于发展出口导向型经济，扩大产品出口。由于这些后起之秀的人力资源、自然资源比较丰富，劳动力价格低廉，其轻纺产品因成本低而富有竞争力，使得韩国生产的同类产品在国际市场上失去竞争优势，原有市场逐步丧失。

为了回避由于上述国际经济环境变化所带来的贸易摩擦，韩国的对外投资领域与区域便发生了相应的变动。最明显的变动之一，就是对北美投资的迅速增加。自20世纪60年代以来，韩国对美国的出口持续增加，1980年达46亿美元，1986年增加到139亿美元，6年内增加了3倍，对美国出口占出口总额的比例，亦即对美国出口的依赖度急速上升，提高到40%。这种出口剧增的必然后果就是韩美贸易摩擦的激化。70年代后期，美国开始限制韩国轻纺产品的进口。进入20世纪80年代以后，美国对韩国进口限制的对象逐步扩展到钢铁、彩电等重化工业产品。1986年，受到美国进口限制的韩国商品有9个品种。根据两国政府的协商，一方面，韩国不得不对纤维、钢铁的对美出口进行自我限制；另一方面，美国对韩国彩电等6个品种征收进口税。同时，美国还迫使事实上与美元相连的韩元升值，并决定缩小一般特惠关税的适用范围。据统计，1987年，韩元比1986年升值6.5%，一般特惠关税比1985年削减24%。在出口受限和通货升值的压力之下，确保对美出口的最佳途径就是对美投资。据介绍，韩国的对美投资在摩擦开始深化的1983年、1984年前后呈现巨大的增长。例如，韩国乐喜金星财团为了确保其在美国的彩电市场，于1982年在美国投资设立年产15万台的彩电工厂，并随着美国对进口限制的增强而多次扩大生产规模，到1984年已可以生产100万台彩电。此外，还增设了TVR（磁带录像机）、电子炊具的生产线。韩国的另一家大公司——

三星公司也于 1984 年在美国新泽西州建立了彩电（年产 45 万台）和电子炊具（年产 40 万台）生产工厂，并于第二年扩建，将彩电生产规模扩大到 80 万台。①

　　韩国企业回避美国进口限制的途径，除了对美国投资之外，还有以第三国作为生产基地对美国出口的"迂回出口"。例如，三星电子公司于 1982 年在葡萄牙建立年产 20 万台彩电的工厂，除了向欧共体进行渗透外，也是对美国的一种"迂回出口"策略。再如蒲项钢铁联合企业在加拿大投资设立冷轧工厂，也是为了向美国扩张。韩国还极力开发对加勒比海地区和东盟地区的投资作为对美国"迂回出口"的基地。向加勒比海地区的扩张，是针对美国限制纤维进口措施而采取的策略。加勒比海国家享有对美国自由出口的优惠。因此，在巴拿马，三星公司、大宇公司、国际商事公司、金星财团、鲜京公司等企业都设有基地；在多米尼加、哥斯达黎加、洪都拉斯有韩国的服装工厂。这不仅可绕过美国的贸易壁垒，而且还因利用加勒比海经济计划而享受对美国的出口免税待遇。与加勒比海地区相比较，这一时期，韩国对亚洲地区的扩张还比较少，但投资都是投向出口加工区的，其目的显然在于利用这些国家的廉价劳动力和一般特惠关税对美国实行迂回出口。这就不难说明，20 世纪 80 年代上半期韩国对拉美地区的投资有所增加，而对东南亚地区投资比例降低，但仍居第二位，且绝对额大幅度增加这两个新变化的原因了。

　　此外，为了减少对发达国家市场尤其是对美国市场的依赖，韩国在向发达国家增加直接投资的同时，还加紧向发展中国家提供技术，试图依靠提供技术加深与当地企业之间的关系并利用这种作法销售本公司产品，或向当地企业出口机械设备和零件材料。例如，金星公司向印度提供电视核心原件的制造技术，向印尼提供冷藏库的制造技术、出口制造设备和零件材料。三星公司向菲律宾提供彩电制造技术等，无疑是想把亚洲各国作为市场掌握起来。

　　（2）充分利用大洋洲丰富的矿产资源

　　20 世纪 80 年代上半期，韩国对外投资领域的另一重要变化是矿业开发投资增长迅速，对大洋洲投资上升较大。其实这两点是相互联系的。对大洋洲投资的增加，主要是因为韩国企业对大型资源开发项目投资的增

---

　　①　张喜民：《韩国的利用外资和对外投资》，山东大学出版社 1997 年版，第 220—240 页。

加，而大洋洲正是矿产资源丰富的地区。例如，韩国国际钢铁联合企业对澳大利亚制铝业的投资，全州造纸公司对新西兰纸浆业的投资，蒲项钢铁联合企业对澳大利亚的煤炭开发的投资等，均属此类。另外，对资源开发的投资也增加了韩国对加拿大和中南美地区的投资，因为这两个地区是矿产和林业资源十分丰富的地区。而资源开发投资日趋活跃的根本原因则在于韩国重化工业发展的要求，即确保重化工业发展所需原料的供应。

　　20 世纪 80 年代上半期，韩国的重化工业已发展到一定的规模，对各种原料的需求量大幅度增加，如煤炭、石油和各种矿石等的需求量迅速增加。但韩国又是一个自然资源十分缺乏的国家，绝大部分矿产需要进口，而仅仅通过国际市场购买，往往会受到市场波动的影响，妨碍这些资源以稳定的价格源源不断地供应国内。因此，韩国企业把对外投资的重点之一便放到矿产和木材开发上，希望通过投资，确保对这些资源的控制，并带动国内资源开发设备和技术的出口。这便是矿产业投资在 20 世纪 80 年代上半期迅速增加的根本原因。

　　（3）生产和资本进一步集中，垄断财团的实力大大增强

　　20 世纪 70 年代的重化工业发展，使韩国垄断财团的实力迅速膨胀。这些垄断财团拥有众多的系列公司，雇用着数千乃至十几万名职工。其经营领域遍布第一、二、三产业，其能量足以影响整个国民经济的运行。据统计，韩国 50 家最大企业集团的营业额，1983 年为 710.8 亿美元，与当年韩国国民生产总值（778.3 亿美元）接近；1985 年上升为 1037 亿美元，比当年韩国国民生产总值（966 亿美元）还多出 7.3%。从对经济增长的贡献看，这 50 家大财团的附加值占国民生产总值的比重，1983 年为23%，1985 年为 20.8%。从对出口扩张的作用看，财团所属的十大综合贸易商社的出口额，1982 年为 105.35 亿美元，占韩国出口额的 50.4%；1984 年为 143.18 亿美元，占当年出口总额的 48%。[1] 经济实力的膨胀使韩国企业集团在世界大工业企业的行列中也占据一席之地。1981 年和1982 年，韩国就分别有 10 家和 9 家大企业进入美国《幸福》杂志公布的美国以外世界 500 家大企业之列，在发展中国家和地区中位居榜首。1985年，韩国的"三星"、"现代"两大企业集团首次进入包括美国企业在内的"世界 50 大企业"之列，分别居第 42 位和第 44 位。1986 年，三星集

---

① 金承男：《韩国对外关系论》，吉林大学出版社 2000 年版，第 108—200 页。

团又跃居第 35 位。

韩国企业集团一直是韩国发展外向型经济的主力。其发展策略是：第一阶段，大力发展出口导向企业，组织加工出口产品；第二阶段，组建综合贸易商社，在海外建立销售、服务及信息网络，直接进入国际市场，以本国具有竞争力的产品占领阵地；第三阶段，走向跨国公司化，不但从事商品交易，而且进行证券交易和直接投资，在海外设厂，开展跨国生产和经营。韩国企业集团的跨国公司化在 20 世纪 70 年代已得到初步发展，进入 80 年代以后，由于其经济实力的迅速膨胀，则得到较快的发展。

由于具有雄厚财力的韩国企业集团积极参与对外投资，20 世纪 80 年代上半期韩国的对外投资出现了一些新特点，即投资项目稳定增长，而投资规模则迅速扩大，且投资领域集中于矿业和制造业部门。

4. 韩国政府从政策、制度上积极扶植企业输出资本

进入 20 世纪 80 年代以后，韩国政府开始对企业的对外投资提供支持，通过财政、金融、外交等手段鼓励本国企业对外扩张，为本国跨国企业提供海外投资的低息贷款、情报和咨询服务，培训派遣海外的各种人员等。政府还根据实际情况，对向海外扩张的企业在资金借贷、税收和保险制度等方面给予优惠，为海外投资创造了许多有利条件。

韩国政府的金融支持是从 1971 年开始的，最初仅限于对为确保原料供应所进行的资源开发投资进行金融支持。但到 1973 年，制造业也被加进对外直接投资的对象行业，从那时起，制造业开始接受金融支持。但是，70 年代的对外直接投资规模很小，金融支持到 1980 年为止的累计额为 520 亿韩元，按 1972 年汇率（398.40 韩元兑换 1 美元）折算为 1.3 亿美元。用对外直接投资累计额除这一时期的金融支持累计额得出的支持率为 43.5%，也就是说，对外直接投资的 3/7 是靠金融支持来筹集财源的。[①]

韩国金融支持的绝大多数是面向支援资源开发投资的，这项支援按 1981—1985 年的累计额达到 1079 亿韩元，占金融支援总额的 68%。如前所述，这一时期对外投资的 1/2 左右是资源开发投资。如果按 50% 为资源开发投资计算，政府对资源开发投资的支援率为 60%。在资源开发领域，其投资来源一半以上为政府金融支持。这不难说明韩国在 80 年代上

---

① 金承男：《韩国对外关系论》，吉林大学出版社 2000 年版，第 150—160 页。

半期的投资中有一半为资源开发投资的原因。

5．服务于出口的贸易业投资减少

这一时期，在对外投资行业结构中，水产、建设和贸易业所占比重的降低，主要是由三个因素决定的。

（1）水产业所占比重的降低，与韩国产业结构升级有关。进入20世纪80年代以后，韩国产业结构的重心由劳动密集型轻纺工业转向资本和技术密集型的重化工业。与此相适应，资源开发的重点也由为轻纺工业提供原料转向为重化工业提供原料。而水产业主要是为轻纺工业中的食品工业服务的。所以这一时期对外投资中水产业比重比前一阶段大幅度降低。

（2）建设业投资比重的降低与国际经济环境的变化有关。20世纪70年代末80年代初，世界经济处于普遍不景气状态。其中受影响较严重的发展中国家包括制成品出口国和石油出口国。中东石油输出国组织为了保持油价稳定，采取大幅度减产措施，造成国民经济的萎缩，其出口收入1983年比1980年减少41%。出口收入的减少，使中东国家的基础设施建设大幅度减少。如前所述，韩国企业在20世纪70年代中后期曾大量投资于中东地区的建设业。进入80年代以后，由于中东建设业市场不景气，韩国的建设业对外投资也大量减少。因此，韩国建设业对外投资的减少主要与石油输出国建设业市场萎缩有关。

（3）贸易业所占比重的下降，则与韩国大企业集团对外投资实力的增强和所处阶段的提升有关。20世纪80年代上半期，韩国大企业已具备对外投资制造业和矿业的能力，以及在东道国投资就地销售或迁回出口到第三国的能力，其国际化已处于第三阶段（跨国公司化阶段）。所以，对以服务于出口为主的贸易业的投资便有所减少，致使其在总投资额中的比重有所下降。

此外，韩国对非洲投资的减少，则与非洲市场环境的变化和世界投资热点的转移有关。20世纪70年代末80年代初，受国际经济衰退的影响，非洲经济状况日益恶化，社会、政治状况极不稳定，对外商的吸引力大幅度降低。同时，世界投资的热点转向欧美国家。因此，韩国对非洲投资减少到很小的比重，而对北美的投资则上升较多。

（二）韩国对外直接投资的快速发展阶段（1986—1997）

1986年以后，韩国经济发展出现了一个新的转折，即国际收支由长期的逆差转为顺差。据统计，1986年，韩国对外贸易和经常项目收支黑字分别达到42亿美元和46亿美元，此后，韩国连续4年保持国际收支顺差。外汇状况的改善，为韩国对外投资的发展提供了可能。因此，总结韩国1986—1997年的对外直接投资，可以称其为对外直接投资的快速发展阶段。这一时期，韩国对外投资又出现了一些新的特点。

　　1. 对外直接投资项目总数和投资金额增长较快

表2.1　　　　　　　　　1986—1997 年韩国对外直接投资　　　　　（项；千美元）

年度	申报项目数	申报金额	实际投资项目数	实际投资金额
1986	73	363788	49	182651
1987	109	367361	91	409710
1988	248	1636305	171	215834
1989	369	973844	269	570795
1990	514	2274414	341	963117
1991	526	1797677	444	1109702
1992	630	2026810	497	1216651
1993	1052	1996762	689	1264179
1994	1946	3632211	1489	2307050
1995	1572	5222371	1333	3100821
1996	1818	7015379	1469	4459553
1997	1607	6103667	1335	3714700

　　资料来源：韩国进出口银行，海外直接投资统计整理（www. koreaexim. go. kr）。

　　从表2.1中可以看出，1986—1997年，无论是申报项目的总数还是实际投资项目的总数都在直线上升，1997年稍微有所回落，但回落幅度不大。1996年的实际投资为1469项，与1986年实际投资49项相比，大约增加30倍；从实际投资金额看，1996年为44.60亿美元，与1986年实际投资金额1.83亿美元相比，大约增加24倍。1986—1997年，一共对外投资8177项，投资额为195.18亿美元，分别是1985年以前累计对外投资项目数和金额总和的14倍和36倍。其成长速度之快是前所未有的。

2. 对外直接投资的平均规模不断扩大

据统计，1986—1997 年，韩国对外直接投资的平均规模为 249 万美元，而 1985 年以前的平均规模为 103.8 万美元，1980 年以前的平均规模仅为 46.5 万美元。从表 2.2 中可以看出，大企业的投资规模不断扩大，由 1986 年的 1.76 亿美元，扩大到 1996 年 35.23 亿美元，相当于扩大 20倍；大企业的投资项目数也从 1986 年的 32 项扩大到 1996 年的 249 项；中小企业也不断扩大投资规模，投资额从 1986 年的 710 万美元扩大到 1996 年的 86300 万美元。因此，无论是大企业还是中小企业的对外直接投资规模都在不断扩大，虽然 1997 年各项数值有所回落，但已表明韩国对外投资主体的经济实力有较大提高，也表明韩国对外投资日趋成熟化。

表2.2 不同规模的企业对外直接投资趋势（全体产业，以总投资为基准）

（项；百万美元；%）

年份	总金		大企业		中小企业金额项目数		其他金额项目数	
	金额	项目数	金额	项目数	金额	项目数	金额	项目数
1986	183	49	176 (96.2)	32 (65.3)	7.1 (3.9)	17 (34.7)	0 (0.0)	0 (0.0)
1987	410	91	399 (97.3)	55 (60.4)	11 (2.7)	35 (38.5)	0 (0.0)	1 (1.1)
1988	216	171	178 (82.4)	100 (17.1)	37 (17.1)	68 (39.7)	0.8 (0.3)	3 (1.8)
1989	571	269	452 (79.2)	109 (40.5)	115 (20.1)	151 (56.1)	3.2 (0.6)	9 (3.3)
1990	963	341	743 (77.2)	122 (35.8)	218 (22.6)	209 (61.3)	1.7 (0.2)	10 (2.9)
1991	1110	444	820 (73.9)	146 (32.9)	282 (25.4)	286 (64.4)	7.3 (0.7)	12 (2.7)
1992	1217	497	910 (74.8)	117 (23.5)	304 (25.0)	374 (75.3)	2.45 (0.2)	6 (1.2)
1993	1265	689	907 (71.7)	130 (18.7)	351 (27.8)	542 (78.7)	5.6 (0.4)	17 (2.5)
1994	2807	1489	1699 (60.5)	245 (16.5)	592 (21.1)	1157 (77.7)	15. (0.6)	87 (5.8)
1995	3101	1333	2358 (76.0)	253 (18.9)	699 (22.5)	957 (71.8)	44 (1.4)	123 (9.2)
1996	4460	1469	3523 (79.0)	249 (17.0)	863 (19.4)	872 (59.4)	74 (1.7)	348 (23.7)
1997	3715	1335	3047 (82.0)	223 (16.7)	587 (15.8)	795 (59.6)	81 (2.2)	317 (23.8)

资料来源：韩国进出口银行，海外直接投资统计整理（www.koreaexim.go.kr）。

3. 对外直接投资的地区结构有所改变，对各地区投资的平均规模有明显不同

表2.3　　　　　　　韩国对不同地区对外直接投资的比重及增长率

（项；百万美元；%）

区域	1986		1987		1988		1989		1990		1991	
	项目数	金额	项目数	金额	项目数	金额	项目数	金额	项目数	金额	项目数	金额
亚洲	12	4.1	18	132	65	45	125	128	186	292	269	424
比重	24.5	2.2	19.8	32.2	38	20.8	46.5	22.4	54.6	30.2	60.6	38.2
增长率	-14.2	-77.2	50	3120	261	-66	92.3	184	488	128	44.6	45.2
中东	2	80.3	1	70.9	1	41	1	32	0	40	0	59
比重	4.1	43.9	1.1	17.3	0.6	19.0	0.4	5.6	0.0	4.1	0.0	5.3
增长率	100	703	-100	-11.7	0.0	-42.2	0.0	-22	-100	25	0.0	47.5
北美洲	26	80.6	41	189	57	96	73	283	86	441	83	457
比重	53.1	44.0	45.1	46.1	33.3	44.4	27.1	50.0	25.2	45.6	18.7	41.2
增长率	117	199	57.7	135	39.0	-49.2	28.1	195	17.8	55.8	-3.5	3.6
中南美洲比重	3	2.7	14	4.2	15	14	28	55	26	67	36	42
	6.1	1.5	15.4	1.0	8.8	6.5	10.4	9.6	7.6	6.9	8.1	3.8
增长率	0.0	-6.9	367	55.6	7.2	233	86.7	293	-7.7	21.8	38.5	-37.3
欧洲	3	5.6	10	6.8	16	15	16	19	21	64	35	88
比重	6.1	3.1	11.0	1.7	9.4	6.9	6.0	3.3	6.2	6.6	7.9	7.9
增长率	0.0	-85.6	233	21.4	60	121	0.0	26.7	31.3	237	66.7	37.5
非洲	0	0	2	0.6	3	1.5	5	8.3	2	27	5	18
比重	0.0	0.0	2.2	0.2	1.8	0.7	1.9	1.5	0.6	2.8	1.1	1.6
增长率	-100	-100	-	-	50	150	66.7	453	-60	225	150	-33.3
大洋洲	3	9.4	5	6.2	14	3.2	21	45	20	32	16	23
比重	6.1	5.1	5.5	1.5	8.2	1.5	7.8	7.9	5.9	3.3	3.6	2.1
增长率	-25	-41.3	66.7	7.0	180	-48.4	50	1306	-4.8	-28.9	-20	-28.1
总计	49	183	91	410	171	216	269	571	341	968	444	1110
比重	100	100	100	100	100	100	100	100	100	100	100	100
增长率	29.0	62.0	85.7	124	87.9	-47.3	57.3	164	26.8	69.5	30.2	14.7

区域	1992		1993		1994		1995		1996		1997	
	项目数	金额	项目数	金额	项目数	金额	项目数	金额	项目数	金额	项目数	金额
亚洲	360	519	554	503	1215	1158	1045	1703	1078	1872	918	1779
比重	72.4	42.7	80.4	39.8	81.6	50.2	78.4	54.9	73.4	42	68.8	47.8
增长率	93.6	22.4	53.9	-3.1	119	130	-14	47.1	3.2	9.9	-15	-5.0

续表

区域	1992		1993		1994		1995		1996		1997	
	项目数	金额	项目数	金额	项目数	金额	项目数	金额	项目数	金额	项目数	金额
中东	2	75	4	86	4	38	1	32	5	26.5	2	69
比重	0.04	6.2	0.6	6.8	0.3	1.7	0.1	1.03	0.3	0.6	0.2	1.9
增长率	–	27.1	100	14.7	0.0	–56	–75	–15.8	400	–17	–60	160
北美洲	61	393	58	392	135	567	140	549.9	198	1560	230	901
比重	12.3	32.3	8.4	31	9.1	24.6	10.5	17.7	13.5	35	17.2	24.3
增长率	–29	–14.0	–4.9	–0.3	133	44.6	3.7	–3.0	41.4	184	16.2	–42
中南美洲	28	37	29	43	37	49.9	31	122	40	273	35	280
比重	5.6	3.0	4.2	3.4	2.5	2.2	2.3	3.9	2.7	6.1	2.6	7.5
增长率	7.7	–11.9	3.6	16.2	27.6	16.1	–16	145	29.0	124	–13	2.6
欧洲	33	140	32	175	55	355	71	613	71	601	73	436
比重	6.6	11.5	4.6	13.9	3.7	15.4	5.3	19.8	4.8	13.5	5.5	11.7
增长率	57	59.1	–3.0	25	71.9	103	29.1	72.7	0.0	–2.0	2.8	–28
非洲	4	29	6	31	8	114	7	42	8	17	17	113
比重	0.8	2.4	0.9	2.5	0.5	5.0	0.5	1.4	0.6	0.4	1.3	3.0
增长率	100	61.1	50	6.9	33.3	268	–13	–63.2	14.3	–60	113	565
大洋洲	9	24	6	35	35	24.9	38	39.4	69	71	60	137
比重	1.8	2.0	0.9	2.8	2.4	1.1	2.9	1.3	4.7	1.6	4.5	3.7
增长率	–55	5.7	–33	45.8	4.83	–29	8.6	58.2	81.6	80.2	–13	93
总计	497	1217	689	1264	1489	2307	1333	3101	1469	4460	1335	3715
比重	100	100	100	100	100	100	100	100	100	100	100	100
增长率	45.8	9.6	38.6	3.9	116	82.5	–11	34.4	10.2	43.8	–9.1	–17

资料来源：韩国进出口银行，海外直接投资统计整理（www.koreaexim.go.kr）。

　　这一时期最显著的特征是韩国对亚洲的直接投资持续大幅度递增，从投资项目数来看，1986 年仅为 12 项，到 1996 年增加到 1078 项，虽然 1996 年稍有回落，但也有 918 项，增长率最高时达到 3120%；从投资金额来看，1986 年仅为 410 万美元，占总比例的 2.2%，到 1996 年投资额达到 18.72 亿美元，扩大 457 倍；其次是对北美的投资不断递增，从投资项目数来说，1986 年仅为 26 项，到 1997 年增加到 230 项，相当于递增将近 9 倍，但递增幅度没有亚洲多；对中东的投资大幅度减少，韩国在 20 世纪 80 年代中期以前，对中东的投资占有很大的比例，仅 1986 年投资总额占 43.9%；对中南美洲的投资幅度稳步上升，波动幅度不大；对欧洲的投资持续上升，无论在投资项目还是投资金额上，都排在亚洲之后，进入 1996 年和 1997 年，虽然投资总额略有下降，但降幅不大；对大洋洲的投资递增，幅度很大，从投资数目来说，1986 年仅为 3 项，到 1997 年上升了 60 倍，从金额来说，1986 年仅为 940 万美元，到 1997 年达到 1.37 亿美元，增长幅度最高时达到 1306%。

4. 对外直接投资的行业结构再次发生变化

韩国对外直接投资的行业在 20 世纪 70 年代以林业为主，在 20 世纪 80 年代初对矿业的投资急速上升。从 1985 年开始，对制造业和贸易业的投资不断上升。我们以制造业、贸易业、服务业、不动产业和矿业作为代表，分析 1986—1997 年韩国对外直接投资的行业结构变化。如图 2.1 和图 2.2 所示，从投资的项目数看，制造业投资的项目数增幅最大，1995 年达到最高峰，数目为 1100 项；其次是贸易业、服务业、矿业和不动产业。从对外投资的金额看，同样是制造业的投资金额增幅最大，1996 年达到顶峰，金额达 28.5 亿美元；其次是贸易业、矿业、服务业和不动产业。

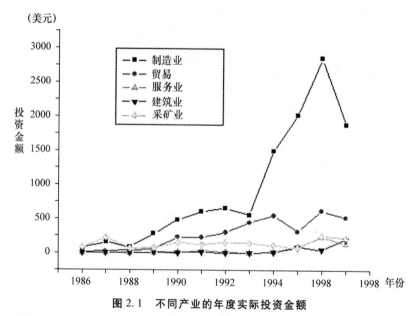

图 2.1　不同产业的年度实际投资金额

资料来源：韩国进出口银行，海外直接投资统计整理（www.koreaexim.go.kr）。

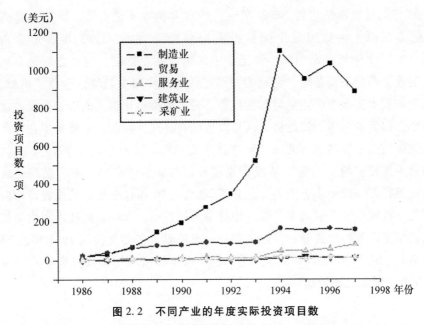

图 2.2　不同产业的年度实际投资项目数

资料来源：韩国进出口银行，海外直接投资统计整理（www.koreaexim.go.kr）。

5．中小企业的对外直接投资很活跃

20 世纪 80 年代中期以前，韩国对外直接投资仅限于大企业，中小企业每年新增加的对外投资项目仅为 4—5 项，1986 年增加到 17 项。从 1987 年开始不断攀升，到 1996 年达到 872 项，占总投资项目数的 59.4%。中小企业的投资金额，直到 1986 年每年新增投资额仅为 100 万—200 万美元，1987 年仅为 1100 万美元，占总投资比例的 2.7%。到 1996 年，其投资额扩大到 8.63 亿美元，占总额的 19.4%。特别引人注目的是，韩国的大财团纷纷在国外，特别是在东南亚地区建立生产基地，诱使中小企业向这些海外生产基地转移。

6．韩国对中国的直接投资增长迅猛

韩国 20 世纪 90 年代以后对中国的投资增长很快。在 1988 年以前，韩国对中国投资是经由第三国（或地区）设法人企业进行间接投资的。从 1988 年开始有了直接投资，当年有 4 项，金额为 790 万美元；1989 年有 7 项，金额为 600 万美元；1990 年有 23 项，金额为 1600 万美元；1991 年有 69 项，金额为 4200 万美元。1992 年的金额为 1.412 亿美元。从表 2.4 中可以看出，1992 年 8 月，中韩建交之后韩国对中投资发展较快。

1993 年，投资额已达到 2.6 亿美元，1994 年为 6.3 亿美元，1995 年达到 8 亿美元以上。韩国对中国的投资以制造业为主，1993 年制造业占 91.1%，1994 年占 81.1%。制造业中纺织服装业排第一位，之后是金属组装业、鞋类及皮革业。劳动密集型产业呈逐步减少趋势，金属、机械、石化等资本密集型产业呈增加的趋势，轻工业所占比重大而重工业所占比重小，但后者呈增加的趋势。从投资地区看，这一时期，主要集中在环渤海地区的山东、河北、北京、天津及东北三省。这两个地区 1996 年占韩国对中国投资的 84.7%。从投资规模看，初期集中在轻工业、纺织、饮食业等行业，以中小企业为主。到了 20 世纪 90 年代中期，其投资开始向石化、机械、电子、汽车零件、建材等领域进军。大企业向技术密集与资本密集型产业的投资开始大幅度增加。单项投资平均规模从 1991 年的 76 万美元，到 1996 年的 178 万美元，但与当年韩国对外直接投资平均规模 348 万美元相比还较小。

表 2.4　　　　　　1992—1997 年韩国对中国直接投资情况　　　（百万美元；项）

年度	批准		实际	
	项目数	投资额	项目数	投资额
1992	269	221.9	171	141.2
1993	629	622.3	376	262.2
1994	1066	819.7	81.5	630.7
1995	631	955.9	719	813
1996	905	1616.6	712	819.6
1997	323	488	297	437
总计	3823	4724.4	2780	3104.1

注：1997 年仅为 1—6 月的统计数据。

资料来源：韩国驻华大使馆新闻处。

　　综上所述，1986 年以来，韩国对外直接投资出现一些新特点是的原因如下。

　　1. 投资金额、项目和规模的扩大

　　这一方面由于韩国国际收支 1986—1989 年连续 4 年出现黑字并获得改善，还有政府的鼓励政策；另一方面韩元升值、工资成本上升，导致出口产品生产效益下降和对外竞争力的降低,企业为了谋求生存和发展,更加重视对外进行直接投资。

2. 投资地区结构的变化

1993 年以前,可以说,韩国对北美的投资无论从项目数还是投资金额上都占有绝对的优势,1994 年以后,韩国对亚洲的投资这两项都超过北美,主要是与产业结构调整和对美贸易摩擦增加有关。产业结构调整的结果,是大量劳动密集型出口加工工业转移到具有廉价劳动力优势的亚洲其他国家和地区。由于这些工业本身所具有的投资少、平均规模不大的特点,韩国对亚洲地区的投资项目虽居第一,但平均投资规模还很小。对美贸易摩擦的加剧,使韩国许多具有一定资本和技术优势的制造业直接移入美国从事生产以绕开贸易壁垒,同时也使许多企业转移到能享受美国优惠待遇的国家从事生产,使韩国对中南美国家的投资开始居重要地位。

3. 投资行业结构的变化

制造业跃居首位,贸易和矿业也占有重要的地位,这也是产业结构调整和对外贸易摩擦加剧带来的后果。产业结构调整和对外贸易摩擦的加剧,推动了制造业的对外直接投资。矿业所占的投资金额也占有一定的比例,呈稳步上升趋势,说明韩国工业发展对资源的需求量继续增加,而且其单项投资所需金额较大。贸易在项目上仍居第二,这是因为韩国企业尤其是中小企业仍把促进出口作为对外投资的重要动机,而且贸易业单项投资所需金额较少,适合中小企业的经济实力。

4. 韩国对中国直接投资的扩大

一方面是利用中国廉价的劳动力和优惠的引资政策,优越的地理条件等因素。随着对中国投资的深入发展,中国国内工资的上涨,韩国对外投资的动机逐渐发展到开拓中国国内巨大的内需市场上。另一方面也是韩国国内产业结构调整的需要,是把其国内鞋业、服装类、玩具类等劳动密集型产业向中国转移的结果,还可以规避发达国家的贸易壁垒,在中国进行来料加工,既可以促进韩国向中国的出口,又可以将在中国加工产品的出口到第三国。

三 对外直接投资的调整阶段(1998—2006)

1997 年,韩国发生金融危机,其对外直接投资暂时进入相对萎缩时期,但萎缩的幅度不大。从表 2.5 中可以看出,韩国 1999 年和 2002 年对外投资规模有相对小幅度的萎缩，其他年份都呈现出高速发展趋势。2000
年，对外直接投资总额突破 50 亿美元大关，2006 年，对外投资总额超过
100 亿美元。从投资项目数看，从 1997 年的 1335 项减少到 1998 年的 617
项，但从 1999 年开始投资项目数不断扩大至 2006 年的 5188 项。

表 2.5　　　　　　1997—2006 年韩国对外直接投资情况　　　　（项；百万美元）

年度	批准		实际	
	项目数	投资额	项目数	投资额
1997	1607	6104	1335	3715
1998	719	5829	617	4815
1999	1266	5099	1093	3332
2000	2291	6096	2091	5100
2001	2328	6366	2154	5174
2002	2740	6250	2491	3709
2003	3074	5570	2812	4092
2004	3924	7903	3766	5947
2005	4559	9029	4399	6561
2006	5248	18514	5188	10773

资料来源：韩国进出口银行，海外直接投资统计（www.koreaexim.go.kr）。

　　分析韩国这一时期的对外直接投资状况，可以发现如下特点。

　　1. 从投资金额看，其总体规模比较小，与发达国家相比较，还存在
很大差距。从表 2.6 中可以看出，以 2000 年对外直接投资为基准，韩国
对外直接投资占名义 GDP 的 5.8%，2002 年仅仅上升到 6.5%。与其他发
达国家相比，其投资规模相对狭小，如美国占 13.2%，欧盟占 40.1%。
就是与中国台湾的 15.9% 相比，其占比也相当小。只与人均 GNI 是韩国 4
倍的日本对外直接投资的比例 5.8% 相当。

表 2.6　　　　对外直接投资占名义 GDP 比例的国际比较（以 2000 年为基准）

（%；美元）

成分	韩国	日本	中国台湾	美国	欧盟
对外直接投资占名义 GDP 比例	5.8	5.8	15.9	13.2	40.1
人均 GNI	9770	38026	14186	34862	-

资料来源：韩国银行（www.bok.or.kr）。

　　2. 从发展速度看，韩国对外直接投资发展速度很快。1968—1980 年，年均增长 36.42%；1981—1990 年，年均增长 30.12%；1991—2006 年，年均增长 54.5%。这么快的增长速度在世界上是少见的。

　　3. 从投资的地区分布来看，韩国对外直接投资地区呈现出向多元化发展的趋势。从投资的比例看，20 世纪 70 年代以南亚的林业投资为主，到了 20 世纪 80 年代以制造业投资为中心进入北美市场，在 90 年代后半期，随着对中国的大量投资，对亚洲国家的投资比重上升。

　　韩国对外直接投资一直以亚洲和北美洲为主。考察其 1997 年、2002 年、2006 年的对外投资情况可以看出它的变化趋势，如图 2.3—2.5 所示，1997—2002 年，只有对欧洲的直接投资大幅上升，其他地区的投资都出现小幅下降。2006 年，除了对欧洲的投资大幅下降外，其他地区的投资都出现回升势头，但仍然以亚洲和北美地区为主，可以看出，韩国的对外直接投资有多极化发展之势。

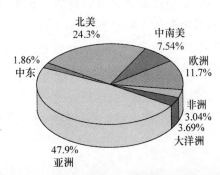

图 2.3　1997 年韩国对外直接投资区位比例

资料来源：韩国进出口银行，海外投资统计（www.koreaexim.go.kr）。

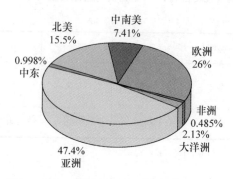

图 2.4 2002 年韩国对外直接投资区位比例

资料来源：韩国进出口银行，海外投资统计（www. koreaexim. go. kr）。

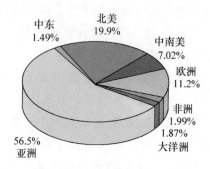

图 2.5 2006 年韩国对外直接投资区位比例

资料来源：韩国进出口银行，海外投资统计（www. koreaexim. go. kr）。

4. 从投资主体来看，一直以大企业为主导，但中小企业的比重正不断提高。1997 年，大企业的投资金额占总投资额的 82.0%，1998 年上升至 92.9%。虽然其后几度起伏，但一直占 50% 以上。2006 年，大企业投资金额占 57.9%。虽然大企业投资项目数出现下降，但总的投资额却是增加的。1997 年，中小企业的投资金额仅占 15.8%，1998 年有所回落，其后一直处于上升阶段，至 2006 年占总投资额的 33.3%。其他个人投资等项目，投资数目和金额都不断上升。从总的投资趋势看，虽然中小企业和其他企业的投资增长速度很快，但是，大企业作为对外投资主体的状况仍难以改变。

表2.7　　　　　　　不同规模企业的实际投资金额和项目数　　　（百万美元；项目数）

成分 年份	大企业		中小企业		其他		总计	
	金额	项目数	金额	项目数	金额	项目数	金额	项目数
1997	3047 (82.0)	223 (16.7)	587 (15.8)	795 (59.6)	81 (2.2)	317 (23.8)	3715	1335
1998	4472 (92.9)	95 (15.4)	317 (6.6)	359 (58.2)	26 (0.5)	163 (26.4)	4815	617
1999	781 (83.5)	80 (7.3)	476 (14.3)	600 (54.9)	75 (2.3)	413 (37.8)	3332	1093
2000	2660 (52.2)	147 (7.0)	2285 (44.8)	1310 (62.7)	155 (3.0)	634 (30.3)	5100	2091
2001	4260 (82.3)	89 (4.1)	771 (14.9)	1335 (62.0)	144 (2.8)	730 (33.9)	5174	2154
2002	2388 (64.4)	106 (4.3)	1153 (31.1)	1537 (61.7)	168 (4.5)	848 (34.0)	3709	2491
2003	2359 (57.7)	117 (4.2)	1469 (35.9)	1645 (58.5)	265 (6.5)	1050 (37.3)	4092	2812
2004	3433 (57.7)	160 (4.3)	2036 (34.2)	1699 (45.1)	478 (8.0)	1907 (50.6)	5947	3766
2005	3392 (51.7)	199 (4.5)	2504 (38.2)	1667 (37.9)	664 (10.1)	2533 (57.6)	6561	4399
2006	6239 (57.9)	216 (4.2)	3585 (33.3)	2007 (38.7)	949 (8.8)	2965 (57.2)	10773	5188

资料来源：韩国进出口银行，海外投资统计（www.koreaexim.go.kr）。

5. 平均投资规模不大。2006 年 1—6 月，50 万美元以下的投资项目数有 2179 项，占 86.3% 比例，投资金额 5.62 亿美元，占 12.2%；投资 1000 万美元以上的有 11 项，占 0.4%，投资金额 24.8 亿，占 54%。可以看出，中小企业投资项数目的增加，使其投资平均规模减小。从表 2.8 也可以看出，1999—2005 年，韩国的对外直接投资平均规模呈不断减小之势，2005 年，其平均投资规模仅为 1500 万美元。

表2.8　　　　　　　1999—2005 年韩国对外直接投资平均金额　　　（百万美元；%）

构成	1999	2000	2001	2002	2003	2004	2005
平均投资金额	3.0	2.4	2.4	1.5	1.4	1.6	1.5
增长率	60.8	-12.7	0.8	-38.2	-3.1	10.2	-7.4

资料来源：韩国进出口银行，海外直接投资动向分析（www.koreaexim.go.kr）。

6. 从投资方式看，韩国对外投资偏重于独资。1997 年以来，在对外投资的规模中，独资所占的比例呈逐年上升趋势。1997 年独资占整个投资规模的 67%，到 2006 年占 74%，增长 7 个百分点。

表 2.9　　2001—2005 年韩国不同投资比重的实际投资金额和项目数

（项；百万美元）

	2001		2002		2003		2004		2005	
	项目数	金额	项目数	金额	项目数	金额	项目数	金额	项目数	金额
100%	1427	4177	1722	2618	1970	2836	2610	4104	3088	4588
（比重）	(66.4)	(81.1)	(69.2)	(71.0)	(70.2)	(70.3)	(69.2)	(68.8)	(70.7)	(71.7)
（增减率）	(10.3)	(13.4)	(20.7)	(−37.3)	(14.4)	(8.3)	(32.5)	(44.7)	(18.3)	(11.8)
50%—100%	249	564	299	514	331	258	408	605	476	826
（比重）	(11.6)	(11.0)	(12.0)	(13.9)	(11.8)	(14.4)	(10.8)	(10.1)	(10.9)	(12.9)
（增减率）	(3.3)	(−25.8)	(20.1)	(−8.9)	(10.7)	(13.2)	(23.3)	(4.1)	(16.7)	(36.4)
50%	110	81	118	198	131	101	185	133	187	274
（比重）	(5.1)	(1.6)	(4.7)	(5.4)	(4.7)	(2.5)	(4.9)	(2.2)	(4.3)	(4.3)
（增减率）	(5.8)	(7.3)	(7.3)	(143.8)	(11.0)	(−49.2)	(41.2)	(32.4)	(1.1)	(105.7)
10%—50%弱	317	262	319	340	341	457	530	879	576	688
（比重）	(14.8)	(5.1)	(12.8)	(9.2)	(12.2)	(11.3)	(14.1)	(14.7)	(13.2)	(10.8)
（增减率）	(−9.7)	(−34.8)	(0.6)	(29.5)	(6.9)	(34.5)	(55.4)	(92.4)	(8.7)	(−21.7)
10%弱	46	67	30	17	33	56	37	248	38	23
（比重）	(2.1)	(1.3)	(1.2)	(0.5)	(1.2)	(1.4)	(1.0)	(4.2)	(0.9)	(0.4)
（增减率）	(−49.5)	(−53.8)	(−34.8)	(−73.9)	(10.0)	(222.8)	(12.1)	(341.1)	(2.7)	(−90.8)
合计	2149	5152	2488	3687	2806	4031	3770	5969	4365	6398
（比重）	(100.0)	(100.0)	(100.0)	(100.0)	(100.0)	(100.0)	(100.0)	(100.0)	(100.0)	(100.0)
（增减率）	(3.3)	(1.7)	(15.8)	(−28.4)	(12.8)	(9.3)	(34.4)	(48.1)	(15.8)	(7.2)

资料来源：韩国进出口银行，海外直接投资动向分析（www.koreaexim.go.kr）。

从表 2.9 中可以看出，投资 100% 的独资企业一直占 60% 以上，2001 年，投资金额最高占 81.1%。投资比例在 50%—100% 一直占 13% 左右，从中可以看出，韩国对外直接投资主要以独资为主。

7. 从投资行业结构上看，韩国对外直接投资仍以制造业为主，但服务业、通信业和贸易业的比例不断上升。以 2005 年为基准，总投资数为 4365 项，金额为 63.98 亿美元；制造业 2090 项（47.9%），金额为 35.87 亿美元（56.1%）；贸易业 841 项（19.3%），金额为 9.73 亿美元（15.2%）；服务业 644 项（14.8%），金额为 5.63 亿美元（8.8%）；矿业 23 项（0.5%），金额为 4.28 亿美元等。总结 1997—2006 年韩国对外直接投资，制造业对外投资在 2002 年大幅度下降后又反弹，处于扩张阶段；其他服务业等第三产业则稳中有升，2006 年 1—6 月，制造业对外直接投资金额达到 22.82 亿美元，占 49.6%；通信业 1.55 亿美元，占 3.4%；贸易业 7.78 亿美元，占 16.9%。由此可见，韩国对外直接投资中第三产业的比例不断扩大。这也反映了韩国产业结构的升级和海外投资战略转移的新趋势。

四　对外直接投资的高速发展阶段（2007 年至今）

如表 2.10 所示，2006 年，韩国对外直接投资突破 100 亿美元，2007 年突破 200 亿，2010 年为 244.95 亿美元，2013 年达到 306.52 亿美元。期间，由于 2008 年世界经济危机的爆发，2009 年稍有回落，除 2012 年相比 2011 年稍有回落外，一直保持着较高的对外投资规模。从增长率看，2007 年的增长率曾达到 88.8%。

表 2.10　　　　　　　　2007—2013 年韩国实际投资金额　　　　　（百万美元）

年份	2007	2008	2009	2010	2011	2012	2013
投资金额（增长率）	22,383（88.8%）	23,974（7.1%）	20,469（-14.6%）	24,495（19.7%）	27,671（12.9%）	25,164（-9.1%）	30,652（21.8%）

资料来源：韩国进出口银行，海外直接投资动向分析（www.koreaexim.go.kr）。

投资地区：排在前三甲的是亚洲、欧洲和北美洲。如表 2.11 所示，这一时期，韩国的对外直接投资仍然集中于亚洲、欧洲和北美洲，投资金额持续增长。但是，2010 年，对北美洲的投资减少，比重为 25.0%；对亚洲的增长率非常高，达到 42.6%；增长率最高的区域是中南美，达到 87.7%。可见，由于欧洲主权债务危机，韩国对欧洲的投资减少，而为了规避风险，韩国投资地区逐渐呈现多元化趋势。

表 2.11　　　　　2007—2013 年韩国各地区实际投资金额　　　　（百万美元）

地区/年份	2007	2008	2009	2010	2011	2012	2013
亚洲	11583	11677	6638	9468	11258	10897	11252
欧洲	4431	3390	5145	5883	4361	3404	5561
北美	3760	5297	5998	4501	7333	5073	6309
中南美	1295	2102	1040	1953	2386	2704	4022
大洋洲	543	771	538	772	1541	2348	2852
中东	369	287	360	319	419	369	481
非洲	239	320	374	291	371	365	172
合计	22220	23844	20093	23187	27669	25160	30649

资料来源：韩国进出口银行，海外直接投资动向分析（www.koreaexim.go.kr）。

2007—2013 年，从韩国海外新建的企业数看，首先仍然以亚洲和北美洲为主，其次是欧洲和大洋洲，但数量呈逐渐下降之势。2013 年，随着世界经济的复苏，韩国海外新建企业数量又开始增多（如表 2.12 所示）。

表 2.12　　　　　2007—2013 年韩国各地区新建企业数　　　　（个）

地区 \ 年份	2007	2008	2009	2010	2011	2012	2013
亚洲	3783	2755	1580	1929	1849	1711	1907
欧洲	255	197	131	155	158	123	163
北美	1319	807	535	550	469	417	516
中南美	103	93	89	97	113	96	112
大洋洲	113	101	60	72	76	53	76
中东	87	51	52	59	68	32	34
非洲	32	30	32	24	26	29	26
合计	5692	4034	2479	2886	2759	2461	2834

资料来源：韩国进出口银行，海外直接投资动向分析（www.koreaexim.go.kr）。

第二节　对外直接投资存在的问题

（一）对外直接投资总额不大，投资项目过小

韩国虽然在对外投资方面发展很快，但起步晚、规模小。1968—1998

年 30 年累计金额才达到 202.86 亿美元,到 2007 年 6 月也只达到 768 亿美元。这一规模与发达国家根本无法相比。1996 年,美国 1 年的对外投资就达到 849.02 亿美元,加拿大是 75.43 亿美元,日本是 234.40 亿美元,法国是 251.86 亿美元,德国是 286.52 亿美元,意大利是 58.66 亿美元。韩国 30 年累计只及日本 1 年的 86%,美国的 23.8%。到 1996 年,对外投资累计额韩国低于丹麦、荷兰、西班牙、瑞典、瑞士、挪威、新加坡。[①]

韩国对外投资规模小,主要原因是由于长期国际收支逆差造成的外汇储备很少,没有多少余力致力于对外投资。韩国大企业掌握的技术密集型产业在国际市场上还没有达到与发达国家抗衡的水平。中小企业由于国内廉价劳动力优势丧失后处于竞争劣势地位。由它们转移海外所形成的对外投资在 20 世纪 90 年代前成为海外投资的主流。所以,中小企业投资项目基本上都是小项目。

到 2007 年 6 月,累计总投资项目数是 36146 项,投资额累计 768 亿美元,平均一项是 213 万美元。大企业仅占总投资项目数的 9.8%,其他 90.2% 都是中小企业投资,投资额仅占全部投资额的 32%,中小企业平均一个项目的投资额为 113 万美元。近年来,韩国对外投资的规模有所扩大,大企业集团也开始向中国等发展中国家投资,平均投资规模会逐渐上升。

(二) 投资地区与行业过分集中

韩国进出口银行统计显示,2005 年 1—11 月,韩国对中国投资项目总计 2006 项 (51.1%),金额为 23.13 亿美元 (40.1%);对美国投资项目总计 971 项 (24.7%),金额为 11.37 亿美元 (19.7%);对东盟投资项目总计 370 项 (9.4%),金额为 5.69 亿美元 (9.8%);对欧盟投资项目总计 104 项 (2.6%),金额为 4.96 亿美元 (8.6%)。由此可以看出,韩国对外投资主要集中在中国、美国和东南亚一带。

投资行业则集中在制造业上。2005 年,韩国进出口统计动向分析显示,制造业当年投资项目数为 2090 件 (47.9%),投资额为 35.87 亿美元 (56.1%)。在制造业领域,又主要集中在电子通信业和运输机械业上。

---

① 李东基 (이동기):《韩国企业海外直接投资战略变迁》,首尔大学出版社 2006 年版,第 33—40 页。

2005 年项目数分别达到 327 项（15.6%）和 149 项（7.1%），投资额分别达到 8.36 亿美元（23%）和 7.96 亿美元（21.9%）。

对外投资地区和行业的过分集中，受外部环境的影响很大，因此，进入 21 世纪，韩国投资地区逐渐扩展到欧洲等其他地区，行业向高新技术领域发展。

（三）投资方式以独资为主，合资方式较少

合资方式有不少优点。比如，可以减轻资金负担，易于接近当地市场，消除排外情绪，确保当地劳动力等，但韩国企业对外投资合资方式较少。其原因是多方面的，有的为掌握独立自主的经营权，在高新技术领域保护自己的技术优势与知识产权。也有海外投资历史短、经验不足、合资经验更是不足的问题。有的企业主与当地人共事的能力还不够。据韩国进出口银行 2006 年 1—6 月统计显示，持股率达到 100% 的企业占 68.5%，超过 50% 以上的占 79.4%，可见，韩国对外投资的主要方式是独资。在有些发展中国家，强行规定本国持有股份的比例，在这些地区投资的韩国企业合资方式相对就多一些。

（四）具有一定程度的盲目性

一些韩国企业在迅速发展起来的对外投资热潮中，往往急于对外扩张，但因资金、技术准备不足，或原材料筹集和产品销售发生困难，或因对投资对象的事前调查研究不够，可行性分析不充分等原因而中途下马，但实际落马的投资项目只是其中的一部分。据韩国进出口银行统计，2000 年进行的对外投资项目达 2031 项，投资金额达 48.1 亿美元。同年，有 77 家因经营困难而被迫撤回，撤回资金 13.3 亿美元，占当年对外投资总额的 27.7%，其失败率远高于发达国家 10% 的水平。另据统计，2006 年，政府批准对外投资项目 5248 项，金额达 185.14 亿美元，其中实际落实的项目为 5188 项，落实金额为 107.73 亿美元，为政府批准的 98.8% 和 58.2%。[①] 由此可以看出，随着对外投资经验的积累，盲目投资有所减少。

---

① 李东基（이동기）：《韩国企业海外直接投资战略变迁》，首尔大学出版社 2006 年版，第 35—45 页。

第三章　韩国对外直接投资的支援
制度与政策变迁

对外直接投资对国民经济具有重要意义，同时，在制度、习惯不同的外国进行投资往往伴随着相当大的风险，因此，政府从金融、税收、保险、情报等方面采取了综合支援政策。并且，在不同时期制定了相应的对外直接投资政策来指导投资者向海外发展。

第一节　对外直接投资的支援制度

一　对外直接投资的金融支援制度

为鼓励和支持韩国企业的对外直接投资，韩国政府在不同的历史时期制定了不同的金融支援制度。支援对象为主管对外直接投资的金融机构、公司。负责此项工作的是韩国进出口银行、外汇银行、中小企业振兴公园、大韩矿业振兴公社、韩国石油开发公社等。这类资金被称为政策性贷款资金，资金数额大、利率低、偿还期限长。对外直接投资金融支援制度有以下几种。

1. 海外投资基金和海外事业基金。这两项基金是由韩国进出口银行负责贷款的。海外投资基金是指韩国公民要在海外投资（包括取得股票）时所需资金及与外国人合作投资时外方所需资金，以及韩国人在外国购买政府或私人设备时所需资金。经过对申请者的审查，对这些资金的一定比例给予贷款。海外事业资金是指韩国企业在国外办独资企业时，对设备的购买、扩充、运行所必需的资金。原则上，这些设备只有是韩国国内生产的，才能给予支援。

融资对象如果在国内金融机关信用情报系统中没有不良记录，融资比率可以达到所需全额的 70% 以下（中小企业为 80% 以下），贷款期限为10 年以内（包括延长期限 3 年），也可以选择固定利息和活期利息贷款。

担保需要国内外金融机关的支付保证书，信用保证基金、技术信用保证基金的信用保证书，不动产，国公债等有价证券，上市公司的股份等。协议手续费比率，大企业是 0.5%，中小企业免费。进出口银行规定，贷款的银行必须是具有优良记录的企业，而且，合格的优良企业在海外信用评价机构评价的长期信用必须是 BBB 以上的企业，国内评价机构长期信用评价等级必须是 AA 以上的企业。

2．外国政府等出资的资金支援。这是指当韩国人到外国投资时，当地外国政府或个人投资该企业所需要的资金的支援。

3．主要资源开发资金。这是指为了开发韩国所需要的矿物等主要资源而投资海外时的资金支援。包括准备资金、调查资金、专利使用费、其他取得资源开发权所需资金。

4．对发展中国家投资或融资资金。韩国政府认识到与发展中国家搞好关系的重要性，于是韩国政府开始加强对发展中国家的投资和经济交流。有些合作项目单纯从商业角度看是无盈利或难以实行的，但对未来两国关系或对周边国家的影响都很大，这种合作项目需要由政府出面予以支持。1986 年 12 月，韩国政府制定了对外经济合作基本法，1987 年 12 月，开始由进出口银行负责执行。其内容包括对发展中国家农林水产业和探矿业等风险高、收益低、回收期长的部门的投资，对发展中国家经济发展与双边合作作用大的中小企业的海外投资等的支援。这部分支援资金贷款期长，偿还及融资条件比其他海外投资支援金融更有利。方式有直接提供贷款或者购买企业股票等。向发展中国家投资的对外合作基金，年利率是5%—6%，期限是 15 年，由进出口银行负责专项基金管理。

5．向海外转移的中小企业提供的特别贷款。这是指由于在国内竞争力下降，中小企业不得已向海外转移时，经中小企业振兴公团推荐、筛选后所给予的特别支援。此项业务由外汇银行负责执行。

这些政策金融的资金来源主要靠对外借款。这就需要不断地改善引进外资的条件，提高对外信用。国际收支良好，外汇储备就多，偿还能力就强，这些都是联系在一起的。除此之外，政府预算也是一个资金来源，但由于财力有限，往往力不从心。

二　对外直接投资的保险支援制度

韩国政府为鼓励对外直接投资，防止和减少对外直接投资因非常原因而遭受损失，于是设立了对外投资保险制度。在 1972 年第二次修改出口保险法时，在其中加上了海外投资保险的内容，主要内容包括：

保险人。在 1992 年 7 月以前，此项业务由韩国进出口银行负责，现在由韩国出口保险公司承担。

保险标的。主要有两种，即股权性直接投资和为获取股票、公共债券或公司债券而提供的长期贷款。但是要具备一定的条件，即必须能为对外贸易往来的健康发展作出贡献。此外，在投资环境上，吸收投资的国家，其经济和政治形势不能有突出的问题，并要有健全的法律制度。原则上，投资要得到该国政府的书面批准。

被保险人。在人员上没有限制，但被保险人必须是对外投资者。保险金额的领取人可以是被保险人，也可以是第三人。

保险险别。主要有三种，即战争内乱或暴乱险、没收和国有化险、利润不能兑换或延迟险。

保险金额及期限。韩国海外投资保险属于实际损失赔偿制。保险人给付保险金的比率为投资额的 90%，且原则上在接到保险金申请之后 2 个月内给付。保险的最长期限为 15 年。

此外，关于代位求偿权、损失额的计算、保险合同的签订、各项通知义务等都有较详细的规定。

为了保障海外投资者的合法权益，韩国政府积极同各东道国，尤其是东南亚和东欧的发展中国家谈判并签订双边投资保护协定。目前，韩国已同 14 个国家签订了对外投资保险协定。此外，韩国还与美国等 26 个国家签订了避免双重征税协定。

韩国政府还积极参与签订国际多边投资协定的活动，以便在多边场合能为其海外投资，尤其是在发展中国家的投资提供保证。韩国是《汉城公约》，即《多边投资担保机构公约》和《华盛顿公约》的签字国。

海外投资保险基金来自两个方面：一个是政府的财政资金拨款；另一个是保费收入。由于这种风险的同期多发性特点与韩国对外投资方向由发达国家向风险大的发展中国家、体制转轨国家转移，赔付金往往超过保险基金收入，经常处于入不敷出的状态。

保险的风险范围没有包括同属非常风险的天灾、火灾等自然灾害，更没有包括信用风险。这种风险对缺乏投资经验的人来说，其风险压力不亚于非常风险，所以在日本就包括了信用风险。

信用风险一般指在投资协议签署以后因信用问题所造成的损失。1988 年 4 月，为鼓励对发展中国家的投资而成立的国际投资保障机构（HIGA）所规定的风险担保范围，包括了外汇交易限制风险、投资引进国的毁约风险等不属于非常风险的风险，而韩国还没有包括此类风险。保险范围没有包括海外投资者在海外贷款时的债务担保。这也不利于投资者在海外筹措资金。

由于海外投资的在发生风险时事故发生地是在国外，调查困难很多，调查周期长，赔付周期也长。由此，往往会发生投保者未能及时获得赔付的情况。所以，这一制度还有待进一步完善。

三　对外直接投资的税收支援制度

海外税收支援制度包括海外直接投资损失准备金制度；防止双重课税制度；对海外资源开发事业的红利收入免税制度。

1. 海外直接投资损失准备金制度

这是为了预防投资活动遭受损失而设的准备金。海外投资者可以把投资额的 20% 作为海外投资损失准备金，积存 5 年，这种积存金可当作免税所得。如果没有发生损失，那么过了 3 年后，再分 4 年平均补缴。

2. 国外纳税额扣除制度

对外投资者在海外从事投资事业，如果已向外国政府缴纳法人税、所得税，则在国内对已纳税额予以扣除，防止双重课税。扣除金额等于当年缴纳的法人税税额乘以海外投资所得与标准课税额的比率（扣除金额 = 法人税额 × 海外投资所得/标准课税额）。

3. 国外纳税额减免制度

1986 年 12 月，在修订税收减免限制法时，新设了该项制度。这一新制度规定：同韩国订有防止双重征税协定的国家为鼓励外国人的投资，如对韩国投资者给与减免所得税或法人税优惠，被减免金额应被视为纳税额，在韩国国内也给与减免（按损失金额计算或扣除税额）。具体扣除税额以及扣除比率分别在税收条约内确定。[①]

4. 对海外资源开发事业的红利收入免税制度

这是指如果当地政府为鼓励外商投资，对红利收入实行免税待遇，韩

---

① 潘伟光：《美国、韩国、新加坡促进企业对外投资政策及启示》，《计划与市场》2001 年第 1 期。

国政府在国内对相当税额的法人税给与免缴的制度。特别地，韩国对投资国外自然资源开发地的企业免征法人税，延长利润自留期限并增加利润自留额度，允许加速折旧，折旧率为30%。

四　对外直接投资的情报信息支援制度

为降低海外投资失败风险，提高成功率，韩国政府主动为企业提供配套性资源服务和风险预警报告。目前，韩国已与世界上300多个咨询机构建立了业务联系，搜集有关信息资料供投资企业决策参考。提供投资信息的机构有韩国进出口银行、大韩商工会议所、大韩贸易振兴公社、中小企业振兴公团、产业研究院、信用保证基金和其他有关机构。其中最主要的是韩国进出口银行。1988年10月，韩国进出口银行内设海外投资情报中心。它的工作范围有介绍外国投资制度，提供投资环境资料，介绍国内外投资企业，对合作对象进行信用调查，培训对外投资人才，与国际机构进行资料交换，合同书的签订指导等，而且这些情报都是以数字化、网络化形式迅速提供服务的，从而成为对外投资的综合性"窗口"。1987年2月设立的中小企业振兴公团内设海外投资洽谈中心，它专门负责有关中小企业的海外投资咨询工作。

五　对外直接投资的投资环境支援制度

海外投资作为资本国际流动的一种形态，由于存在战争、没收等非经济因素而伴随着投资风险。同时，围绕当地法人纳税等问题，发生各种摩擦的可能性很大。为保障和促进对外投资事业的发展，韩国政府积极推进同有关国家签订投资保护协定、防止双重征税协定，并加入国际投资保证机构（MIGA）。

1. 签订投资保护协定

签订投资保护协定的目的在于保护韩国对外投资者，使其免受因发生战争、没收、汇款限制等非常风险而带来的损失，促进同协定缔结国家之间的投资合作。投资保护协定的主要内容包括：保障韩国投资者与投资对象国企业享有同等待遇；保障韩国投资者享受最惠国待遇（不低于第三国企业的待遇）；禁止对韩国投资者采取国有化及没收措施（如系不得已而采取了有关措施，必须赔偿所蒙受的损失）；赔偿因发生战争、暴动等突发事件而造成的损失；保障投资本息和红利的自由汇出。此外，还规定了有关发生投资纠纷的解决程序。

2．签订防止双重征税协定

这是为防止在国内外重复纳税而制定的制度。在海外投资的企业，如果在当地已缴纳了法人税，则在国内可以在一定限度内免缴这项税额。或者，国内企业从国外子公司获得的分红也可以免缴法人税，但这只适用于国家出资 20% 以上的企业。如果外国政府为鼓励外资而减免所得税时，韩国政府认定减免部分为已缴税额，减免的税额要根据课税条约作出。韩国政府为了防止双重课税，还与许多建立对外直接投资的东道国签订了《防止双重课税协定》。

3．加入国际投资保证机构

国际投资保证机构对发展中国家的投资所产生的非商业风险（包括战争、没收、限制汇款等）进行保证，负责对各国现有投资保险机构进行再保险，并进行投资机会调查和提供海外投资情报。韩国为顺利开展对发展中国家的投资活动，积极支持设立国家投资保证机构。

第二节　对外直接投资的政策与制度变迁

一　对外直接投资的政策与制度变迁

韩国对外直接投资的政策变迁过程可以分为制度引入的初级阶段（1968—1974）；制度调整阶段（1975—1979）；奖励阶段（1980—1985）；快速发展阶段（1986—1993）；自由化阶段（1994 年至今）。

（一）建立对外投资制度的最初时期（1968—1974）

这一时期是开始认识到海外投资的必要性，对重要的海外投资事业进行有限的批准时期。

韩国第一次涉及海外投资的法律是在 1961 年颁布的《外汇管理法》及施行令中有关海外投资部分，这还只是个粗具雏形的法律条文。由于客观条件不具备，海外投资实际上没有形成。1968 年 12 月 31 日，外汇管理规定中单设一章"对外投资"。该章专门对海外投资方法、海外投资许可制度程序做了规定，初步构筑了与海外投资有关的基本法律框架。这与 1961 年法律的最大区别是从此有了实际的海外投资。

这是韩国海外投资的初始阶段，韩国企业对外投资才刚刚起步。随之建立了相关法规与制度。当时，由于政府担心国际收支逆差继续扩大，只在非常紧迫的原材料进口等方面批准有限的海外投资项目。

韩国对海外投资制定法律，使其有法可依的起始阶段是 1968 年 12 月 31 日制定的《外汇管理法规程》。这个规程里面有一条明确规定了海外投资事宜。其内容包括海外投资方法、批准制度、程序等。

其中规定的海外投资的范围是：为延期付款出口期限超过 1 年的进行贷款；为非居民或居住在自己国家的人进行贷款；为还款期 1 年以上的提供技术服务；购买外国发行的证券；取得房地产。此外，财政部长承认的其他投资行为均视为对外投资。

批准对象是：开辟海外市场等创汇事业；对确保创汇用主要原材料的长期稳定供应起作用的事业。投资对象只限于有正常外交关系的国家，还要经海外投资审议委员会审议后由财政部长批准。

根据该法进行的最初投资是，1968 年韩国南方开发株式会社用 285 万美元到印尼投资的伐木事业。到 1974 年，不仅在林业，而且在水产业等多个领域进行了海外投资，但初期在行业及项目、项目数、规模等方面不可避免的是以小型投资项目为主的。

支援海外投资事业的法规从 1968 年起陆续制定，《出口保险法》《所得税法》《法人税法》《租税减免管理法》《韩国进出口银行法》及其《施行令》（1969）等相关法律中都涉及了对外投资的有关规定。

在此期间，韩国国际收支持续逆差，特别是 1973 年发生第一次国际石油危机，其国际收支逆差规模扩大。为防止外汇无端流出，韩国对海外投资进行严格审查。再加上由于海外投资方面的知识与经验不足，这个时期属于海外直接投资制度的引进阶段，只停留在刚刚认识到海外投资的必要性上。

（二）对外投资制度调整时期（1975—1979）

这是与海外投资逐步增长相适应，认真调整相关制度的时期。这一时期为确保原材料与出口市场，韩国继续有限地允许进行海外投资。

1975 年 4 月制定了"海外投资许可及事后管理要领"，1978 年 11 月制定了"海外投资运营要领"，12 月开始进行海外投资事业现地法人经营成果分析。

从 1975 年起，进出口贸易及海外投资比较活跃。由于中东地区建筑热，海外承包工程十分活跃。出口增大与引进海外贷款使外汇储备增加了，于是有了扩大海外投资的资本。

从 1975 年起，贸易业、建筑业、运输业、制造业等海外投资开始活跃。为有效地管理海外投资事业，需要制定和完善与此相关的各种制度。1975 年制定了"海外投资要领"。这是为事先防止海外不良投资、提高投资效果而制定的。不过该要领还不是法律。

1975 年 4 月 18 日制定了"海外投资许可及事后管理要领"。其中海外投资的许可对象包括向非居民或外国人的支付；支付期超过 1 年的技术服务费；购买外国证券；取得房地产等有限的几个方面。取消了以前外汇管理规程中"海外投资要领"上有过的延期付款出口。将投资人限定为总部在国内的法人，从而限制了个人的海外投资。据此要领，即使形式上具备条件的法人，还要看投资行业方面的经验、资金筹措能力、经营实绩等不同情况分别批准海外投资。

根据新要领，主管机关由财政部转移到韩国银行，所有海外投资均须经海外投资实物委员会的审议方可。

1975—1977 年经多次修订，韩国实行了"海外投资施策"。1976 年 6 月 23 日，海外投资许可事业种类被指定为 31 种，7 月 16 日追加了贸易业，9 月 6 日海外投资方式中又追加了延期付款出口方式，12 月 8 日简化了海外投资程序，次年 8 月 8 日加强了"海外投资审批条件"，注册资金从 3000 万美元上调到 5000 万美元。

1978 年 10 月 31 日，韩国发表"海外投资运营要领"，大大加强了对海外投资的许可及事后管理。海外投资许可方式由排列允许投资目录改为排列不允许投资目录方式。这个要领弥补了 1975 年发表的"海外投资许可及事后管理要领"中的不足部分。比起前者，它大大加强了海外投资及事后管理。

根据修改后的要领，1978 年 11 月 2 日允许投资的资本金规模由 5000 万美元，按行业调整为建筑业、制造业、林业、天然气业等为 10 亿韩元。矿业、运输保管业、服务业为 5 亿韩元，贸易业为 3 亿韩元。海外投资许可对象是，不属于金融机构管制对象的不良交易者范围的；韩国银行总裁特别规定的企业经营状态评价标准达到者；在欲投资的行业中有 3 年以上工作经验者等。总之，加强了对投资者的条件要求。

将排列允许投资方式目录改为排列不允许投资目录方式，把海外投资行业分为奖励行业、限制行业、禁止行业等。当时规定的奖励行业有进口必需的原材料开发用投资；为解决出口障碍所必需的投资；为确保渔场的投资；虽然在国内竞争力弱了，但在国外会有竞争力的产业投资等。

限制行业有饮食业；贵金属销售业；以投机为目的的房地产投资；弱小服务业等。

禁止行业有武器弹药等有可能对对外关系带来较大影响的产业投资；具有移民资金性质的投资；有伤国家威信的项目的投资等。

在1978年11月实行"对海外投资及事后管理强化施策"及"海外投资事业事前批准制"后，对伴随合同的海外投资事业及经投资对象国政府批准的海外投资事业须在合同签订前或对方政府批准前经韩国银行总裁的事先审查才可办理下一个步骤。

当年11月制定了"海外投资许可业务细部规则"。12月实行了海外投资现地法人经营成果分析。这是为提高对海外投资现地法人的事后管理效率而采取的。

这一时期大大加强了海外投资许可及事后管理，1979年受第二次石油危机影响，韩国国际收支逆差扩大了。海外投资环境恶化，海外投资实绩也大大下降。

（三）加大投资奖励力度时期（1980—1985）

这个时期为了增大出口的措施之一是简化海外直接投资制度、缓和批准条件与各种程序。这是为了稳定地确保有限的资源，克服由于贸易保护主义而带来的贸易环境恶化的困难，把原来由财政部所属的海外投资审议委员会移交给韩国银行。与海外投资相关的外汇支付批准业务从韩国银行总裁转移到各处银行行长那里。从1981年起大幅度地削减了对海外投资批准及事后管理措施，而且开始实行对海外投资的积极奖励措施。

1981年之后，国际经济不景气，新贸易保护主义盛行，主要贸易对象国加大了限制进口的措施。只靠传统的出口方式难以克服关税与非关税壁垒，对对外投资作为出口补充手段必须采取奖励措施。1981年，韩国把海外投资在同一行业的工作经历要求，从3年改为1年，降低了资格条件，取消了对海外投资对象国的条件。

为奖励海外投资，1981年7月，在韩国银行内设立了海外投资事业审议委员会。该委员会把以前海外投资实务委员会和海外投资审议委员会的业务接过来，并取消了海外投资事先批准制度，把复杂的海外投资批准程序也简化了。

1981年7月，海外投资事业审议委员会简化了海外投资审批程序。

特别是在 1982 年第二次石油危机以后，各国都加强了资源民族主义建设，进行了资源开发投资，所以，这一时期，为促进海外资源开发，开拓海外市场资源，韩国促进了海外投资的自由化，降低了各种海外投资条件。1982 年 7 月，放宽了投资持有资金比率并第一次制定了专门的法律《海外资源开发事业法》，这与以前的要领不同，是真正的法律。

1983 年 5 月，进一步放宽了海外投资资格条件。将过去按行业分别规定不同资本金的制度，改为资本金只要稍微超过海外投资资金即可以进行海外投资。当年 12 月，与海外投资相关的外汇支付许可业务从韩国银行总裁转移给了外汇银行行长。1984 年 12 月，为改善海外投资制度制定了海外投资审查标准。这些措施都是为改善海外投资制度、缓和投资条件与简化程序，促进海外投资而制定的。1984 年 12 月，制定了海外投资审议标准。

（四）对外投资快速发展时期（1986—1993）

这一时期，韩国国际收支出现顺差，发达国家限制进口，国内生产要素价格暴涨及劳资关系紧张等情况，使出口条件逐渐恶化，政府力图使出口基地向国外转移，扩大海外投资力度。为此大力简化海外投资程序，放宽了投资资格条件。

1986 年 12 月，实行了海外投资条件确认制。1987 年 12 月，海外投资条件确认制转向申告制。1988 年 3 月，允许个人进行海外投资，取消了主办银行投资审批制。1988 年 7 月，取消了自由资本条件，9 月，原则上允许向房地产领域的投资。1990 年 3 月，制定了海外直接投资自律管制标准。

从 1986 年起，韩国国际收支出现顺差，海外投资也随之扩大了。以 1986 年为起点，韩国对外投资可以说是有了较大的发展。这时候的海外投资不仅赚取了利润，还起到了抑制来自海外的通胀压力，缓和与主要贸易对象国间的贸易摩擦的作用。由于国内工资上涨，韩国需要通过海外投资实现调整产业结构等多方面的目的。

1987 年 1 月，进一步简化了海外投资条件确认制度，并简化了海外投资程序，投资额在 20 万美元以下者无须审批。在海外投资事业综合审查表上分数为 60 分以上者（中小企业 50 分以上）不再送审查委员会审查，由主管银行行长直接批准即可。

1987 年 4 月，海外投资审议委员会审议的范围大大缩小了，只有 300 万美元以上的投资项目才需要审议，其他的由主管行长直接批准，当年

12 月又将其调整为 500 万美元以上。1988 年 3 月，进一步放宽了海外投资资金支援条件。随后实证了对自然人（个人）100 万美元以下的投资毋须审批制。取消了主办银行投资审批制度，同时缩小了由驻外公使馆长事先通过意见书提出是否同意投资的制度，只限农业及房地产行业仍实行这一制度。同时开始扩大对海外投资的金融支援。融资比率是，大企业所需投资的 70%—80%，中小企业是 80%—90%，贷款利率降到大企业 8.5%—9%，中小企业为 7%—8%。融资期限放宽到 10 年以下。此外，海外投资损失准备金积累率从每年 10% 提高到 15%。同年 7 月，取消了海外投资资格条件中的资本金条件，允许购买投资对象国对外债务方式的投资，9 月，对房地产投资缩小了当地驻外公使馆长的事先意见提出范围，11 月，扩大了海外房地产投资申报范围。

后来，由于出现了韩元升值，国内生产要素价格暴涨，贸易摩擦加剧等国内产业条件的恶化现象，许多企业为了避免这种环境，大量进行海外投资，使海外投资过度增加，政府不得不制定了对海外投资的自律管制制度，加强了超过自有资本量的大规模海外投资审查。

80 年代末以后，急剧增加的海外直接投资到 90 年代初仍呈继续增加的趋势。这在国内是产业升级的需要，在国外是由"乌拉圭回合"进展等经济环境变化促进的。政府对海外直接投资政策不仅考虑已有的国际收支管理的状况，还从产业政策角度考虑问题，政府的作用主要转向了企业的国际化所必要的支援体制。为此，1991 年 12 月修订外汇管理法，转向实行原则上的自由和例外的管制制度相结合。1992 年 9 月修订外汇管理规程，全面改革了海外直接投资制度，使之走向自由化。

（五）对外投资自由化时期（1994 年至今）

韩国的海外直接投资制度是 1986 年以国际收支顺差为背景，应对韩元汇率上涨、贸易摩擦等的对策；同时，国内企业面临工资上涨，为防止经营继续恶化，增大了直接投资的必要性，相关的政策也逐渐向自由化方向发展变化。因此，韩国的对外直接投资政策自 1994 年以来，经过了数次改变。韩国企业海外直接投资限制的行业，1994 年 2 月从 17 种减少到 14 种，1995 年 10 月又从 14 种减少到与不动产有关的 3 种行业，1996 年 6 月，进一步实行对外投资自动许可制，对海外投资行业的限制在原则上已取消。企业《筹措自有资金的义务规定》1992 年 9 月被废除，1995 年 10 月实行《海外直接投资自由化及建设化方案》，1997 年 8 月又将此方案废除。

1997 年 9 月韩国加入 OECD，同时，海外直接投资的相关权利向民间部门大幅度转移，由韩国银行转向主办银行申告制度，有关的投资统计由韩国银行转向民间机构全国银行联合会。取消了 1995 年实行的自有资金筹措义务比率，简化了文件，与投资事宜相关的大量工作由全国银行联合会担任。

　　1998 年 6 月，实行《外汇交易自由化方案》，为了促进此方案的实证，1998 年 9 月，制定且公布了《外汇交易法》，从 1999 年 4 月起实行。1998 年 9 月，成立了由金融监督委员会、韩国银行、金融机关、法律事务所、企业等组成的法律财政工作团，制定了《外汇交易规则法》，修正了基本外汇管理规定，使之简单化、透明化。还规定《外汇交易自由化方案》分两个阶段完成。

　　首先，第一阶段从 1999 年 4 月 1 日起实行，目标是实现企业、金融机关对外经营活动相关的外汇交易自由化。因此，扩大经常收支自由化，资本交易自由化，坚决改革外汇银行相关制度。其次，第二阶段自由化从 2001 年 1 月 1 日起实行，目标是实现外汇交易完全自由化。

　　一方面，《外汇交易法》既是为了应对 21 世纪新的国际经济秩序，以实现经济的再一次飞跃，又是开放型市场经济发展的要求。在这样的背景下，第一阶段的外汇自由化内容体现在规则体系的简单化、透明化、先进化上，特别是废除了海外直接投资指南及与不动产相关的投资指南。

　　另一方面，对法律上许可的交易对象，又区分了申告对象和许可、申告例外对象，为了维持外汇交易的监督及报告体系，外汇银行执行的程序必须明确化。实际上，观察其方案内容，在对外支付方面废除了许可制、申告制并用的规定，确认银行的交易内容。当发生对外支付时，结算方法实现自由化，废除制约第三者支付的非定型的债券，债务结算方法，一般来说，资本交易原则上申告即可，例外情况除外。总之，海外借款（包括海外证券的发行）实现了自由化，财务状况良好的企业可以实现短期借款，不需要提供担保等其他保证，只依靠企业自身的信用即可。在外资流出交易方面，海外现地法人及海外分公司实现了自由化。

　　外汇银行根据实际需要原则上废除了金融衍生品交易的时间，培育风险规避市场，以强化监督非居民滥用韩元贷款交易。同时，办理外汇业务的金融机关必须具备一定的条件，而且须得到财政部的批准；具有监督和检查权的机关是金融监督委员会；外汇银行对外汇交易商、外汇中介公司拥有监督和检查权。企业有义务向外汇银行报告对外的债券、债务，银行通过实地调查，新建了企业可以直接申请的基地。

根据《外汇交易规定》第 8 章第 8—3 组，海外投资者可以通过当地金融机关筹措资金，或者通过分公司提供担保，投资者可以取得海外直接投资专用资金的贷款，并向国内指定的外汇银行行长申请。如果属于《金融机关监督规定》中的前 30 位企业，海外直接投资专用资金贷款的支付担保规定在自有资本的 100% 以内，除此之外的企业进行贷款时要根据其支付担保情况确定。

通过这样的制度改革，原则上，那些具有法人资格的企业在进行海外直接投资时只要申告受理即可。当然，也适用于进行海外间接投资的企业（如证券投资、信托投资、保险等）。而且对国外企业的国内分社、外国银行的国内分社、在事务所工作的韩国职员取得分社股份时也同样适用，没有投资金额的限制。

表 3.1　　　　　　　　　　1997 年以来韩国外汇管理规定的变化

内容	现行状况	改变情况
对外直接投资 （包括设立海外分社）	金融机关：财政部许可 企业：银行申告受理 投资超过 5000 万美元，资本在削减情况下，需海外投资审查委员会审议 个人：局限在 100 万美元范围内	企业：银行申告受理 投资超过 1000 万美元，资本在削减情况下，需财政部申告受理 废除海外投资事前审议制度 其他维持现行状况
海外不动产投资	海外不动产直接投资只有一部分需由韩国银行许可 限制个人投资不动产	营利的法人允许投资海外不动产（需韩国银行申告受理） 其他维持现行制度
有关保险业、证券业等的海外证券投资	非市场有价证券投资占总投资额的 10% 以内	废除限制
非居民国内证券发行	韩元证券发行：需财政部申告受理 外汇证券发行：需财政部许可	韩元证券发行： 1 年以上：需财政部申告 1 年以内：需财政部许可 外汇证券发行：需财政部申告

资料来源：李东基（이동기）：《韩国企业海外直接投资战略变迁》，首尔大学出版社 2006 年版，第 33 页。

而且，进行海外直接投资的居民，在自由资金减少的情况下，如果向已经投资的海外公司增加投资时，并且其海外公司有 5 年以上投资赤字，遭受资本金一半以上或 1 亿美元的损失，且打算继续投资 1000 万美元以上时，要经过经济财政部长官的受理。而且，在国内没有公司的个人或没有销售实绩的公司的个人进行对外投资时，投资资金限制在 100 万美元以内。在国内有销售实绩的公司，以最近会计年度销售额的 30% 计算，如果不到 100 万美元，其海外投资也限制在 100 万美元以内。还有，相类似的法人在投资不动产时也限制在 100 万美元以内。

1996 年 6 月，实行了对外投资行业自动许可制，原则上已经不存在受限制的行业，但是财政部长官考虑到对外直接投资对国内产业、国际收支和对外关系等方面的影响，可根据不同的行业、地区对海外投资进行限制或支持。表 3.1 就体现了韩国对外投资自由化以来制度层面发生的变化。

二　现行对外直接投资的制度特征

首先，引进了完整的投资否定系统，限制投资的行业减少到三个业种，其他的行业都已实行自由化。1995 年 10 月实行《海外直接投资自由化及建设方案》，规定以前受限的 17 个行业中只有与不动产关联的三个业种还要受到制约，其他的都已实现自由化。其次，对外投资中受限制的行业在减少，扩大了申告及认证的行业范围。以前 30 万美元以下的投资需经外汇银行的认证方可投资，现在扩大到 1000 万美元以下需要认证，缩短了中小规模的投资申请程序。申报企业也从以前的投资额 1000 万美元扩大到 5000 万美元以下的企业。此外，需申请方可投资的企业也从以前的投资 1000 万美元改变为投资 5000 万美元的企业。特别是，在韩国进出口银行中，属于信用评价 A 级的国家（美国、德国等其他 OECD 国家），申请许可 15 日后，如没有特别的指示，该申请自动转化为许可。

表 3.2　　　　　　　　　　　不同时期对外直接投资政策的特征

分类	1968—1979 年 初期阶段	1980—1985 年 奖励阶段	1986—1993 年 快速发展阶段	1994 年至今 自由化阶段
投资重点行业	出口导向型的经济开发战略性行业，促进如林业、制造业、贸易业为中心的对外投资	石油、烟煤等资源开发型投资和开拓、扩大海外市场的投资	由于工资、原材料价格的上涨，为提高国际竞争力，增加设备转移等的战略性投资	加速劳动密集型产业的设备海外转移；适应经济全球化，增加对发达国家的投资
投资认证制度	引进对外投资认证制度 在东道国允许前，需审查事业计划书、企业认证书（韩国银行）	废除审查事业计划书 设立对外投资审议委员会	建立对外投资申报制度及扩大申报对象的范围（100 万美元以下变成 1000 万美元以上）	引进认证制及扩大认证对象：100 万美元以下的投资可以免交事业计划书（只提交投资概要）
投资条件	强化对外投资资格条件：缴纳资本金 3 亿—10 亿美元以上；有 3 年以上对外投资经验	放宽对外投资资格条件：放宽经验条件；投资资金限制在缴付的资本金以内	缓和对外投资资格条件：废除资本金及经验条件；允许个人进行对外投资	
投资限制制度	促进积极的投资体系建设	逐渐转向否定投资体系（Negative System）	完全转换成否定体系（Negative System）	受限业种减少（从 17 个减到 3 个）
筹措自有资金比例	进行对外投资时自有资金的筹措任务：大企业：需筹措所需资金的 40% 以上 中小企业：需筹措所需资金的 20% 以上	放宽筹措自有资金的条件：大企业：需筹措 20% 以上 中小企业：需筹措 10% 以上	废除对外投资时自有资金的筹措任务：提高当地金融的筹措能力	恢复自有资金的筹措任务：投资 1 亿美元以下，需 10% 以上投资；1 亿美元以上，需 20% 以上
金融支援制度	支援开发海外矿物资源资金 通过进出口银行支援：海外投资资金	中小企业振兴公团提供闲置设备转移资金：设备资金的 100% 以内；运转资金的 90% 以内	扩大支援对象 通过产业银行和外汇银行促进对外投资金融支援：所需资金 70%—80% 以内	

资料来源：［韩］李东基（이동기）：《韩国企业海外直接投资战略变迁》，首尔大学出版社 2006 年版，第 26 页。

第四章 韩国对外直接投资与国际贸易收支

对外直接投资与投资国国际贸易收支具有密切的联系。一方面，对外直接投资促进投资国国内出口，改善其贸易收支状况。另一方面，对外直接投资替代投资国国内出口，出现出口替代效应；或产品返销到投资国国内，出现逆进口效应，进而恶化贸易收支。因此，随着韩国对外直接投资的扩大，有必要分析对外直接投资对其国际贸易收支所产生的效应。

第一节 对外直接投资对投资国进出口及贸易收支的影响

对外直接投资对投资国的进出口及贸易收支的影响取决于出口的引致效应、出口的替代效应和逆进口效应。首先，出口的引致效应是指海外子公司从国内进口新的生产设备、必要的原材料和零部件等，增加了投资国的出口，改善了贸易收支状况。其次，出口替代效应是指海外子公司生产的产品在当地或向第三国销售，替代了本国的出口。逆进口效应是指海外子公司生产的产品返销到国内，引起投资国贸易收支状况的恶化。

对外直接投资对投资国进出口的影响在相当大的程度上受投资的动机和投资期限的影响（Blonigen，2001）。一方面，如果以利用海外低廉的劳动力资源、减少生产成本为目的，那么海外的子公司通常从国内进口资本品、原材料及零部件，那么，就会产生出口引致效应；如果以确保海外市场或规避贸易壁垒为目的的海外投资，海外子公司在当地的销售就会替代投资国国内企业的出口，产生出口替代效应；如果以利用海外低廉成本生产产品，生产出的产品返销到国内的对外投资，就会产生逆进口效应。

另一方面，从对外直接投资的期限角度考察，投资的初期，一般体现出资本品、原材料和零部件出口的引致效应，逐渐地，随着海外子公司扩大生产和销售规模，就会产生出口替代效应和逆进口效应。这些效应可以用图 4.1 描述。

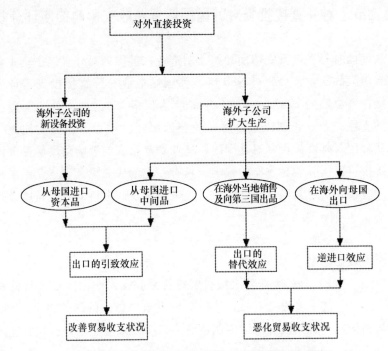

图 4.1　对外直接投资对进出口及贸易收支的影响

　　但是，从整个国民经济的角度考察，个别投资不断发生，各种效应不断重叠，因此很难具体区分出口的替代效应和引致效应。而且，当以确保海外市场为目的进行投资时，如果在当地很难得到原材料，那么就会产生很大的出口引致效应。

表 4.1　　　　对外直接投资引起进出口及贸易收支变化的模式

	投资初期 →海外生产的初期 →生产逐步实现当地化时期		
出口引致效应	大幅增加	小幅增加	几乎没有增加
资本品原材料	没有	大幅增加	小幅增加
出口替代效应	没有	小幅增加	大幅增加
逆进口效应	没有	小幅增加	大幅增加
贸易收支效应	顺差	顺差扩大	顺差减少向逆差转换

　　资料来源：［韩］徐永景（서영경）：《海外直接投资的经济效果分析》第 10 期，（研究报告）三星经济研究所 2002 年版。

第二节 对外直接投资对韩国国际贸易收支影响的实证分析

从韩国对外直接投资初期开始，制造业在韩国的对外直接投资中就一直占有很大的比重。1968—1980 年，韩国制造业对外直接投资累计占对外直接投资总额的 22.7%，2001 年曾经达到 74.5%。[①] 另外，制造业是韩国的支柱产业，长期以来，制造业在国民经济中占有很大的比重，因此，从韩国对外直接投资对其国内制造业贸易收支的影响角度研究韩国对外直接投资对国际贸易收支的影响，具有一定的代表意义。本章主要从韩国对外直接投资对其国内制造业出口、进口以及逆进口的效应角度进行实证分析。

一 理论模型

模型 （4.1） 是研究对外直接投资对贸易收支影响的实证分析的基本模型，然后，进一步设定对外直接投资对进出口影响的函数模型。[②] 以下分别从韩国对外直接投资对国内制造业出口引致效应、出口替代和逆进口效应，进行一般的回归分析。

$$\ln FDI_t = f(\ln GDP_t, \ln GDP_t^*, \ln XE_t, \ln CA_t, \ln EX_t) \quad\quad (4.1)$$

FDI_t：对外直接投资额

GDP_t：国内 GDP

GDP_t^*：国外 GDP

XE_t：出口额

CA_t：进口额

EX_t：汇率

以模型 （4.1） 为基础，进一步设定模型 （4.2） 和模型 （4.3），分析韩国对外直接投资对贸易收支的影响。如果在模型 （4.2） 中，对外直

---

① 韩国进出口银行，海外投资统计 （www. koreaexim. go. kr）。

② Bayoumi and Lipworth （1997） 的研究模型是把汇率进行变形后重新使用的。因为对外直接投资受汇率的影响很大。如果以美元向海外投资，在韩元/美元汇率上升的情况下，对外投资的资金就会变小，这将缩小海外投资；如果韩元/美元汇率下降，就应该使用美元进行对外直接投资，这将扩大海外直接投资。

接投资对制造业出口有影响，那么 a_2 具有显著性效应；同样，如果对外直接投资对制造业进口有影响，那么在模型（4.3）中，b_2 具有显著性效应。即如果对外直接投资通过从国内引进生产设施、中间品和原材料等途径，促进了国内的出口，那么 a_2 应该为正；如果对外直接投资对出口具有替代效应，那么 a_2 应该为负。反之，如果对外直接投资有逆进口效应，引起国际贸易收支的恶化，那么 b_2 应该为正。

$$\ln XE_t = a_0 + a_1 \ln GDP_t^* + a_2 \ln FDI_t + a_3 \ln EX_t + e_t \qquad (4.2)$$

其中，XE_t：制造业出口额[①]

FDI_t：对外直接投资额

GDP_t^*：国外 GDP

EX_t：汇率

$$\ln CA_t = b_0 + b_1 \ln GDP_t + b_2 \ln FDI_t + b_3 \ln EX_t + e_t \qquad (4.3)$$

其中，CA_t：制造业进口额[②]

FDI_t：对外直接投资额

GDP_t：国内 GDP

EX_t：汇率

同时，为了进一步考察在金融危机前后对外直接投资对贸易收支的影响，设立模型（4.4）和模型（4.5），观察虚拟变量 D_1。这是由于在金融危机以后的国内制造业中，很多企业为了节省劳动力成本，增强价格竞争力，扩大了以东南亚为中心的对外直接投资。在这种状况下，韩国对外直接投资一定会对国际贸易收支存在直接或间接的影响。

$$\ln XE_t = a_0 + a_1 \ln GDP_t^* + a_2 \ln FDI_t + a_3 \ln EX_t + a_4 D_1 \times \ln FDI_t + e_t$$
$$(4.4)$$

其中，XE_t：制造业出口额

FDI_t：对外直接投资额

GDP_t^*：国外 GDP

EX_t：汇率

---

① 在本章的研究中，制造业的出口额分为重化学工业和轻工业出口额，因为轻工业在制造业中所占比重很小，因此对外直接投资对出口的影响在这里被分为制造业和重化学工业两部分进行分析。

② 在本章的研究中，制造业的进口额分为原材料和资本品的进口，对外直接投资对逆进口的影响可以从原材料和资本品的角度分析。

$$D_1 = \begin{cases} 1, t > 1997 \\ 0, t \leq 1997 \end{cases}$$

$$\ln CA_t = b_0 + b_1 \ln GDP_t + b_2 \ln FDI_t + b_3 \ln EX_t + b_4 D_1 \times \ln FDI_t + e_t$$

$$(4.5)$$

其中，CA_t：制造业进口额

FDI_t：对外直接投资额

GDP_t：国内 GDP

EX_t：汇率

$$D_1 = \begin{cases} 1, t > 1997 \\ 0, t \leq 1997 \end{cases}$$

在以上所有模型中的解释变量，采用的是韩国和东道国的 GDP，韩国对外直接投资额、进出口额和关联性比较大的实际汇率。韩国和东道国的 GDP 以韩国和美国 1995 年不变价格计算，汇率采用与美元的对比价格。实证期限为 1991—2011 年。

表 4.2　　　　　　　　　模型解释变量的说明及数据来源

变量名	变量说明	统计数据来源
GDP* 美国 GDP	名义 GDP	韩国银行［国民经济］
GDP 韩国 GDP	名义 GDP	韩国银行［国民经济］
FDI 对外直接投资额	以实际投资金额为准	韩国银行［国民经济］
EX 实际汇率	以美元兑韩元为基准	韩国银行［国民经济］

二　实证分析结果

（一）对外直接投资对出口的影响

韩国对外直接投资对出口的影响实证分析结果如表 4.3 所示。在 1% 的显著性水平下，在制造业出口函数中，汇率的回归系数为 -0.605，具有显著性。表明当韩元/美元汇率的比价提高时，制造业的出口引致效应就会减少。这是因为韩元/美元的比价上升，以美元投资的对外直接投资金额就会上升，同时韩国国内的海外投资就会萎缩，从而对外直接投资的出口扩大效应就会减小。当国外（美国）GDP 的回归系数为 2.026 时，在 1% 的显著性水平下显著，因此美国经济的增长就会扩大韩国对美国的出口。对外直接投资的回归系数为 0.078，在 1% 的显著性水平下显著，表明对外直接投资对制造业出口具有正的效应，这是因为进行对外直接投资时，要从韩国国内进口生产设备、原材料及零部件，扩大了韩国出口额，改善了贸易收支状况。由于重工业在韩国制造业中占有很大比重，因此在这里进一步分析了对外直接投资对韩国重工业出口的影响。实证结果与对外直接投资对制造业出口影响的分析相同（如表 4.3 所示）。

表 4.3　　　　1991—2011 年韩国对外直接投资对出口影响的实证结果

解释变量	回归常数项	回归系数			D. W.	R^2
		lnEX	lnFDI	lnGDP^*		
ln 制造业出口	2.167 (0.001) ***	-0.605 (0.000) ***	0.078 (0.003) ***	2.026 (0.000) ***	1.51	93.0%
ln 重工业出口	-3.083 (0.000) ***	-0.702 (0.000) **	0.079 (0.005) **	2.639 (0.000) ***	1.67	95.3%

*** 表示 1% 的显著水平，** 表示 5% 的显著水平，* 表示 10% 的显著水平。

　　对外直接投资对出口的影响，也可以通过考察韩国 1997 年发生金融危机前后的变化来分析，实证结果如表 4.4 所示。在金融危机前，对外直接投资对出口影响的回归系数为 0.066，在 5% 的显著性水平下显著，而在危机后的影响系数变为 -0.107，在 5% 的显著性水平下显著[①]，这表明韩国在金融危机前，对外直接投资对出口的带动作用比较大，而在危机后，对外直接投资对出口的效应逐渐减少，甚至发生逆转。这里对重工业进行实证分析也，具有表 4.4 所示的相同实证结果。

---

　　① 用外汇危机前的 0.066 与虚拟变量的系数 -0.173 合算得到外汇危机后韩国对外直接投资对出口的影响。

表 4.4　　　1997 年金融危机前后韩国对外直接投资对出口影响的实证结果

解释变量	回归常数项	回归系数				D. W.	R^2
		$\ln EX$	$\ln FDI$	$\ln GDP$（美国）	D_1		
ln 制造业出口	-0.572 (0.690)	-0.340 (0.050)**	0.066 (0.012)**	2.152 (0.000)***	-0.173 (0.039)**	1.51	93.6%
ln 重工业出口	-5.977 (0.000)**	-0.422 (0.023)**	0.016 (0.017)**	2.772 (0.182)	-0.182 (0.040)	1.73	95.7%

*** 表示 1% 的显著水平，** 表示 5% 的显著水平，* 表示 10% 的显著水平。

产生这种结果的原因主要是因为韩国国内制造业对东南亚投资初期，原材料、零部件等从国内进口，随着对外直接投资的子公司逐步实现采购当地化，减少了从母国进口原材料、零部件，减少了韩国国内的出口，呈现了出口替代效应。同时，这项实证分析也间接地表明其国内将会出现产业空洞化的现象。

（二）对外直接投资对进口的影响

如表 4.5 的实证结果所示，在 1% 的显著性水平下，汇率和国内 GDP 的回归系数具有显著性，而对外直接投资的回归系数没有显著性。汇率的回归系数为 -0.851，这说明韩币的汇率提高，进口商品的价格就会上涨，进口就会减少；韩国 GDP 回归系数为 1.010，这说明当国内生产总值增大时，进口就会增加。但是，对外直接投资的回归系数，无论在求证的整个期限，还是金融危机前后（如表 4.6 所示），都不存在显著性，并没有显示逆进口效应。

表 4.5　　　1991—2011 年韩国对外直接投资对进口影响的实证结果

解释变量	回归常数项	回归系数			D. W.	R^2
		$\ln EX$	$\ln FDI$	$\ln GDP$（韩国）		
ln 制造业进口	11.268 (0.000)***	-0.851 (0.000)***	0.010 (0.664)	1.010 (0.000)***	1.07	93.1%
ln 原材料	10.983 (0.000)***	-0.744 (0.000)***	-0.051 (0.858)	0.928 (0.000)***	1.01	88.2%
ln 资本品	10.602 (0.000)***	-0.964 (0.000)***	0.019 (0.447)	1.045 (0.000)***	1.12	92.8%

*** 表示 1% 的显著水平，** 表示 5% 的显著水平，* 表示 10% 的显著水平。

表 4.6　1997 年韩国金融危机前后对外直接投资对进口影响的实证结果

解释变量	回归常数项	回归系数				D. W.	R^2
		$\ln EX$	$\ln FDI$	$\ln GDP$（韩国）	D_1		
ln 制造业进口	11.706 (0.000)***	-0.912 (0.000)***	0.012 (0.623)	1.001 (0.000)***	0.033 (0.646)	1.08	93.1%
ln 原材料	12.235 (0.000)***	-0.919 (0.000)***	-0.058 (0.984)	0.915 (0.000)***	0.095 (0.265)	1.07	89.1%
ln 资本品	11230 (0.000)***	-1.051 (0.000)***	0.021 (0.402)	1.038 (0.000)***	0.047 (0.525)	1.14	92.8%

*** 表示 1% 的显著水平，** 表示 5% 的显著水平，* 表示 10% 的显著水平。

总之，通过以上的实证分析可以看出，韩国对外直接投资对出口的引致效应，在金融危机前，具有明显的效果，改善了贸易收支状况。而在金融危机后，随着对外直接投资的不断扩大，对外直接投资对出口的引致效应在减少，而出口的替代效应在增加，恶化了贸易收支状况。但是，对外直接投资对国内的逆进口效应还没有显现出来。不过，随着对外直接投资的扩大，今后企业利用国外廉价劳动力生产的产品，不仅在国外销售，也可以返销到韩国国内，这样就会引起对外直接投资的逆进口效应，就会进一步恶化韩国的贸易收支状况。

第三节　小结

本章通过一般的回归分析，求证了韩国对外直接投资对国际贸易收支的影响，分别从出口的引致效应、出口的替代效应和逆进口效应三个角度加以分析。得出的结论是：从韩国对外直接投资初期到 1997 年金融危机前，其对外直接投资对国内出口的引致效应很明显，在一定程度上起到了改善贸易收支的作用。而在 1997 年金融危机后，其对外直接投资进一步扩大，对国内出口的引致效应缩小，但是，韩国对外直接投资对国内的出口替代效应和逆进口效应到现在为止一直不很明显。因此，韩国对外直接投资尚未引起国际贸易收支的恶化。然而，据预测，随着对外直接投资的进一步发展，必将会产生明显的出口替代效应和逆进口效应。

韩国对外直接投资对国际贸易收支的影响，也受到投资动机的影响。

2008年，据韩国产业资源部调查，以劳动成本节约型为目的的投资占48.5%，海外市场扩大型占28%，因国内雇用劳动力困难而进行海外投资的占3.5%，等等，各种不同的对外投资动机直接影响了到对韩国出口、进口的影响。

研究韩国对外直接投资对其国际贸易收支的影响，还可以从制造业不同行业对外投资的角度加以分析。纤维、制鞋等轻工行业的海外子公司在当地和第三国销售所引起的出口替代效应，超过了从国内进口资本品、原材料和零部件所引起的出口引致效应，造成国际贸易收支的恶化；电子零部件等重化学工业，劳动密集型制成品或装配工厂向发展中国家转移，主要零部件等原材料相当大的部分在韩国国内生产、供给，这种海外投资的扩大，改善了贸易收支状况。①

研究韩国对外直接投资对国际贸易收支的影响，也可以从不同投资区域角度加以分析。向发达国家投资，海外子公司在当地生产、销售，替代国内出口，尤其是利用当地优质的原材料或零部件，进一步恶化了贸易收支状况。相反，对发展中国家的投资却改善了国际贸易收支状况，这是因为韩国的海外子公司从国内进口重要的相关原材料、零部件等，导致韩国国内出口的增加。②

总之，韩国的对外直接投资总额占国民经济的比例很小，还没有达到发展中国家的平均水平。因此，到现在为止，还没有对韩国国际贸易收支产生更大的负面影响，但是，如果按照现在的速度发展对外直接投资，随着高附加价值的产业对外直接投资的比重不断提高，将逐渐显现出对国民经济的副作用。所以，韩国应着力将国内夕阳产业向海外转移，同时发展国内的高科技主力产业，形成国际产业间分工，而且产业内的核心原材料、零部件在国内生产，可以改善国内产业环境，防止生产设施向海外过度转移。因此，有必要实现对外投资行业的多样化，提高对外投资的收益。

---

① ［韩］徐永景（서영경）：《海外直接投资的经济的效果分析》（研究报告），三星经济研究所，2009年。
② 同上。

第五章 韩国对外直接投资与国内就业

对外直接投资对母国就业的影响是国际直接投资对投资国经济效应研究中的一个热点问题。因此，我们有必要分析韩国对外直接投资的迅速发展对国内就业的影响。本章主要运用韩国对外直接投资与韩国国内就业的实际数据，实证分析 1995—2011 年韩国对外直接投资对其国内就业的影响。

第一节 对外直接投资对投资国国内就业的影响

西方宏观经济学中的就业理论是以凯恩斯的总需求理论为核心的。产出和就业是由总需求决定的，而总需求又是由消费需求、投资需求、政府需求和外国需求决定的。因此凡是能促进国内消费、国内投资、政府消费和出口的经济措施都有利于产出和就业的增长。在其他条件不变的情况下，如果对外直接投资能对其中一项产生作用，它对母国就业也将产生作用。比如跨国公司的子公司在国外建成后，会在随后的几年中对母公司的设备、原料和零部件有出口需求，从而拉动母国的出口增长，对国内就业效应为正。又如当子公司在国外建成后，母国就可能从利润汇回以及付给母公司的特许费等方面改善国际收支状况，或增加国内收入，刺激消费或投资需求，从而国内就业效应也为正。从更一般的意义上讲，对外投资如果最终对总需求产生负面影响，那它会对国内的就业和产出产生一种替代效应，也就是说，对外投资的收益比它的机会成本（即用于国内投资、消费、出口等产生的对就业的影响）要小。对外投资如果最终对总需求产生正面影响，那它就会对国内的就业和产出产生一种刺激效应，也就是说，对外投资的收益比它的机会成本要大。

可以用"替代效应"和"刺激效应"之净额衡量跨国公司对外直接

投资对母国就业的影响。替代效应是指本可以在母国本土进行的与对外生产活动相联系的就业机会的丧失。它包括海外子公司在国外市场销售本可以在国内生产而后出口的商品所导致的就业机会损失；海外子公司将商品返销到母国所引起的母国工作机会的牺牲。现在有人认为海外子公司以第三国名义的出口会替代母国对第三国的出口，如果这种替代效应比较明显，则对外投资对母国就业的替代效应比较明显。刺激效应是指对外直接投资所导致的国内就业机会的增加。它包括向海外子公司出口资本货物、中间品及辅助产品的额外就业机会；母公司向海外子公司提供服务所产生的工作机会；跨国公司本土机构人员的需求所带来的就业机会以及国内其他公司向跨国公司及其子公司提供服务所提供的新的就业机会。显然，当替代效应大于刺激效应时，对外直接投资将导致投资国就业机会的减少；反之，则会导致就业机会的增加。

坎普贝尔（Campell）认为，跨国公司对外直接投资对投资国在就业数量、质量及区位方面均具有直接的积极和消极效应，以及间接的积极和消极效应。瑞典的斯文森（Svensson，1996）采用 1965—1990 年（以 5年为一区间）的数据，分析发现对外直接投资与母国出口存在着相互替代关系。因为国外子公司通过使国内流向第三国市场的出口转为子公司流向第三国的出口，从而替代了原来国内的出口，导致对国内就业的替代。随着跨国公司在海外的发展，它将积累更多的有关海外的生产和市场销售的经验，从而其子公司在对外出口方面对母国的依赖性更小，而具有更大的灵活性去调整其海外的销售方向。当子公司更多的产品出口到第三国市场，尤其是与母国国内企业形成竞争的第三国市场时，将会对母国对第三国市场的出口形成更强的竞争压力，削弱其在第三国的出口份额，从而对母国就业产生不利影响。就长期与短期效应而言，对外直接投资对母国的就业效应是不同的。在短期内，由于子公司对母国的依赖性较大，其对母国的刺激效应要大于替代效应，从而促进母国就业的增加；在长期内，由于子公司日趋成熟的海外经营经验，其出口方向更多的是基于自身的发展考虑，那么其对母国的替代效应就要大于刺激效应，从而减少母国的就业机会。

第二节　对外直接投资对韩国国内就业影响的实证分析

20 世纪 90 年代以来，韩国制造业对外投资占韩国对外直接投资的比重很大，1991 年占 54.4%，2001 年达到 74.5%。① 因此考察韩国对外直接投资对国内就业的影响，从韩国制造业对外直接投资对其国内就业的影响进行分析，具有一定的代表意义。这一章主要研究韩国制造业对外直接投资对韩国国内就业的影响。

一　数据来源

分析数据主要运用 1995—2011 年的数据。根据标准的产业分类体系，把制造业分为 22 类，就业人数、工资和劳动生产性的统计按同一标准，对外直接投资额、出口额和附加价值统计标准稍有差异，经过重新组成，归结为以下使用变量。

表 5.1　　　　　　　　　研究模型中的数据说明及来源

变量	内容	数据来源
EMP_i	i 行业就业人数	统计厅
VA_i	i 行业实际附加价值	韩国银行 [国民经济]
W_i	i 行业实际工资	劳动部
EX_i	i 行业实际出口额	韩国贸易协会
LP_i	i 行业劳动生产性（通过人均附加价值计算设备投资效率×固定资产与工人数量比例）	韩国银行 [企业经营分析]
FDI_i	i 行业国外实际直接投资金额	韩国进出口银行
WMQ_i	i 行业世界进口金额	*WTO*
XP_i	i 行业出口单价	韩国银行 [国民经济]

二　理论模型

（一）就业函数模型的推导

设定就业函数，以实际出口额和对外直接投资额作为解释变量，研究

_____

① 韩国进出口银行，海外投资统计（www.koreaexim.go.kr）。

对外直接投资对投资国国内就业的直接和间接影响。

就业水平实际上受因生产活动变化的影响而派生的劳动需求和劳动力成本的制约。[①] 劳动力的派生需求用不同行业的附加价值（VA_i）来解释，劳动力成本用实际工资和劳动生产性增长量相对大小来解释，具体用实际工资的增长量减去劳动生产性的增长量（$\Delta W_i - \Delta LP_i$）来计算，而且，随着行业附加价值生产的提高，考虑到其生产性，实际劳动费用减少，就业量就会有更大地提高。

就业函数是利用相应的不同行业数据资料实证分析对外直接投资和就业间的关系。[②]

$$\Delta EMP_{i,t} = \alpha_i + \beta_1 \Delta VA_{i,t} + \beta_2(\Delta W_{i,t} - \Delta LP_{i,t}) + \beta_3 \Delta FDI_{i,t}$$
$$+ \beta_4 \Delta EX_{i,t} + \varepsilon_{i,t} \tag{5.1}$$

其中，i：22 个种类的制造业

t：1995—2011 年

各变量前面的 Δ 表示与前一年相比的增减量

这个模型是通过考察不同行业就业人数增减的差异、附加价值和劳动费用增减的差异，分析不同行业对外直接投资与实际出口额的变化对国内就业人数变化的影响。

但是，在进行统计分析的时候，要注意对外直接投资与简单的资本转移所引起的海外生产在时间上可能是不一致的，因此，在考虑国内就业的影响变量时，就不仅要考虑对外直接投资，而且还要考虑影响国外生产活动的重要因素。比如，在统计现存企业的人数时，要考虑不同的资本参与形式进行的对外直接投资，不妨把投资与生产统一起来考察。但是，如果企业进行对外直接投资是为了引进新的生产设备，那么投资与实际生产间则存在着差异。韩国现行的统计编制很难从技术上进行区分统计。因此，本书把对外直接投资与国外生产统一起来进行考虑，模型（5.1）中存在对外直接投资与国外生产之间的弱小差异。因此，进一步设定对外直接投资额使用两年的平均值计算，得到如下模型（5.2）：

---

① 由于韩国劳动力市场缺乏弹性和相关的管理制度，在劳动力需求和劳动费用等经济条件发生变化时，不能迅速影响劳动力市场，而且对这些因素进行计量统计很难，本章的研究对不同的行业使用了同一标准，没有考虑特殊情况，对分析结果影响不大。

② 解释变量中所包括的劳动生产性，ΔEMP 和 ΔLP 间存在内生性，在模型中解释变量设定为 $\Delta W - \Delta LP$ 就可以消除内生性。

$$\Delta EMP_{i,t} = \alpha_i + \beta_1 \Delta VA_{i,t} + \beta_2 (\Delta W_{i,t} - \Delta LP_{i,t}) + \beta_3 \Delta maFDI_{i,t}$$
$$+ \beta_4 \Delta EX_{i,t} + \varepsilon_{i,t} \tag{5.2}$$

其中，$maFDI_t = (FDI_t + FDI_{t-1})/2$，在模型（5.1）和模型（5.2）中，求对外直接投资对就业的偏导数，得到如下的等式：

$$\frac{\partial \Delta EMP}{\partial \Delta FDI} = \beta_3 + \beta_4 \frac{\partial \Delta EX}{\partial \Delta FDI} \tag{5.3}$$

β_3 的大小体现了对外直接投资对国内就业的直接影响，$\beta_4 \dfrac{\partial \Delta EX}{\partial \Delta FDI}$ 表明对外直接投资会影响出口，从而具有影响国内就业的间接效果。[①] 在这个模型中，不能求出 $\dfrac{\partial \Delta EX}{\partial \Delta FDI}$ 的大小和符号，因此，为了明确分析间接效果 $\dfrac{\partial \Delta EX}{\partial \Delta FDI}$ 的大小和符号，有必要推导出口函数。

（二）对外直接投资对出口影响函数的推导

推导出口函数模型，应该考虑影响出口的国外需求和出口价格。进一步讲，把对外直接投资作为解释变量，设定对外直接投资对出口的影响。具体而言，就是把不同行业的实际出口额与前一年相比的增减量（ΔEX_i）作为被解释变量，把不同行业的世界进口金额的增减量（ΔWMQ_i）、出口单价的增减量（ΔXP_i）和对外直接投资的增减量（ΔFDI_i）作为解释变量。对外直接投资的变量和前面提到的一样在理论上可以取平均值。

$$\Delta EX_{i,t} = \gamma_i + \delta_1 \Delta WMQ_{i,t} + \delta_2 \Delta XP_{i,t} + \delta_3 \Delta FDI_{i,t} + \varepsilon_{i,t} \tag{5.4}$$
$$\Delta EX_{i,t} = \gamma_i + \delta_1 \Delta WMQ_{i,t} + \delta_2 \Delta XP_{i,t} + \delta_3 \Delta maFDI_{i,t} + \varepsilon_{i,t} \tag{5.5}$$

其中，i：22 种类的制造业

t：1995—2011 年

各变量前面的 Δ 表示与前一年相比的增长量。[②] 这里求得 $\delta_3 = \dfrac{\partial \Delta EX}{\partial \Delta FDI}$，

[①]　不同行业附加价值生产额由出口和内需构成，因此，$\beta_1 \dfrac{\partial \partial VA}{\partial \Delta FDI}$ 不能简单消除。但是，对不同行业的 $\beta_1 \dfrac{\partial \partial VA}{\partial \Delta FDI}$ 的大小和符号进行横截面分析，其效果是非常微小的，因此对 $\beta_1 \dfrac{\partial \partial VA}{\partial \Delta FDI} = 0$ 进行分析是没有问题的。

[②]　比较严密的分析应该是使用世界进口金额中的价格因素，由于很难找到数据，因此不得不用世界进口总量来代替。而且在出口价格因素中，应该使用出口品的世界相对价格，由于计算相对价格时所需要的世界进口单价数据不容易得到，因此利用不同行业出口单价来代替。

表示对外直接投资对出口的影响，那么对外直接投资对国内就业的间接影响是模型（5.3）中 $\hat{\beta_4}$ 与求得的 $\hat{\delta_3}$ 的乘积，即 $\hat{\beta_4} \times \hat{\delta_3}$ 。

上面分析模型中的常数项表明不同行业的特殊事项能够取得不同的价格，进而推导出固定效果模型。而且，考虑到横截面分析常出现的异方差性，利用广义最小二乘法（GLS）进行参数估计。

实证分析的时间期限为 1995—2011 年，为了更深入分析跨世纪前后的变化，把整个时间段分为 1995—1999 年和 2000—2011 年两个时期。

（三）不同行业对外直接投资对就业影响的函数模型

为了分析不同行业对外直接投资对投资国国内就业的影响是否有明显的差异，利用不同行业的数据资料，按 1995—1999 年和 2000—2011 年两个时期进行分析。[①] 每年对外直接投资的规模会发生很大的变动，因此，如前所指出的，对外直接投资的数额利用前后两年的平均额。

$$\Delta EMP_t = \alpha + \beta_1 \Delta VA_t + \beta_2 (\Delta W_t - \Delta LP_t) + \beta_3 \Delta maFDI_t + \varepsilon_t \qquad (5.6)$$

在这一时间序列模型中并没有包括实际出口额。因为分析对象的期限很短，解释变量增多的自由度很小，而且解释变量过多，实证结果的可信度将会降低。因此，这一分析模型中 β_3 代表对外直接投资对国内就业影响的直接和间接效应之和。

三　实证分析结果

通过上述研究模型，利用 1995—2011 年的时间数据资料，实证得出如下的结果。

（一）直接效果

对外直接投资对国内就业的影响效果可以通过 $\hat{\beta_3}$ 的大小和符号来考察，通过以下实证分析可以看出，虽然 $\hat{\beta_3}$ 的数值不大，但是符号为正，而且在两个阶段都显著，说明韩国的对外直接投资对国内就业具有正效应或积极效应。特别是后半期（2000—2011）比前半期（1995—1999）体

---

① 对不同行业就业人数和生产性进行统计的时候，从各年度入手，按时间序列数据分析，分析期限局限在 10 年里，分析的结果多少有点偏离。同时，可以把各行业对外直接投资分为效率追求型和市场确保型，分别考察对国内就业的影响，但是同一行业有时会同时存在这两种类型，因此没有必要进行这样的细分，所以把不同行业对外直接投资对就业的影响分为两个时期来研究。

现得更加明显。

表 5.2 根据模型 (5.1) 得到的实证结果

	$\hat{\beta_1}$	$\hat{\beta_2}$	$\hat{\beta_3}$	$\hat{\beta_4}$	R^2	obs.
1995—2004	0.350 (8.25)***	-0.002 (0.08)	0.009 (1.77)*	0.010 (0.28)	0.41	187
1995—1999	0.344 (7.58)***	0.072 (1.78)*	0.008 (1.30)	0.008 (0.16)	0.70	82
2000—2004	0.421 (5.82)***	-0.087 (3.43)***	0.016 (2.36)**	0.128 (2.99)***	0.59	84

注: *, **, *** 分别代表10%、5%和1%的显著性水平。

表 5.3 根据模型 (5.2) 得到的实证结果

	$\hat{\beta_1}$	$\hat{\beta_2}$	$\hat{\beta_3}$	$\hat{\beta_4}$	R^2	obs.
1995—2004	0.351 (8.32)***	0.009 (0.35)	0.003 (1.37)	0.008 (0.24)	0.41	187
1995—1999	0.365 (8.13)***	0.210 (3.23)***	0.005 (2.24)**	0.034 (0.78)	0.72	82
2000—2004	0.441 (6.12)**	-0.086 (3.35)***	0.009 (1.71)*	0.125 (2.96)***	0.59	84

注: *, **, *** 分别代表10%、5%和1%的显著性水平。

表 5.4 不同行业就业构成的比重变化 （%；千）

	期间平均比重				年平均增减率
	1995—1998	1999—2001	2002—2004	2004	(1995—2004)
农林渔业	10.8	10.0	8.2	7.5	-2.28
咨询、技术、行政管理业	17.2	18.9	19.9	20.5	3.28
服务业、零售业	25.3	26.1	25.4	25.0	1.40
白领阶层	12.8	12.0	13.8	14.2	1.76
技工、机械、单纯劳动职业	33.9	33.0	32.7	32.8	0.06
全体就业	100.0 (20.606)	100.0 (21.007)	100.0 (22.288)	100.0 (22.557)	1.12

注: 括号内是就业人数。

资料来源: 韩国统计厅 (www.nso.go.kr)。

2000 年前后，随着对外直接投资的增加，劳动密集型行业的就业人数在减少；效率追求型的行业，在管理、支援和研究开发方面的就业人数在增加；市场确保型的行业，在投资的最初阶段也对国内就业具有积极的效果。

这种现象也可以通过这一期间不同行业的就业变化来考察。如表 5.4 所示，利用韩国统计厅的资料分析，1995 年以后，与技工、机械、单纯劳动职业的就业比重相比，白领阶层或咨询、技术、行政管理业的就业比重明显提高。

（二）间接效果

考察间接效果，如前所述，就要联系出口函数的实证结果。当考察出口函数的实证结果时，可以考虑两种模型：一是不考虑对外直接投资的时差，利用模型（5.4）；另一个是考虑时差，对外直接投资的数额利用前后两年的平均值，即模型（5.5）。如下面实证结果所示，这两种模型在考虑 1995—2011 年的整个过程时，求得对外直接投资的相应系数为负，数值也非常小，统计显著水平很低，可信度也低。因此，关于对外直接投资对出口的影响很难得出明确的结论。

如果把整个时期分为 1995—1999 年和 2000—2011 年两个时期考察，统计的显著性水平仍然很低，但对外直接投资对出口的影响系数符号从负转向正。这是由于 2000 年之前，以纤维/服装类等轻工业为中心的效率追求型对外投资比重高，具有相当大的出口替代效果。而进入 2000 年以后，以电器电子、汽车等为中心的市场扩大型对外直接投资猛增，带动了韩国国内中间品和原材料向海外子公司的出口。

表 5.5　　　　　　　根据模型（5.4）得到的实证结果

	$\hat{\delta}_1$	$\hat{\delta}_2$	$\hat{\delta}_3$	R^2	$obs.$
1995—2004	0.002 (3.33) ***	− 0.001 (2.36) **	− 0.008 (0.69)	0.46	115
1995—1999	0.003 (3.53) ***	− 0.002 (4.51) ***	− 0.016 (1.61)	0.77	50
2000—2004	0.002 (3.66) ***	0.0003 (0.61)	0.007 (0.44)	0.76	65

注：*，**，*** 分别代表10%、5%和1%的显著性水平。

表 5.6　　　　　　　　　　　　根据模型（5.5）得到的实证结果

	$\hat{\delta_1}$	$\hat{\delta_2}$	$\hat{\delta_3}$	R^2	obs
1995—2004	0.002 (3.54)***	-0.001 (2.48)**	-0.001 (0.23)	0.46	115
1995—1999	0.003 (3.02)***	-0.002 (4.38)***	-0.003 (0.63)	0.79	50
2000—2004	0.003 (4.15)***	0.0002 (0.33)	0.007 (1.19)	0.78	65

注：*，**，***分别代表10%、5%和1%的显著性水平。

　　这样的实证结果从宏观角度说，对外直接投资对国内出口减少的影响较小，也没有明显的证据支撑。从微观的调查资料分析，的确没有发现明显的证据。比如，以国外子公司为研究对象，分析其经营成果，可得出对外直接投资对国内的出口诱发效果持续超过进口诱发效果的结论。[①]

　　总之，表5.3中的系数 $\hat{\beta_4}$，和表5.5中的系数 $\hat{\delta_3}$，在2000年以后，符号都为正，$\hat{\beta_4} \times \hat{\delta_3}$ 也为正，说明对外直接投资对国内就业的间接效果为正，具有积极的影响效应，即促进了国内就业。

　　（三）制造业不同行业的实证结果

　　考察制造业内的不同行业，如表5.7所示，得出对外直接投资的回归系数很小，不同行业即使多少有些差异，但是大部分的系数符号为正，说明对外直接投资对国内就业的影响具有积极的效果。

　　具体来说，如纤维制品、服装、毛皮类等效率追求型的、劳动密集型行业的对外直接投资对国内就业的相关系数的符号为负，表明这类行业对外投资的增加会引起国内就业的减少。但是，具有相似性质的皮革/鞋业相应的相关系数为正，统计显著性很低。

―――――――――

　　① 分析对象仅为国外投资总额超过1000万美元的大规模制造业企业（2009年调查的企业数为319个），而没有包括中小企业，关于对外直接投资对出口影响的分析多少应该具有局限性。

表5.7　　　　　　　　　　根据模型（5.6）得到的实证结果

	$\hat{\alpha}$	$\hat{\beta}_1$	$\hat{\beta}_2$	$\hat{\beta}_3$	R^2	$D.W.$
纤维制品	−0.022 （19.41）***	0.338 （11.41）***	0.143 （7.14）***	−0.009 （2.55）**	0.45	2.04
服装、毛皮	−0.009 （7.35）***	0.406 （31.93）***	−0.218 （6.38）***	−0.103 （13.67）***	0.85	1.60
皮革、鞋业	−0.019 （3.38）***	0.905 （7.66）***	−0.136 （2.04）**	0.009 （0.66）	0.35	2.80
化学制品	−0.064 （14.32）***	1.399 （13.09）***	−0.343 （10.95）***	0.011 （3.01）***	0.71	3.06
钢铁、金属	−0.043 （8.19）***	0.517 （3.92）***	−0.222 （4.63）***	0.036 （5.19）***	0.77	1.17
一般机械	−0.016 （10.42）***	0.286 （18.76）***	−0.104 （2.47）**	0.005 （2.24）**	0.65	1.88
电子零部件	−0.014 （5.20）***	0.334 （11.56）***	0.021 （1.92）*	0.002 （2.33）**	0.63	2.29
汽车	−0.005 （3.70）***	0.516 （3.59）***	0.191 （5.05）***	−0.0004 （0.22）	0.79	2.66

注：包括影像/音响/通信设备。

*，**，*** 分别代表10%、5%和1%的显著性水平。

　　而化学制品、钢铁/金属、一般机械和电子零部件等市场确保型对外直接投资比重相对高的行业，大部分行业的回归系数在统计上显著性都很高，而且符号也为正。表明这样的行业随着对外直接投资的增加，对国内就业具有积极效应。但实证得出，汽车行业对外直接投资的回归系数为负，而且也很小，统计上的显著性很低，很难赋予特别的意义。

　　实证结果也表明，效率追求行业的对外直接投资，同时伴随着国内生产设施投资的减少；市场确保型行业的对外直接投资，并不伴随着国内生产设施投资的减少，而且通过对国外子公司提供中间品和原材料等产品，增大了韩国的出口效果。

第三节　小结

　　通过分析韩国制造业不同行业及不同时期对外直接投资总体上对韩国国内就业的直接和间接效应可以得出，到目前为止，对外直接投资对其国内就业并未产生消极的影响。这是由于诸如纤维、服装等一部分轻工业行业在进行对外直接投资时，减少了国内生产设备投资，直接引起当地就业机会的减少。但是，诸如电器电子、钢铁/金属等大部分重化学工业行业的对外直接投资增加了国外子公司的管理/支援及研究开发人力的需求，反而增加了国内就业数量，而且还通过对外直接投资拉动国内出口的增加，间接地带动了国内就业机会。

参照发达国家的经验，国内服务业生产比重扩大，制造业生产比重减少，是产业结构优化的结果。在这一过程中，国内制造业就业比重减少，同时对外直接投资扩大，就说明对外直接投资是引起国内就业减少的主要原因，这个结论的论证是不太充分的。

关于发达国家的现象在韩国是否发生了，笔者不敢轻易断言。因为韩国对外直接投资的规模与其他 OECD 国家相比还很小。[①] 因此，随着韩国对外直接投资的增加，企业国内生产比重减少，不能排除它对国内就业的负面影响。

同时，当韩国对外直接投资的子公司进一步实现生产的本土化时，就会逐渐就地采购原材料等资本品，减少从母国的进口。而且，随着对外直接投资的扩大，国内企业进入海外市场时，技术转移的可能性在增大，加速了对出口的副作用，因此对国内就业的负面影响也令人忧虑。[②] 美国在对外直接投资的初期，投资与出口是互补关系，但是随着对外直接投资的发展，体现出对出口的替代效应（Bergsten，Horst and Moran，1978）。

----

① 参照韩国银行统计资料，2000 年韩国海外直接投资占名义国民生产总值的比重为 5.8%。

② 韩国贸易协会问卷调查（2011 年 7 月）结果显示，国内有 73.6% 的企业向国外子公司转移技术。

第六章　韩国对外直接投资与国内技术创新

对外直接投资是实现投资国国内技术创新的重要途径之一。因此，当韩国通过引进外国直接投资难以获得先进技术的时候，就大力发展对外直接投资，特别是对发达国家的直接投资来获得世界最前沿的技术。本章首先分析对外直接投资对投资国国内技术创新的影响，其次探讨韩国企业对外直接投资实现技术创新的影响机制。

第一节　对外直接投资对投资国国内技术创新的影响

传统的观念认为，一国获得国外先进技术的主要途径为购买国外技术及其设备、引进外国直接投资等，而对外直接投资则意味着先进技术的输出。当代国际直接投资实践表明，引进外国直接投资难以获得先进技术，发展对外直接投资是获得国外先进技术的重要途径。

当代国际经济竞争主要表现为技术的竞争。技术创新优势是跨国公司所拥有的最重要优势。为了在竞争中处于优势地位，跨国公司不可能将其拥有的一流先进技术以技术转让或对外直接投资的方式转移出去。巴克莱和卡森等人的内部化理论认为，跨国公司对"知识产品"的内部化动机最强，其根本原因在于，避免外部化所导致的技术泄密和壮大竞争对手的力量。小岛清的边际产业扩张论认为，发达国家在对发展中国家的直接投资中应当转移"边际产业"（即已经或即将失去竞争力的产业）。维农的产品生命周期理论认为，发达国家的对外直接投资应当转移已标准化的技术。发达国家对发展中国家的直接投资实践证明，上述学者的论述是客观的。还应当看到，西方发达国家对先进技术的输出一直采取严格的限制政策。如美国于1979年通过的《出口管理法》规定，关于一流先进技术输出的限制不仅适用于本国公司，还适用于本国公司在国外设立的分支机构。由此可见，购买国外技术及其设备、引进外国直接投资等，只能引进二流技术，不可能获得最先进的技术。

以获得国外先进技术为主要直接目标的对外直接投资者，可以通过对外直接投资的方式，在发达国家与当地高新技术公司或风险投资公司合资创办研究与开发型公司，充分利用当地的技术资源优势，了解和把握国外新技术发展的最新动态，以此作为开发和引进国外先进技术的基地。对于许多到发达国家投资的公司来讲，获得当地的先进技术是其对外直接投资的主要直接目标。

在较短的时期内迅速提升整个产业的技术水平，是发展中国家实现经济高速增长、缩短与发达国家之间差距的重要手段。应当承认，一些发展中国家通过引进外国直接投资的方式，引进了一些较为先进的技术，成为经济增长的重要动力。但随着发展中东道国经济实力的增强，引进外国直接投资所转移的技术与对本国产业的技术进步的贡献呈递减趋势。在此背景下，为了继续保持经济的高速增长，发展中国家迫切需要引进外国一流的先进技术。通过对外直接投资的方式引进国外先进技术，可以在一定程度上打破西方发达国家对高新技术的相对垄断，与国内独立开发相比，成本要低得多。韩国和中国台湾省的一些企业在发达国家设立研究与开发型企业的成功经验值得借鉴。韩国现代集团早在 1980 年就在美国硅谷设立了现代电子系统公司，雇用当地技术人才，研究与开发商业电脑和工程电脑所需要的半导体技术。中国台湾省的庆丰公司也于 1982 年在美国硅谷设立了高智公司，直接吸收硅谷的先进技术，研制新型电脑磁碟机，并将研究成果在公司内部应用。

从总体上讲，西方发达国家技术水平领先，但就某个国家而言，并不可能在所有的技术领域均处于领先地位。发展对外直接投资也是发达国家获得国外先进技术的重要途径。发达国家跨国公司在向国外进行研究与开发型投资时，主要投向本国拥有技术比较优势的领域，旨在获得东道国相关的先进技术，以强化其特定的技术比较优势。如从发达国家跨国公司在美国研究与开发型投资的部门分布来看，日本跨国公司的投资主要集中于计算机及其软件、汽车、半导体、生物技术、电信、化学品等领域；英国跨国公司的投资主要集中于药品、生物技术、化学品、橡胶、汽车等领域；法国跨国公司的投资主要集中于药品、生物技术、橡胶等领域。

第二节　对外直接投资对韩国国内技术创新的影响

韩国企业在发展外向型经济的过程中，曾大量引进国外先进技术和适用技术。但随着韩国对外竞争能力的增强，许多发达国家的企业不愿再向韩国提供先进技术（因为他们担心为自己树立强硬的竞争对手），并且，国际上的技术保护主义日趋加强，而韩国企业本身的技术开发能力较弱。因此，韩国企业越来越重视向海外进行技术开发型的投资，特别是 20 世纪八九十年代，韩国的大企业更是看好发达国家的先进技术，大力开拓海外高科技市场。20 世纪 90 年代末的金融危机，使韩国从政府、企业到国民都更加重视高科技产业的发展，进一步提升本国产品的竞争力，因此，韩国大力发展对外直接投资，以获得国外先进的技术。本章主要分析韩国对外直接投资对国内技术创新的影响机制，将从四个方面进行分析：并购与收购发达国家的国际知名企业；建立技术开发型国际合资和独资企业；进行国际战略联盟；建立海外研发机构。

一　跨国兼并与收购

20 世纪 90 年代以来，随着西方发达国家政府逐步放宽对企业并购的管制，跨国公司的并购狂潮愈演愈烈。不少兼并和被兼并的企业都是国际知名大企业。兼并与收购可以使跨国公司降低投资成本，直接进入东道国市场进行高效扩张。据韩国三星经济研究所统计，韩国在 2001—2004 年，国际并购事件的数量为 44 件，金额达到 79.58 亿美元；2004—2006 年，国际并购的数量进一步扩大到 73 件，金额达到 117.04 亿美元；2007—2012 年，国际并购事件的数量为 100 件，金额达到 180.09 亿美元。[①] 为占领全球高新技术领域，韩国大企业集团纷纷"走出去"兼并收购发达国家的高新技术企业。如三星购买了德国照相机制造公司劳莱公司、美国通信器材公司 ICT 以及另一家光学公司；1995 年，三星以 3.87 亿美元购买了美国 AST 电脑 40% 的股份。[②] 之后，三星又相继兼并了美国 HMS 半

---

　　① 《全球化产业重组和全球化高科技产业并购的特征（研究报告）》，首尔三星经济研究所，2012 年。

　　② 马惠琴、张遂：《韩国大企业从辉煌到破产》，《生产力研究》1998 年第 6 期。

导体公司及其他几家小型高科技公司；在日本兼并了生产音响器材的勒克斯公司、联合光学公司①，在国际市场上出尽了风头。1995 年，三星电子并购美国 IGT 通信用交换机公司；三星集团并购日本视听机器生产商 Lux 和精密机器生产商 Union 光学及德国照相机制造商 Rollei。韩国现代电子产业公司为了强化在非记忆体方面的技术能力，收购了美国 AT&T Global Information Solutions 半导体部门。2005 年，LG 集团买下了美国电视大厂 Zenith。

韩国跨国公司在兼并与收购发达国家的现有企业之后，实际上也就牢牢地控制和掌握了该企业原有的技术研究和开发机构、科研人才、设施和商品销售渠道，这不仅为其提供了重新组织技术研究和开发的有利条件，而且也使其获得了发达国家相关产业的关键技术、研究成果和现存生产能力以及稳定可靠的销售网络，从而推动本国技术水平和竞争实力的不断提高。并购的技术获取动机主要有：（1）通过兼并他国具有先进技术水平的同类企业，提高本企业的产品技术档次；（2）获得相关产业技术能力的提高；（3）获取技术储备等。因此，韩国企业把跨国并购作为获取国外现有技术与潜在技术的一种最为直接、重要的手段。

二　建立技术开发型国际合资、独资企业

韩国大企业集团为获得先进技术，到具有领先技术行业的发达国家和发展中国家建立技术开发型的国际合资与独资企业。1995 年，三星集团投资 7 亿美元，在苏格兰建立了半导体芯片厂。三星始终把日本市场作为主攻目标，力求打入消费者要求十分苛刻的日本市场来提高其适应世界市场的能力。三星在俄罗斯独资或合资生产电话交换机、录像机；在美国生产微波炉；在柏林生产显像管。现代集团以汽车、电子、化工、钢铁、机械等为"拳头"占领海外市场。早在 20 世纪 80 年代，现代集团的汽车就打入了美国市场。20 世纪 90 年代，现代公司生产轿车 100 万辆，仅在加拿大的分厂就年产 10 万辆汽车。现代集团计划投资 10 亿美元，在印度兴建汽车厂。目前现代集团拥有上百家海外公司，总资产已超过 900 亿美元，销售额超过 500 亿美元。1995 年，现代集团在美国投资 13 亿美元建

① 胡适耕、曾庆豹：《全球化世界经济贸易大趋势》，湖南大学出版社 2005 年版，第 25—30 页。

立一个半导体工厂，该公司在美国投资的新工厂中开发研究 256 兆字节及
1000 兆字节存储器芯片。[①] 2002 年春，现代集团起亚汽车公司与中国东
风汽车集团和悦达集团以 50∶50 的比例合资成立了东风悦达起亚汽车有限
公司，生产起亚公司的最新款车型，并将生产规模从 2002 年的 5 万辆扩
大到 2005 的 30 万辆。[②] 1995 年，大宇在法国隆维创办电子企业，生产电
子灶，年产能力为 30 万台。大宇在乌兹别克斯坦投资 6.3 亿美元，建造
年产 20 万辆的汽车厂；在伊朗一家拥有 34% 股权的公司投资 6 亿美元，
使组装汽车达到 5 万辆；在印度投资 5 亿—10 亿美元兴建年产 15 万辆汽
车的工厂；在波兰卢布林汽车厂投资 3.4 亿美元，使卡车年产量达到 4 万
辆，轿车 5 万辆；与罗马尼亚克拉约瓦汽车厂合作，将其年产量提高到
20 万辆。[③] LG 集团在 20 世纪 70 年代经济高速成长的基础上发展壮大，
在美洲、欧洲、亚洲等地大举投资办厂，成为具有向海外出口资本与技术
的国际性企业集团。例如，在巴西建立了生产等离子体电视机的工厂，以
1000 万美元购买了世界著名企业 3DO 公司的股份，参与多媒体信息核心
技术的共同开发和研究，抢占全球尖端技术的制高点；与日本日立公司
联合在马来西亚建立一个 13 亿美元的半导体生产合资企业；在印尼、
印度和越南投资 7 亿美元投资建厂。[④] LG 集团与中方签约，投资 4 亿美
元生产电子元件。韩国丰山公司 1989 年先投资 1.39 亿美元在美国艾奥
瓦州建立独资的 PMX 铜制品公司，其主要目的之一是填补美国铜制品
供求的缺口；第二个目的是在北美自由贸易协定启动以后，确保在北美
地区的立足点。

　　虽然韩国企业建立国际合作企业可能会带来控制权和知识产权专有权
丧失、经营管理复杂化等问题，但是在技术研究与开发合作领域，特别是
在高新技术产业中，技术型国际合资企业仍然是一种可行的战略选择。这
是因为此战略不仅可以分担合资各方研究与开发活动的成本并分散可能的
风险，而且还可能得到双方优势技术的互补性应用和发展，弥补自身的技

---

　　① 胡适耕、曾庆豹：《全球化世界经济贸易大趋势》，湖南大学出版社 1998 年版，第 45—
70 页。

　　② 高浩荣：《韩国企业再次大规模进军中国市场》，《经济参考报》2006 年 4 月 8 日。

　　③ 胡适耕、曾庆豹：《全球化世界经济贸易大趋势》，湖南大学出版社 1998 年版，第 50—
60 页。

　　④ 车振华、崔民选：《中国周边经济圈》，中国经济出版社 1999 年版，第 30—40 页。

术弱点和不足。

三　国际战略联盟

韩国通过购买或采用"策略性联盟"方式对发达国家高科技产业进行投资，分享对方的先进技术和最新技术信息资料，学习先进的管理方法，并培养出一批具有国际水准的科技人才和管理人才，不仅促进了原有产业的技术改造，而且加速了高科技产品的开发。三星电子公司与日本东芝公司在记忆芯片领域建立了技术互换合作关系并和现代、金星集团一起实施一项针对日本的宏大计划：打败"当今市场霸主"日本，攻占高达220亿美元的全球记忆芯片市场。三星与美国通用仪器公司、美国电话电报公司及摩托罗拉公司和日本东芝公司建立了联盟并利用这些联盟研究与开发新产品。三星已在55个国家和地区建立了236个据点，营业额进入全球跨国公司的前20名。

四　建立海外技术研发机构

在最新一次长期科技发展规划的纲领性文件《2025年构想》中，韩国首次明确提出要将其研发体系由"本国决定型"向"全球网络型"转变的设想。为实现这一转变，韩国政府采取措施吸引世界著名跨国企业来韩国设立研发中心，同时积极鼓励本国企业到海外设立R&D机构，参与全球具有战略意义的国际合作项目，希望通过这些国际合作，获得关键性技术，保证韩国在科技创新全球化大潮中占据有利地位。韩国还积极鼓励一些大型企业到国外设立研发机构，或者与国外企业建立战略性技术联盟，以实践韩国政府提出的所谓"国际技术路线图"。从向硅谷的投资可以看出，以电子工业为主导，以在美国设立研究开发和生产基地、获取技术和信息的"获取技术型"投资占有越来越重要的地位。例如，三星半导体通信早在1983年投资600万美元在硅谷设立了三星半导体公司（100%出资），1986—1988年先后四次支付巨额专利费从这个公司引进了生产半导体微量元素的尖端技术。此外，金星公司、现代电子也用同样的方法从美国子公司引进了微机显示技术。技术研发国际化是企业国际化的高级阶段。通过在国外设立法人研发机构，雇用当地高级研究人才开展海外研发活动。韩国企业把在技术先进国家开展的研发活动，作为企业技术革新战略的重要一环。截至1999年10月，通过合并和收买（M&A）、合作或单独投资等方式，韩国企业在海外建立了 36 个技术研发研究所，其中 30 个是 20 世纪 90 年代设立的。涉及的研究领域主要集中在电子、电气和汽车等尖端技术方面。[①] 为了获得最先进的技术，并在海外研究中占有一席之地，韩国进一步增加了对海外研发的投入。韩国政府向包括英、美、日在内的 8 个国家派驻科技官员。政府支持有关方面在国外设立研究机构和海外工程技术项目，对其所需资金制定支援方案。在美国、俄罗斯、中国等 8 个国家，韩国设立了科技合作中心。韩国企业已在国外设立了 70 多个研究分部和 13 个研发中心。[②]

第三节　小结

韩国企业对外直接投资是获得高新技术的重要途径之一。本章分析了韩国对外直接投资对国内技术创新的影响机制，即并购和收购发达国家的国际知名大企业；建立技术开发型国际合资和独资企业；进行国际战略联盟和建立海外研发机构。本书认为，国际上把韩国定位为创新型国家，韩国的电子、半导体、汽车、造船等技术能够领先于世界，韩国的企业通过海外投资特别是技术开发型投资是功不可没的。近年来，韩国的科技创新更是层出不穷。仅 2006 年，韩国企业研发最具有代表性的两项成果分别为：第一，WIBRO（无线宽带互联网）技术成功商业化，并成为国际标准，从而使韩国在第四代移动通信技术领域占有明显优势。韩国在 WIBRO 所必需的技术项目——无线连接遥控、多址连接、双工技术上比美国、日本、欧洲更具有优势。核心技术——直交码分多址（OFDM）技术在美国、日本、欧洲申请了多项专利，其中三星电子、韩国电子通信研究院申请的专利占 51%，具有很强的竞争力。美国主要通信企业 Sprint Nextel Corp 已采用韩国的 WIBRO 技术。韩国 WIBRO 技术成功进入美国市场是韩国 IT 业取得的又一重大进展，它不仅为韩国企业带来了可观的利益，而且为其 IT 业带来了新的发展机遇。第二，三星电子引领世界开启 50 纳米 DRAM 时代。2006 年，三星电子公司相继开发出 40 纳米

---

① 甄宇鹏：《韩国企业技术创新战略解析》，《中国科技投资》2006 年第 10 期。
② 黄军英：《韩国提高国家创新能力的举措》，《科技与经济》2008 年第 6 期。

32GNAND 型闪存和 50 纳米 1Gb 动态随机存取存储器（DRAM）半导体，并在新工艺、产品开发、设计等各领域，向国内外共申请了 51 项专利，这是韩国在半导体技术上取得的突破性进展。三星电子已从 2008 年第一季度开始出售采用 50 纳米工艺的 DRAM 产品，到 2011 年，市场规模已达到 550 亿美元。

第七章　韩国对外直接投资与
国内产业结构调整

自 20 世纪下半叶以来，以实现产业结构调整与优化为目的的国际直接投资活动迅猛发展，特别是 20 世纪 80 年代末开始的以信息技术为代表的高新技术产业发展与转移更是风起云涌。作为新兴工业化国家的韩国，必然也要通过对外直接投资适时地实现国内产业结构的调整与优化。本章主要通过数理模型，实证分析韩国对外直接投资对国内产业结构调整的影响。

第一节　对外直接投资对投资国产业结构调整的影响

产业结构的变化总是遵循着一定的规律的，表现为产业结构由低级向高级的不断演变。随着经济发展水平的提高，遵循配第一克拉克定律，第二三产业的比重会逐步增加，产业结构会呈现高级化的发展趋势。对外直接投资是各国参与国际分工，进行跨国经营的方式之一，这种由产业成长和产业分工而导致的产业结构转换不仅发生在对象国或地区，也发生在转移国或地区，并由此使这些国家或地区的产业结构升级。产业结构变化的实质是比较优势的产业取代比较劣势的产业。在产业结构的调整中，主导产业的更新换代带来了成熟衰退产业的退出与新兴成长产业的兴起。对于在一国已失去比较优势的成熟衰退产业而言，该国通常会通过对外直接投资将其转移到次发达国家或发展中国家，因此一国产业结构的调整可能会引发对外直接投资高潮的出现。而一国对外直接投资通常会遵循美国经济学家弗农创立的生命周期理论和日本小岛清的边际产业扩张理论。随着产品周期的变化，一些处于成熟阶段的产业在国内逐渐失去优势，这些比较劣势或即将处于比较劣势的产业通过到东道国当地投资建厂的方式逐步转移出去，出于此种目的的产业转移为投资国优势产业的发展留下了空间，从而有利于促进其产业结构的升级，因此对外直接投资对投资国来说具有产业结构调整的效应。

第二节　对外直接投资对韩国国内产业结构影响的实证分析

一　对外直接投资与韩国国内产业结构调整的因果关系检验

（一）研究模型

考察韩国对外直接投资大幅度增长和其产业结构是否存在因果关系，可以采用 Granger 因果性检验方法进行实证分析，既可以说明两者之间关联程度的大小，又有利于解释两者的双向性关联结构。Granger 因果检验法要求检验的时间序列数据是平稳的（Stationary）。因此，在因果分析前，需检验时间序列数据的平稳性。因为序列的不平稳性是造成虚假因果关系的最重要因素之一，所以必须进行序列平稳性的判断。如果序列不是平稳序列，则应经过一次或多次差分使之平稳化，然后对两个平稳化后的序列进行 Granger 检验。扩展的 Dickey-Fuller（ADF）方法用于检验数据的时间序列特征。对于变量 y 平稳性的 ADF 检验基于以下回归方程：

$$\Delta y_t = \alpha + \lambda t + (\rho - 1) y_{t-1} + \sum^{m} \gamma_t \Delta y_{t-i} + \mu_t \qquad (7.1)$$

原假设 H_0：$\rho = 1$，备选假设 H_1：$\rho < 1$。接受原假设，意味着时间序列含有单位根，即序列是非平稳的。由于方程（7.1）中 t 分布是非标准的，笔者采用富勒（Fuller，1976）临界值，并采用弘池（Akaike's）信息标准（AIC）、施瓦兹（Schwartz's）标准（SC）来考察序列的协方差以决定 Δy，最优滞后阶数 p，即选定的 p 应使得 AIC 和 SC 最小，以保证残差值非序列相关和较好的检验效果。

（二）变量的选择

考察第二产业结构比例 x_2，第三产业结构比例 x_3 和对外直接投资 FDI 间的因果性关系。即分别研究 x_2 和 FDI、x_3 和 FDI 间的因果性关系。

（三）数据的选择

本书数据来源是韩国进出口银行公布的 1985—2011 年对外实际投资额和各年国际统计年鉴公布的韩国产业结构比例。

（四）检验结果

本书以第二产业和第三产业在三次产业构成中所占比重和 1990—2011 年韩国对外直接投资额，采用 Eviews 5.0 统计计量分析软件对其进行分析。

采用 ADF 检验方法对序列 x_2、x_3 和 FDI 进行单整检验。滞后期的选择是以使 AIC 和 SC 值最小为准则。单位根检验结果如表 7.1 所示，序列 x_2、x_3 和 FDI 都是非平稳的，经过一次差分后均为平稳序列。

表 7.1　　　　　　　　　　对单位根的 ADF 检验

变量	ADF 检验值	检验类型 (c, t, p)	结论
FDI	-2.37	(c, t, 3)	非平稳
x_2	-1.08	(c, t, 2)	非平稳
x_3	-1.56	(c, t, 2)	非平稳
ΔFDI	-3.81 **	(c, 0)	平稳
Δx_2	-7.34 ***	(c, 1)	平稳
Δx_3	-8.38 ***	(c, 1)	平稳

注：（1）带 Δ 表示取一阶差分（first difference）；（2）检验类型中的 c 和 t 表示带有常数项和趋势项，p 表示独立的滞后阶数；（3）*，**，*** 分别表示 10%、5% 和 1% 显著性水平。

对平稳序列 Δx_2、Δx_3 和 ΔFDI 进行 Granger 因果检验。由表 7.2 的结果可知，第一，韩国第二产业结构的调整不是对外直接投资变化的原因，但是它的相伴概率（0.11）不是很大，说明第二产业结构调整在一定程度上也影响了对外直接投资的变化；从经验数据中可以看出，支持韩国对外直接投资是韩国第二产业结构调整的原因。第二，韩国第三产业结构调整不是韩国对外直接投资变化的原因，而对外直接投资是第三产业结构调整的原因，说明韩国在发展对外直接投资的同时，大力支持国内第三产业的发展。总之，Granger 因果检验说明了自 1985 年以来韩国对外直接投资的扩大促进了国内产业结构的调整。韩国对外直接投资自 1985 年以来不断扩大，特别是中韩建交以来，对中国的投资迅猛增长，成为中国较大的外资来源国。而且在 1997 年金融危机后，韩国对外直接投资又进入了高速发展阶段，可以说，它是新兴工业化国家中对外直接投资最多的国家，也是比较成功地进行对外直接投资的新兴工业化国家。同时，韩国国内产业结构的总体特征可以概括为产业结构朝着高级化方向发展，即第一产业、第二产业的比重降低，第三产业的比重上升，因此，韩国对外直接投资的扩大促进了国内产业结构的优化，但是产业结构的调整对韩国对外直接投资的影响程度不大。

表 7.2　　　　　　　　　　　　Granger 因果检验结果

Granger 模型	F 统计量	Prob.	推断
Δx_2 不是 ΔFDI 的原因	2.70	0.11	接受
ΔFDI 不是 Δx_2 的原因	5.03 **	0.03	拒绝
Δx_3 不是 ΔFDI 的原因	1.42	0.28	接受
ΔFDI 不是 Δx_3 的原因	4.88 **	0.03	拒绝

注：*，** 分别表示 10%、5% 的显著性水平。

二　对外直接投资与韩国国内产业结构调整的相关关系检验

韩国对外直接投资对国内经济的影响是多方面的，如促进国内经济增长，改善贸易收支状况，促进国内技术革新和产业结构的调整等。Granger 因果检验的结果表明，韩国对外直接投资影响了国内产业结构的调整，那么对外直接投资在多大程度上促进了国内产业结构的调整？对外直接投资与产业结构的变化是呈正相关还是负相关？对外直接投资的变化对第一、二产业和第三产业在三次产业构成中所占比重的变化的具体影响程度如何？对此需要建立回归方程进行分析。考虑到对外直接投资对三次产业结构变化的影响有一个长期的累积过程，当年的对外直接投资额并不一定能引起当年的产业结构的变化，对外直接投资累积的量促进了国内产业结构的变化。因此，在进行相关性分析时，选取对外直接投资累计额即 TFDI（$TFDI = \Sigma FDI$）为解释变量，第一、二、三产业比例为被解释变量，各个变量均取对数，由于第一、二产业和第三产业在三次产业构成中所占比重之和为 1，变量间存在共线性，因此分别进行三次一元回归。X_i（$i = 1, 2, 3$）分别表示第 i 产业在三次产业构成中所占比重。抽样数 $N = 20$，分别考虑 $Y = a + bx$。回归分析结构如表 7.3 所示。

表7.3　　　　　　　　　对外直接投资对产业结构的回归结果

回归方程	F 统计量	调整后的拟合优度
$\text{LN}_{X_1} = 5.2348 - 0.2144 \times \text{LN}TFDI$ (22.55)　(-14.58)	212.67	0.92
$\text{LN}_{X_2} = 4.0083 - 0.0168 \times \text{LN}TFDI$ (30.96)　(-2.05)	4.22	0.14
$\text{LN}_{X_3} = 3.2213 + 0.0445 \times \text{LN}TFDI$ (29.18)　(6.37)	40.60	0.68

　　从回归结果可知，参数均通过 t 检验，各变量是显著的，除第二个方程以外，其他回归方程拟合程度较好。第一、二产业对对外直接投资的弹性系数均为负数，而第三产业为正数，说明累计对外直接投资额与第一、二产业在三次产业构成中所占比重呈反方向变化，即韩国对外直接投资的增加将导致该产业比重的下降。累计对外直接投资额每增加1%，将导致第一产业比重下降0.21%，而累计对外直接投资额每增加1%，将导致第二产业比重下降0.017%，说明对外直接投资对第一产业影响程度比第二产业影响程度大。相比之下，累计对外直接投资额与第三产业所占比重呈同方向变化趋势。其比重每上升1%，将导致第三产业比重增加0.05%。

　　从累计对外直接投资额对第一、二产业和第三产业所占比重变化的影响程度来看，对外直接投资对第一产业的影响程度最大，对第二产业的影响程度最小，而且拟合程度不明显。这是由于韩国在大力发展第二产业对外直接投资的同时，大力发展国内第二产业，尤其加强对制造业的技术改造，并且在1997年金融危机后，第二产业在国内GDP中所占比重进一步反弹，所以对外直接投资对第二产业比重的变化影响并不明显。对外直接投资对国内第三产业的影响是正向的，也就是说，韩国对外直接投资的发展促进了国内第三产业的发展，实现了国内产业结构的优化。

　　实证分析的结果与理论的分析即关于其大规模对外直接投资与国内产业结构优化的设想是相符的。韩国自1985年以来大力发展对外直接投资，促进了国内产业结构的调整，实现了国内产业结构的高度化。

第三节 小结

Granger 因果检验结果表明,韩国对外直接投资的扩大是导致国内产业结构调整得到优化的原因。在对外直接投资的初级阶段,韩国经济实力并不很强,对外直接投资主要集中在技术水平较为成熟的企业,随着经济发展水平的提高和产业升级,韩国第二产业主要是制造业已经相当成熟并具有很强的优势,逐步向东南亚、中国等具有比较优势和贸易带动优势的地区转移,同时注重新兴产业的发展特别是信息技术产业的发展以防止产业"空洞化"。中国作为发展中的大国,与韩国的经济结构有许多相似之处,应该借鉴韩国扩大对外直接投资成功地调整国内产业结构的经验,结合中国产业竞争力现状,针对不同发展程度的国家选择不同的 FDI 战略,以达到优化国内产业结构的目的。首先,将边际产业向发展中国家转移,为国内产业结构的升级提供一定的资金和空间。从产业选择来看,中国跨国公司应偏重于制造业,走制造业带动服务业的实业化道路。其次,高新技术和传统产业以发达国家作为主要投资对象,以牵引和拉动国内产业结构的优化。总之,目前中国正处于经济起飞和产业结构转换的重要阶段,我们必须从战略的高度,重新整合企业资源,积极培育相关产业的发展,充分发挥对外直接投资产业的带动效应,强化中国产业的整体竞争力,实现产业结构的高度化。

第八章 韩国对外直接投资与
国内产业空洞化

产业空洞化是许多国家在经济发展中存在的现象。当发达国家国内出现明显的产业空洞化现象时,很多学者都把主要原因归于大量的对外直接投资。那么,作为新兴工业化国家的韩国,目前正大力发展对外直接投资,同时,其国内也出现了产业空洞化的迹象。因此,有必要分析对外直接投资对其产业空洞化的影响。本章在上一章,即对外直接投资对产业结构调整的影响的基础上,首先介绍产业空洞化及产生的原因,进一步描述韩国产业空洞化的特点;其次重点从两个角度进行分析:第一,对外直接投资对国民经济产业空洞化的影响;第二,对外直接投资对个别行业产业空洞化的影响。

第一节 产业空洞化及产生的原因

一 产业空洞化的含义

产业空洞化或制造业空洞化主要是由日本学者提出的,欧美国家比较普遍采用"脱产业化"这一概念。日本学者高野邦彦对此定义道:"产业空洞化是由于某些产业丧失国际竞争力,扩大进口,减少出口;或者是企业生产和经营基地向海外转移,国内还没有创造出相替代的新产业,没有实现产业结构的高度化,产业结构中出现空白现象。"韩国学者申基德教授从广义、狭义和更加狭义三个角度对空洞化进行了定义。首先,从广义角度说,空洞化是由于制造业衰退,服务业比重增加,经济向服务化方向发展,这是以制造业为中心的资本主义社会向知识化社会乃至向信息化社会发展的自然趋势。其次,从狭义角度说,是由于海外投资的发展,生产设备向海外转移,国内生产成本上升,制造业设备投资不足,造成生产能力的下降，国际竞争力恶化、进口增加，从而引起贸易收支赤字，制造业雇佣减少，向经济的服务化方向发展。这主要是制造业的海外直接投资引起的产业空洞化现象。最后，从更加狭义的角度说，制造业企业放弃物质生产，把进口的零部件或成品贴上自身的商标予以销售，促进了经济向服务化发展，这是属于经济全球化发展企业的经营活动之一。①

本书认为，产业空洞化概念可以从要素论角度加以研究。对外直接投资是生产要素与经营资源的综合作用，空洞化是由于投资国的资本、劳动力、技术资源的减少而造成的产业空白现象。资本的空洞化是与向海外流出的资本总量超过流入的资本总量所引起的国际收支赤字问题相关联的；劳动力空洞化是由于对外直接投资所引起的就业量萎缩超过就业创造量，从而引起国内失业问题；技术空洞化是由于海外直接投资所引起的技术转移超过技术所得，从而降低了国家的国际竞争力问题。因此，可以从引起国际收支赤字的资本空洞化、引起失业问题的劳动力空洞化与引起国际竞争力恶化的技术空洞化三个角度理解产业空洞化。从长期的观点看，资本空洞化还是劳动力空洞化，最终原因是技术空洞化所造成的产业空洞化，它们之间是有关联性的。

通过以上的分析可以知道，实际上，产业空洞化的概念可以根据要素转移、分析水平，从多个角度对其下定义。而且，空洞化的原因有国家竞争力丧失、对外直接投资增加、外国直接投资减少、制造业创业不足、企业环境恶化等多个方面，本书在此仅从由于对外直接投资而引起的产业结构变化的角度分析产业空洞化，即企业根据经营战略，生产基地向国外转移，或者特定产业由于竞争力的丧失而向海外转移，其结果是相关产业在国内的衰退，同时国内还没有产生具有高附加价值的新产业，产业空洞化使国内出现企业生产减少、吸纳劳动力下降、国际收支出现赤字等现象。

二　产业空洞化产生的原因

产业空洞化是由多方面原因引起的。可以从企业对外直接投资的动机、国际分工结构特征及投资企业的国际化程度三个角度分析对外直接投资对产业空洞化的影响因素。

---

①　［韩］申基德：《产业空洞化研究》，三星经济研究所，2001 年。

（一）对外直接投资的动机

对外直接投资的动机有三种形态。首先，比较优势产业即出口产业由于规避贸易壁垒而进行的对外直接投资，与为克服价格竞争力恶化，降低生产成本而进行的对外直接投资相比，前者对投资国的产业空洞化的影响更大。为了准确研究对外直接投资类型对产业空洞化的影响，要考虑以下两种情况。第一，对外直接投资是否替代了国内投资；第二，本国政府能否调控对外直接投资的动机。

与第一种情况相关联，贸易壁垒规避型和生产成本节约型对外直接投资，由于制约其大规模出口，企业具有强烈的动机向海外投资，因此，即使不能进行对外投资也很难转换成国内投资。在这种情况下，对外直接投资对本国的出口替代作用小，反而会提高本国中间原材料等的出口量，对本国产业空洞化的效果并不明显。

与第二种情况相关联，投资国无法调控的贸易壁垒规避型对外直接投资，在国际贸易摩擦没有得到解决的情况下，是无法避免的。生产成本节约型对外直接投资在一般情况下，对本国产业空洞化的影响效果较小。即使投资国政府对生产要素价格的上涨进行调控，价格竞争力仍在下降，因此企业还是要通过对外直接投资寻求效益。在没有进行海外投资的企业中，由于国内劳动力成本等要素价格的上涨，很大一部分也要走向海外，这种类型的对外直接投资对国内产业空洞化的影响并不大。

另外，如果了解生产成本节约型对外直接投资对产业空洞化的影响，就必须知道政府对工资、利息、土地价格、物流费用等的调控程度。

对最近的对外直接投资情况的研究表明，初期，无论是贸易壁垒规避型还是生产成本节约型，积极的市场扩张或接近市场的作用超过消极的作用。作为韩国的优势产业——重化学工业，为了维持国际竞争力，通过大规模节约生产成本，实现规模经济，因此它必须扩大市场规模。在国内市场已经饱和的情况下，如果不向海外拓展，就无法承担产品开发、设备的高投资等生产费用。即使在国内有价格竞争力，也要从战略发展的角度进行对外直接投资。而且耐用消费品的生产，必须了解当地消费者的偏好、文化、风俗等，只有将这些融入产品中，产品才有竞争力。而且为了扩大销售网络，强化售后服务，利用当地人才、学术团体和合作企业，就必须从战略的角度发展海外投资。

韩国优势产业在进行海外投资时，不仅要开拓国际市场，而且要获得高新技术，开发新的产业。现在的产业竞争非常激烈，发展中国家的崛起面对着强烈的挑战，因此必须努力发展尖端的具有高附加价值的新产业。为此，通过 M&A，并购先进企业，获得高新技术，并且还要在海外设立研发中心。这样的主力优势产业在进行海外投资时，其主要目的是获得先进技术，与其说对国内产业空洞化产生了影响，倒不如说，它对国内产业发展有着更加积极的影响。

（二）国际分工结构的特征

本国比较劣势产业，如对东道国是比较优势产业，那么，在进行对外直接投资时，属纯贸易指向型海外投资，这对本国产业空洞化的影响较小，而对本国是优势产业，对东道国是比较劣势产业则属逆贸易导向型海外投资，这对本国产业空洞化的影响较大。纯贸易导向型海外投资包括服务产业型、资源开发型、国际分工型的对外直接投资。金融、保险、通信和航空等服务产业的对外直接投资，不仅创造了更大的价值，而且对本国制造业等生产活动给予了更多的支援，对本国的生产、就业没有产生大的影响。资源开发型对外直接投资是由于国内缺乏资源或资源开发成本高昂，利用国外低廉的成本优势而进行的海外投资。然后其产品再进口到国内，这对国内的就业不仅没有影响，而且提高了国内产品的竞争力。国际分工型对外直接投资是国内生产过程的一部分，在其向海外转移的初期，对国内就业有一定的影响，但是，随着海外生产规模的扩大，对国内就业就没有大的影响了。而且，对那些进口本国零部件或中间材料的海外投资，还会强化本国的国际竞争力，间接地扩大本国的就业岗位。

逆贸易导向型对外直接投资是指因为关税壁垒或阻碍出口自由化等非关税壁垒而引起的克服贸易障碍型的对外直接投资。这是本国比较优势产业从出口转向对外直接投资，具有很大的出口替代效果，相应地减少了国内的就业岗位。所以，逆贸易导向型对外直接投资对国内产业空洞化有相当大的影响。

（三）投资企业的国际化程度

企业的国际化阶段一般分为出口阶段、当地生产阶段、当地化阶段和世界范围的网络化阶段。随着国际化阶段的深入，它对投资国产业空洞化的影响很大。企业在国际化的初期阶段，由于投资国的企业与海外子公司间的关系比较密切，对投资国产业空洞化的影响并不大。在当地化生产阶段，资本转移或工厂建设对投资国的机器等中间材料需求增大，对投资国的国际收支或就业影响效果不大。但是，当其发展到当地化阶段，技术转移或传播，对本国产业空洞化的影响就比较大了。当地化阶段一般会发展到工厂装备、零部件需求和经营管理都在东道国本地实现。装备工程的当地化，如果低水平的技术转向东道国，关键的技术在投资国，反而会促进投资国的技术积累。但是如果零部件工程当地化，原本从投资国进口的零部件、中间原材料等在东道国当地采购，则会对投资国的产业空洞化产生影响。经营管理的当地化是子公司与母公司经营分离的阶段，因此对投资国的产业空洞化有着很大的影响。世界范围的网络化阶段是企业的生产和研究开发等所有经营活动都从世界范围的效率最大化角度出发，并不考虑原投资国的国际竞争力，因此对投资国产业空洞化具有更大的影响。

第二节　对外直接投资对韩国国内产业空洞化的影响

一　韩国产业空洞化的特点

产业空洞化并不是韩国所特有的现象，是发达国家经济发展过程中出现的自然经济现象。但是，韩国的产业空洞化与其他发达国家产业空洞化比较，进展程度如何？发展速度怎样？通过比较分析，我们得出韩国产业空洞化的如下特点。

第一，韩国已经进入产业空洞化阶段，与其他发达国家进入产业空洞化相比，其制造业就业比重低，而附加价值比重较高。如表8.1所示，利用OECD Stan资料，对1970年以后各国的人均国民收入与韩国2003年的人均国民收入、制造业就业比重和附加价值比重进行了比较。韩国2003年制造业就业比重和附加价值比重分别为19.0%和26.4%。芬兰1972年人均GDP为1.2213万美元，与韩国2003年的人均GDP相似，制造业就业比重和附加价值比重各为24.2%和25.8%。

从表8.1中可以看出，韩国制造业就业比重和实际附加价值比重与其他国家相比较，就业比重相对较低，而附加价值比重相对较高。与韩国收入水平相近的西班牙和希腊，当年的制造业就业比重较低，分别为18.1%和14.3%。

表 8.1　　　　　　　　制造业就业及附加价值比重的国别比较　　　　　　（美元;%）

国别	年度	人均 GDP	制造业就业比重	实际附加价值比重
韩国	2003	12245	19.0	26.4
澳大利亚	1976	14193	23.2	25.0
比利时	1972	12199	30.4	29.0
加拿大	1970	12737	22.9	21.3
瑞士	1990	33030	-	20.8
捷克	1995	5017	26.4	23.2
丹麦	1970	18042	25.9	20.2
西班牙	1995	12239	18.1	18.6
芬兰	1972	12213	24.2	25.8
法国	1971	12369	25.7	28.5
英国	1971	13110	30.1	30.7
德国	1991	20271	27.5	27.4
希腊	2003	11506	14.3	11.4
匈牙利	2003	5160	23.6	22.2
爱尔兰	1989	12463	19.7	26.3
冰岛	1991	25008	17.2	16.1
意大利	1979	12586	29.1	30.0
日本	1970	17378	26.0	33.7
卢森堡	1985	21812	22.7	21.8
墨西哥	2003	5802	-	17.8
荷兰	1970	12828	25.1	25.2
挪威	1970	14444	23.2	21.0
新西兰	1995	12494	19.4	18.0
波兰	2002	4460	17.3	17.6
葡萄牙	2003	10295	19.6	16.5
斯洛伐克	2003	4263	25.0	20.8
美国	1970	18150	22.6	23.4

注：1. 以韩国 2003 年人均 GDP 1.2245 万美元为基准，制造业就业及实际附加价值比重的比较。

2. 各国在具有相似水平的人均 GDP 年度做各项比例的比较，人均 GDP 比较大的国家以最初产业空洞化的年度做比较，小国的资料以最近年度数据做比较。

3. 人均国民收入以 2000 年实际 US 为基准。

资料来源：World Development Indicators online data; OECD Stan online data.

第二，与美国和日本相比，韩国的制造业就业比重和附加价值的下降幅度和速度，都体现出较快的发展趋势。例如，制造业就业比重由 1989 年的 27.8% 下降到 2003 年 19.0%，下降幅度为 8.8%，附加价值的比重从 1988 年的 30.7% 下降到 2003 年的 26.4%，下降幅度为 4.3%。因此，如果根据制造业就业比重的减少来定义产业空洞化，那么韩国的产业空洞化的发展速度是很快的。

第三，从经济发展阶段看，韩国比较早地进入了产业空洞化时期。表 8.2 比较了各国产业空洞化开始时期的人均国民收入。以 2000 年不变价格计算，韩国从 1989 年开始，制造业就业比重就开始下降，出现产业空洞化的现象，这一年的人均国民收入为 6130 美元。而美国进入产业空洞化的 1966 年人均国民收入为 1.6417 万美元；日本 1973 年开始出现产业空洞化，这一年，其人均国民收入为 2.529 万美元。此外，英国 1970 年进入产业空洞化时期，当年其人均国民收入为 1.5493 万美元。即大部分国家都在人均国民收入超过 1.5 万美元阶段，开始正式进入产业空洞化时期，而韩国却在人均国民收入仅为 6000 美元时就开始出现产业空洞化的现象。因此，与其他发达国家相比，它过早地进入了产业空洞化时期。

表 8.2　　　　　　　　产业空洞化与人均国民收入的变化速度

国别	开始年度	制造业就业比重（%）			变化（%P）	人均国民收入			变化
	(T)	T－10	T	T＋10	(T：T＋10)	T－10	T	T＋10	(T：T＋10)
韩国	1989	22.8	27.8	19.8	－8.0	3322	6130	10117	3987
美国	1966	25.4	26.1	22.1	－4.0	－	16417	20671	4254
日本	1973	23.8	27.0	23.7	－3.3	10616	20575	25290	4715
西德	1970	36.9	38.1	33.7	－4.4	－	12336	15702	3366
法国	1974	27.0	27.0	22.6	－4.4	9552	13720	16574	2854
意大利	1980	26.9	27.0	22.0	－5.0	9558	12998	16176	3178
英国	1970	33.5	33.5	27.7	－5.8	11657	12916	15493	2577
芬兰	1980	22.8	24.9	20.2	－4.3	11166	15431	19970	4539
中国台湾	1987	29.5	35.0	28.0	－7.0	－	－	－	－

注：1. 就业比重和开始年度是利用 OECD Stan 资料。人均国民收入是以 World Development Indicators 2000 年美元不变价格计算。

2. 美国 T－10 就业比重以 1960 年为基准。

3. 在人均国民收入中，日本的 T－10 以 1965 年，西德 T 以 1971 年，英国 T－10 以 1965 年为资料。

第四，韩国产业空洞化发展速度过快。表 8.2 显示了以制造业就业比重最高的年度为中心，比较其前后 10 年的制造业就业比重及其人均国民收入。韩国产业空洞化开始的 1989 年与后 10 年制造业就业比重相比，从27.8% 下降到 19.8%，下降幅度为 8.0%。这与其他发达国家相比，其产业空洞化的进展速度是非常快的。美国产业空洞化在开始的 10 年期间，制造业就业比重下降幅度为 4.0%，日本为 3.3%，英国为 5.8%。与韩国经济发展过程类似的中国台湾比较，其产业空洞化开始的时间是 1987 年，制造业就业比重为 35.0%，比韩国 1989 年的 27.8% 要高出很多，而且中国台湾其后 10 年的减少幅度为 7.0%，比韩国减少幅度还要低。因此，韩国产业空洞化并不是单纯处在进展中，而是存在着发展速度过快的问题。

二　韩国企业对外直接投资对产业空洞化的影响

（一）对外直接投资对国民经济产业空洞化的影响

韩国企业对外直接投资对国民经济的影响，可以从对外直接投资对韩国国内制造业的影响角度分析，因为韩国的制造业无论在国内产业还是对外直接投资中都占有很大的比率。虽然韩国国内的制造业企业数和附加价值仍保持持续的增长，但增长率已放缓。在 20 世纪 90 年代初，制造业吸纳劳动力的能力就开始下降，尽管制造业的经济竞争力在金融危机以后又急剧上升，但2000—2003 年持续停留在低水平阶段，2004 年开始又有所回升。

关于对外直接投资对国民经济的副作用，应主要分析其对国内产业结构和出口的影响。当对外直接投资主要是为了满足国外市场需求时，就要考察对外投资对出口是起替代作用还是互补作用，进而分析其对国内生产和就业的影响。如果在国内能够生产并且能用于出口的产品，却还要转移到海外生产，此时，对外投资就起着出口替代的作用。同时，相应地就会减少国内的生产和就业。如果将缺乏竞争力，又不能出口的商品移至海外生产，此时，对外投资反而会促进本国零部件和中间原材料的出口，同时促进国内的生产和就业，就会对出口起互补的作用。

韩国的对外直接投资最初是资源开发型的，并不影响国内的出口。制造业对外投资的初期是追求生产效率、规避贸易壁垒。其结果是减少了相关产业的生产和出口，同时有些企业被兼并到生产要素和附加价值高的主力产业中，促进了资本和技术集约型主力产业的发展。国内丧失出口竞争力的产业向海外转移，海外生产对出口的替代作用是较小的，特别是间接地促进了重化学工业部门的出口。并且，重化学工业在海外投资的扩大，确保了海外市场，实现了规模经济，提高了效率，对国内经济产生了积极的影响。这一时期，对外直接投资所产生的积极作用是主力产业通过国际分工实现了国内产业结构的优化。当国内优势产业的一部分生产过程向海外转移时，海外生产和国内生产就存在着分工联系。通过海外生产的国际分工有两种形态。一种是水平分工，即丧失国际竞争力的产品在海外利用廉价的资源从事生产，在国内进行高附加价值产品的开发和生产。另一种是垂直产业内分工，例如，核心产品和中间材料在国内生产，劳动密集型的装配工程在海外完成，或者简单的零部件在海外生产，在国内完成最终产品的生产。这样的国际分工就形成了国内母公司专门生产高附加价值的产品，优化了国内产业结构。这就使国际分工体系进一步扩散，减少了丧失竞争力产品的出口，扩大了海外生产所必需的零部件、中间原材料的出口。实际上，韩国企业在海外生产所需原材料的38%都是从韩国进口的，2002年，它与中国及东盟国家的企业内贸易占总贸易额的46%，实现了相当于36亿美元的顺差。①

　　韩国企业的海外投资对国内新产业的产生及对产业空洞化的良性发展都有一定的影响。制造业附加价值比重在大部分发达国家中是持续下降的，降幅大约在15%—20%，而韩国在金融危机后降幅还进一步加大，维持在30%左右。2001年，制造业出口值与GDP的比重，美国为6.6%，日本为9%，英国为19%，而韩国却高达35%。2001年，制造业就业比重，美国为13%，日本为20%，英国为15%，而韩国却高达26%。② 同时，国内服务业的发展水平还很低，生物、环境、纳米等新产业与发达国家的差距很大。因此，韩国还没有出现替代制造业的优势产业。目前，很难看到韩国制造业发展放缓和产业结构高度化进展的趋势，从国民经济发展状况来看，尽管从国内就业状况能考察出产业空洞化的进展状况，但很难预测其国内产业空洞化的良性发展趋势。

　　（二）对外直接投资对个别行业产业空洞化的影响

　　1. 制鞋业：对外直接投资加速了国内产业空洞化

　　（1）韩国国内产鞋量大大减少，对外投资急剧增加。如图8.1所示，

---

① 《韩国制造业产业空洞化加速及其应对方案》（研究报告），三星经济研究所，2003年。
② 同上。

1988 年，韩国制鞋业的发展达到了顶峰，之后其生产出现了不断萎缩的趋势。现在，制鞋用的零部件及中间原材料生产部门与 20 世纪 80 年代相比没有发生太大的变化，但是成品鞋生产大规模向海外转移，国内成品鞋生产企业个数从 1995 年的 1809 个减少到 2001 年的 1685 个，减少幅度为6.5%。特别是，2002 年成品鞋的生产量仅仅相当于 1975 年的 47.5%，1988 年的 11%，因此，韩国国民忧虑国内将流失制鞋产业的根基。这是由于 1988 年以后，国内工资急剧上升、频繁的劳资纠纷等现象，导致制鞋业大量向海外投资。如表 8.3 所示，韩国制鞋业对外投资金额除 2003年稍有回落外，一直处于上升趋势，投资额从 2002 年的 6432 万扩大到2006 年的 9333 万，增幅达 45%。2007—2013 年，韩国制鞋业的对外投资一直处于起伏波动阶段，没有大的发展。

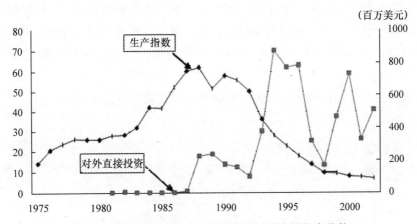

图 8.1　韩国制鞋业国内生产指数及对外直接投资趋势

注：生产指数以 2000 年＝100 为基准。

资料来源：韩国统计厅、釜山鞋业振兴中心、三星经济研究所。转引自《韩国制造业产业空洞化加速及其应对方案》，三星经济研究所，2003 年。

表 8.3　　韩国制鞋业 2003—2012 年对外直接投资状况　　　　（项；千美元）

年份	项目数	投资额
2003	64	55120
2004	85	56425
2005	81	121227
2006	83	93334

续表

年份	项目数	投资额
2007	60	79490
2008	30	84566
2009	13	61213
2010	31	73863
2011	31	172179
2012	14	65522

资料来源：韩国进出口银行，海外投资统计（www. koreaexim. go. kr）。

（2）从出口量占世界第一位产业转向贸易赤字的产业。1990 年，其产值达 41. 64 亿美元，在世界市场上占有率第一。随后，出现国内成品鞋生产和出口减少、进口增加的现象。从 2002 年下半年开始，制鞋业贸易收支出现赤字。在进口鞋中很大部分是韩国企业在海外生产又返销到国内的。由于使用中国产的低价原材料，韩国国内制鞋用零部件及中间原材料的出口，从 2000 年开始出现不断减少的趋势。韩国每年鞋的需求量为1. 3 亿双，国内生产不超过 1. 2 亿双，1000 万双需要进口，因此，在对外直接投资增加的情况下，韩国制鞋业贸易收支持续出现赤字。

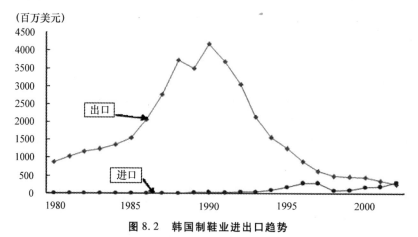

图 8.2　韩国制鞋业进出口趋势

资料来源：韩国贸易协会、三星经济研究所。转引自《韩国制造业产业空洞化加速及其应对方案》，三星经济研究所，2003 年。

（3）以 OEM 为主的劳动密集型生产方式是产业空洞化的原因。国内制鞋产业以粘贴订货者商标的方式（OEM）生产占95%。像 NIKE 这样大型的定货厂家提出价格条件，转移生产地点，转向从中国、东南亚等价格低廉的国家订货，这些国家的价格比韩国低大约40%。特别是居世界产鞋第一位的中国，用2008年的价格比较，中国产鞋单价为4.69美元，韩国为13.35美元，仅占韩国的36%。

表8.4　　**中国和韩国生产鞋单价比较（中下等价位，2008年）**　　　（美元）

国别	Upper	Outsole	剪裁等制作	其他	码边	单价
中国	1.54	0.78	0.91	0.96	0.50	4.69
韩国	2.80	3.50	4.90	1.15	1.00	13.35

注：Upper 是鞋的上面部分，Outsole 是鞋的底部部分。

资料来源：三星经济研究所（www.seri.org）。

制鞋工程的自动化率很难提高，工资的提高，回避 3D 业种，劳资纠纷等国内劳动力市场生产条件的恶化，是国内制鞋行业海外投资的决定性因素。最近，除了工资、零部件等生产费用之外，还有关税及政策性环境等原因，因此，韩国国内的制鞋行业向东南亚的发展势头令人关注。东南亚与美国签订了关税协定，在韩国完成产品生产过程的50%—80%，然后，在东南亚完成最终成品，再出口到美国。

2. 纤维产业：对外直接投资加速了国内产业的空洞化

（1）生产基地向海外急速转移，加速了国内产业的空洞化。如图8.3所示，1985年，纤维产业对外直接投资总额不超过103万美元，由于缺乏劳动力及工资的上升，1990年，其海外投资总额达到5.5亿美元，直到1993年，一直维持在3亿美元。2002年，纤维产业累计海外投资额达到23.6亿美元，占制造业总体投资额的11.1%，投资项目数占21.7%。此后三年投资金额逐步扩大，仅纤维服装类，如表8.5所示，到2005年投资金额达到3.37亿美元，占制造业投资比重的9.4%。而且，国内从事纤维产业的企业数1997年为41万，2001年减少到37万。进一步观察，2006—2013年，韩国纤维服装业的对外直接投资在起伏波动中前行，2009年，由于金融危机，韩国纤维服装业的对外投资明显减少，2010年开始复苏，2011年和2012年投资明显增加，两年都达到了300多万美元。

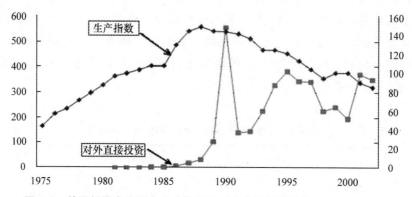

图 8.3　韩国纤维产业国内生产指数及对外直接投资趋势　（百万美元）

注：生产指数以 2000 年＝100 为基准。

资料来源：韩国统计厅、三星经济研究所。转引自《韩国制造业产业空洞化加速及其应对方案》，三星经济研究所，2003 年。

表 8.5　　　　　2002—2005 年纤维服装业的对外直接投资状况 （项；百万美元;%）

	2002		2003		2004		2005	
	项目数	金额	项目数	金额	项目数	金额	项目数	金额
纤维服装	292	192	313	244	326	340	391	337
比重（制造业）	18.3	11.1	17.5	11.2	14.7	10.0	18.7	9.4
增长率	42.4	−31.8	7.2	26.9	4.2	39.7	19.9	−0.9

表 8.6　　　　　2006—2009 年纤维服装业的对外直接投资状况　（项；百万美元）

	2006		2007		2008		2009	
	项目数	金额	项目数	金额	项目数	金额	项目数	金额
纤维服装	265	243	219	219	89	227	47	96

资料来源：韩国进出口银行，2010 年海外直接投资动向（www. koreaexim. go. kr）。

表 8.7　　　　　　　2010—2013 年纤维服装业的对外直接投资状况 　（项；百万美元）

	2010		2011		2012		2013	
	项目数	金额	项目数	金额	项目数	金额	项目数	金额
纤维服装	73	172	92	307	77	315	82	285

资料来源：韩国进出口银行、2014 年海外直接投资动向（www.koreaexim.go.kr）。

（2）20 世纪 90 年代中期以后，纤维产业加速了设备投资减少→设备落后→生产效率下降→设备投资减少的恶循环。并且，国内缺乏技术开发性投资，高品质及高附加价值产品的转换能力降低，中下等品质的产品被中国、东南亚等发展中国家所占有。同时，纤维产业整体出现发展缓慢的状况，恢复设备的投资资金的获得也是很困难的。

（3）韩国企业在海外生产返销到国内的产品数量增加，贸易收支顺差减少。纺织品贸易收支顺差从 1995 年的 82 亿美元减少到 2002 年的 72 亿美元，同期，服装类贸易顺差从 37 亿美元减少到 15 亿美元。同时，虽然维持了出口总量，但出口商品单价在下降，出口单价从 1997 年 5.8 美元/公斤下降到 2002 年 4.7 美元/公斤。[①]

（4）中下等产品被中国占有，高端产品被意大利和日本占有。最近几年，中下等价位的产品大量从中国、东南亚国家进口。据统计，2002 年进口的中国产服装占 76.8%。随着国内对高品质服装需求的增加，韩国大量从意大利、法国等国家进口服装产品。

3.家电产业：实现了迅速的技术转换，防止了国内产业空洞化

（1）增加对外直接投资，保持国内生产基础。如图 8.4 所示，家电产业的对外直接投资从 20 世纪 90 年代后半期开始迅速增长，到 2001 年达到顶峰。国内生产指数在 20 世纪 80 年代末出现波动，但趋势比较平稳。金融危机以后，国内生产有所减少。

---

① 《韩国制造业产业空洞化加速及其应对方案［研究报告］》，首尔三星经济研究所，2003 年。

（百万美元）

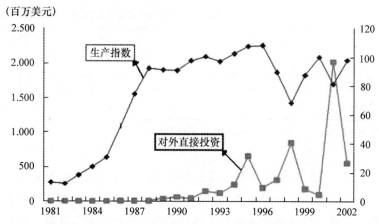

图 8.4 韩国家电产业国内生产指数及对外直接投资趋势图 （百万美元）

注：生产指数以 2000 年 = 100 为基准。

资料来源：韩国进出口银行、韩国统计厅。转引自《韩国制造业产业空洞化加速及其应对方案》，三星经济研究所，2003 年。

（2）一般技术的家电产品转向海外生产。录音机的生产线全部转移到海外，白色家电生产量的 50% 由海外生产。例如，三星电子的冰箱、空调、洗衣机的海外生产比率分别是 55%、53%、67%（2002 年生产状况）。另外，在小型家电市场上，中国产品占有很大的比率。

（3）早期，韩国国内家电产业就已经实现了数字转换，进而抑制了国内产业的空洞化。韩国国内减少一般技术水平的家电产品的生产，增加了数字化产品的生产。2002 年一般类 TV 生产与 2000 年相比减少了 12%，与同期相比 VCR 减少了 60%。同时，2002 年与 2001 年相比平板 TV 增长了 860%。低附加价值产品的生产线向海外转移，扩充国内的高附加价值的生产线。如 LG 电子、监视器的生产线转向泰国，同时建立了 PDP 工厂。而且，国内家电产业结构的高度化，维持了贸易顺差的增长趋势。贸易顺差从 1998 年的 60 亿美元，增长到 2001 年的 72 亿美元，2002 年进一步扩大到 77 亿美元。[①]

4. 装备制造业：显露产业空洞化趋势

（1）以内需为主的机械产业，在金融危机后，企业设备投资剧减，

———————————

① ［韩］朴正浩（박정호）：《海外直接投资对国内产业空洞化的影响》，韩国《社会科学》2005 年第 10 期。

促进了产业空洞化。机械工业的国内市场发生了很大的变化，由于政府订购产品，受政府保护，到 1996 年为止生产数量持续上升。在金融危机以后，由于国内需求剧减，大宇、起亚汽车等大型企业的倒闭，国内第一次发生了机械产业基础崩溃的局面。海外直接投资到 1996 年也达到顶峰，此后随着金融危机的发生，到 1998 年到达谷底，从 2002 年开始持续上升，2005 年对外直接投资额达到 2.55 亿美元。

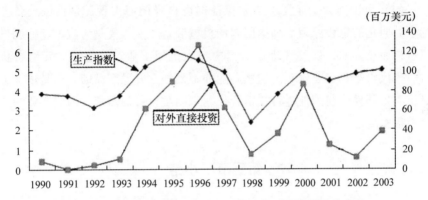

图 8.5　韩国装备制造业国内生产指数及对外直接投资趋势

注：生产指数以 2000 年 = 100 为基准。

资料来源：韩国进出口银行、韩国统计厅。转引自《韩国制造业产业空洞化加速及其应对方案》，三星经济研究所，2003 年。

表 8.8　　　　　　　装备制造业 2002—2005 年海外直接投资　　　（项；百万美元；%）

	2002		2003		2004		2005	
	项目数	投资额	项目数	投资额	项目数	投资额	项目数	投资额
机械装备	150	129	202	194	273	270	278	255
比重（制造业）	9.4	7.4	11.3	8.9	12.3	8.0	13.3	7.1
增长率	10.3	8.0	34.7	49.9	35.1	39.2	1.8	−5.4

资料来源：韩国进出口银行，海外投资动向（www.koreaexim.go.kr）。

（2）2003 年，随着汽车、IT 等产业的设备投资和出口的增加，国内机械产业生产获得了恢复。同时，中国汽车等产业的高速发展，韩国对中国的机械产品出口也得到大幅度增加。

（3）机械产业的内需依存度很高，而且受到其他产业空洞化的很大影响。由于韩国装备制造业的出口比例不超过30%，产业空洞化与否受到国内汽车、电子等内需产业生产水平很大的影响。与之相比，日本机械装备工业的出口比重是77.3%，德国是53.1%，意大利是45.1%，因此韩国的装备制造业的出口比重很小。[①] 近年来，尽管韩国中下等级机械产品的出口量有所扩大，但是，中国机械工业的进一步发展，也将成为韩国的竞争对手。

（4）以国内大企业需求为主保证国内自身的需求量，是机械装备业竞争力弱化的重要原因。韩国国内的机械装备工业主要是为汽车产业提供原材料而设立的，以替代进口。国内三大机械工业产业包括大宇综合机械、现代汽车和起亚汽车。这些企业并不是独立开发产品的，而是依靠进口核心零部件，与国外进行技术合作，来满足自身的需求，因此产业的竞争力很脆弱。

第三节　小结

在世界经济全球化的发展趋势下，海外生产是决定经济竞争力的重要因素之一，通过海外生产、销售、研究开发、与当地企业合作投资及战略性国际联盟，来构筑全球化的生产网络体系。韩国企业为了在激烈的竞争中生存，不管国内是否形成产业空洞化，仍继续向海外扩张。但是韩国国内产业是否产生空洞化，主要在于韩国的产业结构能否适应经济全球化的产业发展。同时应该看到，产业空洞化是经济发展过程中的一种自然现象，因此重要的是如何应对，如何使其进程延缓，减少其副作用。特别是，一旦产生了产业空洞化，就很难克服其弊端，因此韩国目前重要的是如何预防。特别是，为防止制造业空洞化向技术空洞化转移，必须在韩国国内不断进行技术的研究、开发与革新，使国民经济的产业结构得到优化，避免形成技术空洞化。

如果把失去国际竞争力的产品转移至海外进行生产，国内还没有产生相应的可替代的新产业，或新的技术没有得到开发运用，那么必然会萎缩

---

① ［韩］朴正浩（박정호）：《海外直接投资对国内产业空洞化的影响》，韩国《社会科学》2005年第10期。

国内的生产和就业。韩国的对外投资规模与海外生产的比重并不高，因此不能预测其国内很快就会形成产业的空洞化。但是可以看到，韩国目前并不重视产业空洞化的产生，以及国内丧失竞争力产业的可替代新产业的创造和产业结构高度化的发展。因此，为了预防产业的空洞化，必须扩充社会间接资本，组织产业园地等来改善韩国国内的投资环境。尽管国内外投资是很重要的，但更重要的是建造世界化高效率的生产体系，并且能够研发具有国际竞争力的先进技术，不断形成研究开发、技术革新和具有国际竞争力的新产业的氛围。这样就会避免或延缓产业空洞化，建立起高科技的尖端产业，实现国民经济产业结构的高度化，并且使产业空洞化能够得到良性发展。

第九章 中韩对外直接投资比较

第一节 中国对外直接投资的历程

1979 年，中国确立了改革开放的对外政策，同年 8 月 13 日国务院颁发文件，提出了 15 项改革措施，其中 13 项明确指出：要出国开办企业。这是中国第一次把发展对外直接投资作为政策正式确定下来。从此，对外直接投资作为中国参与国际竞争与合作的重要方式逐步发展起来。1979 年 11 月，北京市友谊商业服务公司同日本东京丸一商事株式会社合资在东京开办了"京和股份有限公司"，建立了中国第一家国外合资企业，拉开了中国企业对外直接投资、跨国经营的序幕。

据中国对外经济和贸易合作部的统计，截至 2001 年 3 月底，中国各类境外投资企业累计已达 6682 家，协议投资额为 127.3 亿美元。其中中方投资 87.8 亿美元，累计签订对外承包合同 1026.4 亿美元。完成营业额 731.3 亿美元，累计签订对外劳务合同额 274.3 亿美元，已完成营业额 213 亿美元，累计外派劳工 256.4 万人次。2002 年伊始，中国对外直接投资的步伐明显加快，2002 年第一季度，中国新建各类境外企业 72 家，协议投资额 4.3 亿美元，其中中方投资 3.8 亿美元，分别同比增长 408% 和 552%；新签对外承包工程和劳务合同 35.8 亿美元，完成营业额 22.3 亿美元。分别同比增长 11.3% 和 9.2%，3 月末在外劳务人员为 45.9 万人，同比增加 9.7 万人。[①] 据商务部统计，截至 2002 年底，中国累计投资设立的各类境外企业达 6960 家，遍及 160 多个国家和地区，协议投资总额逾 138 亿美元，中方投资约 93 亿多美元（实际数量和金额远不止于此）；累计签订对外承包合同额 1148 亿美元，完成营业额 827 亿美元；累计签订

---

① 周可仁副部长报告《当前我国外经贸发展形势问题》，2002 年 4 月 26 日。

对外劳务合作合同额 295 亿美元，完成营业额 238 亿美元，对外派出劳务逾 273 万人次。①

除此之外，还有一些来源的统计数据显示，中国实际的对外直接投资额要远远大于这些数字。② 据联合国贸发会议《世界投资报告》提供的数据，到 1998 年底，中国对外直接投资的存量已达 220.79 亿美元。此外，国内外还有一些学者和机构对中国企业海外投资问题做过实证研究。这些研究得到的结论之一是，中国实际对外直接投资规模要远远高于官方统计的数据。例如，有人认为，中国私营企业的对外投资项目，绝大部分都没有批报。英国学者 David Wall 的研究表明，仅仅在中国香港地区，到 1996 年底，大陆的直接投资已经超过 400 亿美元。③

因此，MOFTEC 统计的数据大大低估了中国对外直接投资的规模。④ 笔者认为，以上这些数据的差异，一方面反映了两者统计口径上的差异；另一方面，也反映了在中国对外投资中存在大量的未经审批而对外投资的现象，即资本外逃。

总的来说，自 1979 年以来，中国的对外直接投资可以分为四个发展阶段。⑤

一　对外直接投资的自发探索阶段（1979—1984）

在改革开放初期，企业发展的重点从如何按政府指令生产转向按市场需求变动状况生产和经营，从对外开放的角度而言，重点是扩大进出口和利用外资，企业对外直接投资和经营无论是政府还是企业以及理论界都未

---

① 龚雯、王政：《"走出去"天高海阔》，《人民日报》2003 年 4 月 11 日第 1 版。

② 以上数据之所以产生较大的差异，可能是因为中国对外经济和贸易合作部（MOFTEC）的统计是申报并获得其批准的对外投资的初始额，而不是中国企业实际的对外直接投资额。因此它不包括以下一些内容：中国企业海外分支机构的收益再投资，中国企业海外分支机构对于第三国的投资，中国的私营企业和在中国的外商投资企业的对外直接投资，中国海外投资企业母子公司之间的公司间贷款，以及中国金融服务业的对外直接投资（这一项由中国人民银行审批）。

③ 江小涓：《"十五"期间我国对外投资趋势研究：全球背景、投资规模与重点选择》，《管理世界》2001 年第 1 期。

④ Zhang, James Xiaoning, "Transnationalization and Outward Investment: The Case of Chinese Firms," Box 1, p. 27, *Transnational Corporations*, Vol. 4, No. 3 (December 1995).

⑤ 关于中国对外直接投资的发展阶段的划分，国内学者也有一些不同的意见，本书主要借鉴了潘岳的"三阶段论"。参见潘岳主编《中国直接对外投资发展战略》，经济科学出版社 1998 年版。

对其的发展予以广泛注意。只是极少的企业，主要是外贸、外经公司，从自身经营发展的需要出发，开始在海外设立窗口企业，主要用途仍然是为贸易服务，方便往来。到 20 世纪 80 年代初，中国改革开放的力度进一步加大，政府有关部门明确了对外投资政策，一些大的外向型企业开始探索对外直接投资。但由于理论界对跨国经营与社会制度的关系还存在争论，理论界的探讨还处于讨论中国作为社会主义国家应如何发展对外直接投资阶段，因此还不能为企业的对外投资提出理论指导。改革开放初期的企业对外投资还处于自发探索阶段，此阶段参与对外投资活动的企业为数不多，对外投资的规模不大，兴办海外企业的数量也不多。

这一时期，中国企业对外投资的状况如表 9.1 所示。

表 9.1　　　　中国企业境外非贸易直接投资情况（1979—1984）

年份	1979	1980	1981	1982	1983	1984
企业累计数（个）	4	17	30	43	76	113
年投资总额（亿美元）	0.012	0.68	0.07	0.06	0.19	1.03
累计投资（亿美元）	0.012	0.692	0.76	0.82	1.01	2.04
累计中方投资（亿美元）	0.005	0.317	0.32	0.37	0.46	1.27
中资比重（%）	43.8	45.8	45.0	45.3	45.5	62.3

资料来源：转引自潘岳主编《中国对外直接投资发展战略》，经济科学出版社 1998 年版，第 4 页。

二　对外直接投资的起步阶段（1985—1991）

1985 年，中国对外经济和贸易合作部根据国务院的指示精神，制定了在国外开办非贸易型企业的审批管理办法，指出"只要是经济实体，有资金来源，具有一定的技术水平和业务专长，有合作对象人，均可以申请到国外开设合资经营企业"，从而使中国企业在境外的投资活动有章可循。1987 年底，国务院正式批准中国化工进出口总公司进行跨国经营试点，标志着中国企业对外直接投资由自发阶段转向自觉阶段。在此阶段，理论界关于对外直接投资的讨论重点转向如何高效开展，纷纷介绍国外企业成功的直接经验，介绍典型国家的法律法规和财税政策，探索中国企业对外直接投资的领域、方式，从而有效地促进了中国对外投资的发展。

这一阶段，中国对外直接投资状况如表9.2所示。

表9.2　　　　中国企业境外非贸易直接投资情况（1985—1991）

年份	1985	1986	1987	1988	1989	1990	1991
企业累计数（个）	189	277	385	526	645	801	1008
年投资总额（亿美元）	0.92	1.11	13.73	1.18	3.25	1.67	7.59
累计投资（亿美元）	2.96	4.07	17.8	18.98	22.23	23.90	31.49
累计中方投资（亿美元）	1.77	2.3	6.4	7.15	9.51	10.58	13.95
中资比重（%）	59.8	56.5	36.0	37.7	42.8	44.2	44.3

　　资料来源：转引自潘岳主编《中国对外直接投资发展战略》，经济科学出版社1998年版，第5页。

三　对外直接投资的迅速发展阶段（1992—1998）

1992年初，邓小平发表"南方讲话"，并于同年5月视察首都钢铁总公司，以及随后国务院批准首都钢铁总公司扩大海外投资和经营权，标志着中国企业对外投资进入了一个新的迅速发展阶段。首都钢铁总公司自20世纪90年代初以来在跨国经营方面取得了重大突破，到1993年底，在海外投资的企业已达12家，累计投资总额为1.8亿美元。特别是1992年首都钢铁总公司投资1.2亿美元收购了秘鲁铁矿，使之成为中国当时最大的境外投资企业（见表9.3）。

从目前境外企业发展的分布结构看，中国的境外企业所涉及的领域较为广泛。非贸易性企业包括资源开发（矿业开采、林业开发、远洋捕鱼）、加工装配、交通运输、工程承包、医疗卫生、旅游、餐饮等，遍布世界139个国家和地区，而且增长速度大大高于世界平均水平。据联合国跨国中心1991年度《世界投资报告》的统计，1984—1989年，全世界对外投资的年增长率为29%，而在此期间，中国的年增长率高达50%。20世纪90年代以来，中国的境外投资进入了迅速发展时期，增长速度更是大大高于世界年均增长率，这种增长速度在非石油输出国的发展中国家里是十分突出的，超过了大多数国家初期对外直接投资的增长率。这说明，跨国经营已成为中国企业重要的对外经济活动。

表9.3　　　中国企业境外非贸易直接投资情况表（1992 年至 1998 年 6 月）

年份	1992	1993	1994	1995	1996	1997	1998（1—6 月）
企业累计数（个）	1363	1657	1764	1882	1985		2220
年投资总额（亿美元）	03.515	1.918		4.942			
累计投资（亿美元）	35.005	36.923		40.237	45.179		
累计中方投资（亿美元）	15.903	16.87	17.632	18.696	20.695		26.3
中资比重				53.90	46.29		

資料来源：转引自潘岳主编《中国对外直接投资发展战略》，经济科学出版社 1998 年版，第 5 页。

四　对外直接投资的高速发展阶段（1999 年至今）

这一时期是中国"走出去"战略的提出和最终确定时期。这一时期，国家对外投资管理体制和政策环境也有重大改进。1999 年 2 月，国务院转发了原外经贸部、经贸部和财政部联合制定的《关于鼓励企业开展境外带料加工装配业务的意见》。这份文件从指导思想、工作重点、有关鼓励政策、项目审批程序和组织实施五个方面提出了支持中国企业以境外加工贸易方式"走出去"的具体政策措施。随后，国务院各有关部门又分别从财政、信贷、外汇和税收等方面制定了一系列具体的配套措施。这些都极大地促进了企业的对外直接投资活动，对外投资数量和规模快速增长。特别是 2005 年以来，对外直接投资的步伐不断加快。商务部统计显示，2009 年，中国非金融类对外直接投资额为 478 亿美元，同比增长 14.2%，相当于全球对外直接投资流量的 5.1%，位居全球第 5 位，居发展中国家（地区）首位。[①] 2013 年，中国投资流量首次突破千亿美元大关，蝉联全球第三大对外投资国，在全球外国直接投资流出流量较上年增长 1.4% 的背景下，中国对外直接投资流量创下了 1078.4 亿美元的历史新高，同比增长 22.8%，连续两年位列全球三大对外投资国。截至 2013 年底，中国 1.53 万家境内投资者在国（境）外设立 2.54 万家对外直接投资企业，分布在全球 184 个国家（地区），较上年增加 5 个；中国对外直接投资累计净额（存量）达 6604.8 亿美元，较上年排名前进两位，位居全球第 11 位。[②] 与此同时，一批有实力的制造业企业，如海尔、金城、中

---

① 《2009 年度中国对外直接投资统计公报》，中国商务部（www. mofcom. gov. cn）。
② 《2013 年度中国对外直接投资统计公报》，中国商务部（www. mofcom. gov. cn）。

集集团等，到境外投资办厂，组装与生产自己的产品，建立自己的销售网络，培育自己的品牌，不仅在国际市场上占有了一席之地，而且还形成了有效的国际化经营战略模式，为其他中国企业走出去积累了宝贵经验。

第二节　中国对外直接投资的特点与问题

一　中国对外直接投资的特点[①]

1979 年中国实行改革开放政策以后，中国企业对外直接投资才开始起步。但在整个 20 世纪 80 年代，中国实行的是计划经济体制，各级政府是经济操作的主体，直到 20 世纪 90 年代后，才开始向市场经济转轨，这些特定的社会经济条件，使得中国企业对外直接投资的特点有别于其他国家。

（一）起步晚，发展速度快

从中国企业对外投资的发展经历看，其显著的特点是起步晚，发展速度快。20 世纪六七十年代，当发展中国家和地区，主要是新兴工业化国家或地区，不再满足于仅仅充当发达国家输出资本的接受国，纷纷开始对外投资时，中国经济仍处于自我封闭之中。直到 1979 年实行对内搞活、对外开放政策后，中国经济的对外联系才有了实质性的进展，在大量吸收外资和国外技术的同时，开始进行对外直接投资。

尽管中国的对外直接投资并不像引进外资那样轰轰烈烈，但发展速度很快。1979—1993 年，中国的海外非贸易企业数量以年均增长率 49.45% 的速度发展，其中中方投资额以年均增长率 128%（不计算 1979—1980 年的增长率）的速度发展。从总体上看，中国企业的对外直接投资与经营超过了大多数发展中国家在最初 10 年的发展速度。如韩国从 1968—1980 年的 13 年里，对外投资仅有 363 项，投资总额只有 1.7 亿美元；印度在 1960—1980 年已投产和尚未投产的对外投资总金额为 9.9 亿美元；阿根廷在 1967—1977 年的 10 年里只批准对外投资金额 0.11 亿美元，到 1980 年 3 月 31 日为止，阿根廷投资于美国、德国等 19 个国家，投资项目 65 个，投资金额 0.5 亿美元；中国台湾地区在 1959—1978 年共投资 124 个海外项目，投资额近 5 亿美元；就是发达国家日本，其跨国经营的开始

---

① 关于中国对外直接投资的特点，本节在写作过程中较多的借鉴了潘岳的观点。参见潘岳主编《中国对外直接投资发展战略》，经济科学出版社 1998 年版。

阶段 1960—1969 年,其规模也不过每年递增 2.4 亿美元,仍低于中国的发展速度。相比之下,中国企业对外直接投资发展迅速,非贸易海外企业由 1980 年的 17 家,发展到 1998 年 6 月的 2220 家,累计投资额由 1980 年的 0.692 亿美元,发展到 1998 年 6 月的 26.3 亿美元。

(二)投资地区相对集中

中国对外直接投资项目的地区分布明显呈相对集中的结构特点。从 1996 年底中国批准海外直接投资的企业分布情况看,虽然遍布 139 个国家和地区,但投资额主要集中在澳大利亚、加拿大、美国、中国香港、泰国、俄罗斯、秘鲁、新西兰、南非、中国澳门。中国在这 10 个国家和地区的海外直接投资企业的投资总额都超过了 9000 万美元,其相加之和占投资总额的 78.7%。投资额超过 3000 万美元的国家和地区共有 17 个,其投资额相加之和占投资总额的 85.3%,也就是说,85% 的投资集中在 17 个国家,而分布在另外 122 个国家和地区的投资额只占 15%(见表 9.4)。

从企业数量的分布看,主要集中在亚洲地区、拉美国家和中欧,而亚洲地区主要集中在东盟、南亚和中亚:第一,港澳地区和东盟。仅中国港澳地区就集中了近 200 家企业,占对外投资额比重的 10% 左右。现阶段,中国在东盟的投资国主要有菲律宾和越南。

近年来,中国在菲律宾的投资逐步增多,现有生产企业十几家,主要在纺织、钻探、采矿、汽车、摩托车、发电站、水泥制品、采矿、商品检验、保险、房地产开发等行业。国内许多企业家已看到菲律宾的市场潜力,在菲律宾的投资积极性提高。目前,中国在越南投资所涉及的项目主要有化工、建材、饮食和服务业。合作领域还包括纺织、水电和渔业。1993 年批准外资项目资金 68.2 亿美元,在投资的 31 个国家中,中国排在第 20 位。第二,南亚。南亚八国(印度、巴基斯坦、孟加拉、尼泊尔、斯里兰卡、马尔代夫、不丹、阿富汗)经济处于上升阶段,被视为世界十大新兴城市之一。第三,中亚。中亚五国(哈萨克斯坦、乌兹别克斯坦、土库曼斯坦、吉尔吉斯斯坦、塔吉克斯坦)是中国的近邻,其中哈萨克斯坦、吉尔吉斯斯坦、塔吉克斯坦三国直接与中国接壤。目前,中国与中亚五国的经贸合作也已起步。第四,拉美地区。近年来,中国与拉美国家在经济技术和投资领域的合作进展顺利,在拉美的投资逐年增加,在拉美 24 个国家建立了 160 多家合资或独资企业,累计投资额达 3 亿美元,其中较大项目有秘鲁的铁矿开采、巴西的铁矿冶炼和木材加工、智利的鱼粉生产和阿根廷的自行车装配等。在巴西的炼铁厂和木材厂是中国目前在拉美地区独资、合资企业中规模较大的。第五，中欧地区。中欧地区以罗马尼亚为多。目前，中国在罗马尼亚注册的中资公司约3300家，注册资本达2000多万美元，其中约200家为国有公司。

表9.4　　　　　1996年底中国批准海外投资企业主要国家（地区）分布

国别（地区）	企业数量（个）	占总数比重（%）	投资额（万美元）	占总投资额比重（%）	户均投资额（万美元）
澳大利亚	91	4.5	123340.4	27.3	1356
加拿大	77	3.9	69993.3	15.5	909
美国	238	12	47440.4	10.5	199
中国香港	158	8	34933.1	7.7	221
泰国	134	6.8	20434.1	4.5	152
俄罗斯	227	11.4	19255.6	4.3	84.8
秘鲁	7	0.35	12507.5	2.7	1786.8
新西兰	12	0.6	9321.0	2.1	776.7
南非	28	1.4	92659	2	330.9
中国澳门	33	1.7	9053.9	2	274.4
马来西亚	64	3.2	5794.8	1.3	90.5
新加坡	61	3.1	5316.9	1.2	87.2
印尼	33	1.7	4757.9	1.1	144.2
日本	82	4	4268.2	0.9	58
尼日利亚	20	1	3446.4	0.8	172
韩国	15	0.76	3149.5	0.7	209.9
法国	14	0.7	3059.8	0.61	218.5
合计	1294	65.1	385338.7	85.3	297.8

资料来源：转引自潘岳《中国对外直接投资发展战略》，经济科学出版社1998年版，第8页。

　　这种相对集中的投资地区分布，反映了中国企业进行市场选择的共同的行为特征。一是避免风险，积累经验。这表现在大量的境外子公司集中在中国港澳地区上，这里紧靠大陆，无语言、文化障碍，基础环境好，信息灵通，成为中国企业学习、演练跨国经营的理想地点。二是寻求有潜力的大容量市场。比如直接进入美、日、德等发达国家市场，或者通过毛里求斯等无配额国家进入发达国家市场。三是发挥历史上形成的经济、技术和文化联系，巩固出口市场。比如对泰国、苏联、新加坡等国的直接投资。此外，一些拥有较多海外子公司的大型企业和企业集团，为了便于管理和控制，使其投资项目有意地相对集中，也是一个重要的因素。

（三）投资企业数量多、规模小

从截至 2001 年 3 月底中国批准的海外投资企业的统计数字看，中国批准海外投资企业 6682 个，而户均投资额仅为 190.5 万美元，中方投资额户均 131 万美元。[①] 截至 1996 年底，在中国海外企业分布的 139 个国家和地区中，中国海外投资企业户均投资超过 1000 万美元的只有两个国家：一个是秘鲁的投资企业，户均投资额达到 1786.8 万美元；另一个是在澳大利亚的投资企业，户均投资额为 1356 万美元。即使是投资额比较集中的 17 个国家和地区，户均投资额也只有 297.8 万美元，在绝大多数的国家和地区投资企业的户均投资额在 200 万美元以下，中方户均投资额不足 100 万美元，这种投资规模大大低于发达国家对外投资户均 600 万美元的平均水平，与发展中国家对外投资户均 140 万美元的平均水平亦有一定的差距。韩国的对外投资同中国的起步时期相近，但韩国对外投资企业的户均规模大大高于中国，如 1980—1989 年，韩国对外投资项目达 1046 项，投资金额达 34.5 亿美元，户均投资额为 329.8 万美元。苏联和东欧国家的海外投资企业的本国平均投资额为 140 万美元，也高于中国。这说明，尽管中国已有一批部属或中央直属大型生产企业和外贸公司开始涌现，但中国对外投资规模总体上仍以中小型企业承办的中小项目为主。当然，近年来也涌现出了一些大型项目，如首都钢铁总公司 1.2 亿美元收购秘鲁铁矿公司，中信公司在澳大利亚波特兰铝厂参股 10%（约 1 亿美元）。但其数量太少，若除去这几个上亿美元的项目，中国对外投资企业的平均规模更小。中国的跨国投资企业不要说和发达国家相比，就是与新兴工业化国家相比，我们的大企业也只能相当于它们的中小型企业。[②]

（四）投资行业多样化，但是以资源开发和加工业为主

中国企业海外投资所涉及的领域极为广泛，有林业、渔业、石油化工、冶金、轻工、电子、机电、承包工程、房地产、交通运输、建筑工程、金融、保险、医疗卫生、餐饮、旅游咨询服务、工艺美术、服装加工、技术服务等行业。但是主要集中在资源开发和制造加工业中。据不完全统计，中国对外直接投资的大约一半投入了资源开发领域。中国最大的海外投资企业的主要投资额都集中在资源开发和制造加工工业中，如钢铁

---

① 根据周可仁副部长报告《当前我国外经贸发展形势问题》的数字计算得出。

② 潘岳：《中国对外直接投资发展战略》，经济科学出版社 1998 年版，第 8 页。

工业。中国冶金进出口公司投资 1.12 亿美元，与澳大利亚合资建立恰那铁矿，总投资 2.8 亿美元，中方资金占 40%，合作期限 30 年。首都钢铁总公司斥资 1.2 亿美元收购秘鲁铁矿；中国国际信托投资公司通过中信加拿大公司与加拿大鲍尔公司、巴瑟斯特公司联手成功地收购了塞尔加纸浆厂等，都说明中国海外投资的重点是资源开发业。

自 20 世纪 80 年代后期开始，中国企业的海外投资产业结构与投资主体所在行业之间的相关关系正在发生变化，出现了"交叉进入"或"跨行业进入"的多样化趋势，这也是国内企业在面向市场经营过程中经营领域的延伸。具体表现为：第一，外贸专业公司逐步扩大海外制造加工业的比重，如中国化工进出口总公司，在发展海外贸易分支机构的同时，向生产领域拓展。在美国购买了一家炼油厂、一家化肥厂，在泰国兴办了橡胶厂和肌醇厂等。第二，工业企业向贸易业及其他行业拓展，如首都钢铁总公司除在海外兴办钢铁企业之外，其经营领域涉及以机械工程设计、航运、海产、服装和综合贸易等多个不同的领域。第三，以劳务输出、承包工程为主的各地对外经济技术合作公司，逐步向轻工和机电行业拓展。第四，在海外投资项目中，非贸易性项目明显增多，占总投资项目的近 50%。

由于中国在纺织、服装、制鞋、家具和珠宝加工等领域有一定的优势，投资资金少，见效快，技术要求又适合发展中国家的经济水平和市场需求能力，所以加工制造业已成为中国对外直接投资较为集中的部门。

（五）投资经营主体结构复杂

从中国对外投资企业的行业类别、产权类别、行政隶属关系等方面看，中国对外投资经营的主体结构复杂。按所有制分类，有国有企业、乡镇集体企业、股份制企业、中外合资企业，还有私营企业；按行政级次划分，有中央部委所属企业、地方（省、市、地、县）政府所属企业；按专业分类，有专业外贸公司、生产性企业、非银行性金融机构，如国际信托投资公司等，还有科、工、贸一体的国际经济技术合作公司等；按规模分类，有大型公司和企业集团、中型企业、小型企业。这反映了中国对外开放后多种经济成分的共同发展及其在对外经济活动中的积极作用和影响。

（六）投资形式以合资企业为主，市场进入以新建企业为主

从 1996 年底的 1985 家海外投资企业的注资情况看，中方投资额占投资比重仅为 47.6%，这表明中国海外投资企业的投资形式以合资为主，且入资比例没有达到 50%。但是中方企业在力争加大投资力度，1996 年批准的 103 家

企业的投资总额为49414.2万美元，中方资金占59.4%。据统计，在同期中国对外直接投资企业中，合资企业占70%以上，独资企业占20%左右，其他合作企业不足10%。中国海外投资的独资企业绝大多数分布在发达国家和非洲及拉丁美洲的发展中国家，一般以中国专业外贸公司建立的海外子公司居多。中国专业外贸公司由于工作独立性强，一般都以独资的形式在东道国注册。随着生产性项目的增加、经济规模的扩大和国际竞争的加剧，以独资形式难以完成跨国经营和取得良好的经济技术效果，因而国内大型生产性公司或企业集团在东道国采用合资或合作形式较多。绝大多数中国对外投资企业除拥有合资企业部分股份外，一般参与生产和经营管理活动。有些大型中国跨国公司利用现代化融资手段在国际市场上筹措资金，作为股份加入合资企业。据统计，在中方出资额中有2/3的企业是以技术、设备、无形资产折股，这样不仅可以节省大量外汇，而且可以充分利用东道国和国际市场的资金进行生产，多渠道地解决中国跨国公司资金不足问题。

至于海外投资企业的市场进入方式，则以创建新企业为主，购并东道国的企业少。据统计，中国对外投资企业中创建新企业的占80%左右。而购并设立的只占20%左右，远低于发达国家和新兴工业化国家高于50%的比例。从发达国家或大型跨国公司的投资方式看，合资、购并占主流。尤其是20世纪90年代，跨国并购风起云涌，充分显示了世纪之交跨国投资经营战略的主旋律。

二　当前中国对外直接投资存在的主要问题

在肯定中国海外投资已经取得历史性成绩的同时，也应该看到其所存在的许多问题，以便寻求正确的发展战略和对策。中国海外直接投资所存在的问题主要表现在以下几个方面。

（一）政府对海外直接投资缺乏统一的宏观管理和规划布局

中国海外企业虽已达到6000多家，散布于世界130多个国家和地区，但政府对海外投资缺乏成熟的政策导向机制，又未制定完善的对外投资法规。中国的海外直接投资大多是根据各种渠道的非系统化的信息进行的，致使海外企业在产业结构和地区结构的分布上不尽合理，充满着无序性和随机性。

1. 缺乏统一高效的宏观管理与协调机构

中国没有一个统一有效的对外直接投资宏观协调管理机构，海外直接投资由财政部、商务部、国家外汇管理局、中国银行及中央各部门、各地方政府负责管理，各管一段、各管一块、一事一议、多头管理。这种多元化、分散化的管理体制，造成了办事效率低下和各类管理资源的浪费。

2．缺乏完整而系统的海外投资法规

中国至今尚未出台一部较完善的对外投资法，还没有形成完善的对外投资法律体系，致使管理中无法可依、无章可循的现象频频出现，导致跨国投资在一定程度上的混乱无序，大大束缚了中国企业对外直接投资的积极性和主动性。

3．没有明确而具体的战略规划

中国在海外投资的总体战略方面缺乏统筹规划，国家没有根据对外经贸所处的历史阶段和中国经济技术的特点，明确现阶段海外投资的总体指导思想，包括海外投资的方向、重点、规模以及战略等；也没有根据现行产业政策和多元化外贸战略，制定与之相适应的海外投资的行业导向和国别导向；没有形成一整套的政策体系对跨国投资加以引导、协调和进行统筹安排；在信息、保障等方面的服务措施也大大滞后。由于指导思想和政策导向都不明确，国家也就不能运用经济手段和政策手段有效地引导企业的对外直接投资活动。

（二）海外直接投资企业的微观基础不健全，经营一体化程度低

中国现在的海外直接投资企业，多数不是企业生产经营活动向国际市场的自然延伸，而是按国家指令性计划去经营选定项目，是中国式企业在国外的延伸，这必然会导致政府过多的行政干预，企业缺乏内在的动力机制，不能根据国际市场变化承担风险、主动经营。所有这些问题的症结都归于海外企业缺乏作为独立利益主体自主经营的内在动力机制，行为脱离了国际市场的运行规律，从而难以对市场作出灵敏、有效的反应，缺乏竞争能力，难以成为真正意义上的跨国公司。

1．跨国企业缺乏应有的经营自主权，无法对国际市场形势的变化作出灵活的反应

跨国企业面对的是瞬息万变、竞争激烈的国际市场，要求经营者必须灵活应变，迅速决策。目前，中国从事跨国经营的企业及其海外分支机构缺乏充分、必要的生产经营自主权，包括外贸、对外投资、筹资、融资和人事管理等方面的权力，而这些生产经营自主权对外国公司来说早已具备，这不仅使中国跨国企业在与外国跨国公司的竞争中处于十分不利的地位，而且还严重阻碍了中国海外投资和跨国经营的发展。

2. 中国对外直接投资企业的经营管理体制不健全

（1）在人员结构上，中国多数海外投资企业的经营管理人员只能从母国选派，不能实现本地化。而对于国际性企业和机构，一般来说，其投资母国只派少量管理人员，多数靠当地雇佣，这就要求母国派出的人不仅要知识全面，还要有管理外国员工的能力和水平，但在这方面很多中资企业难以做到。跨国公司管理的最新趋势表明，跨国公司组织实现了全球化与最高管理多元化的平行发展，一些大的跨国公司董事会成员来自多个国家，高层管理人员从世界各国最优秀的人员中选拔，跨国公司正向无国界企业方向转化，中国的跨国经营企业还没有一家能跟上这种发展的步伐。

（2）在管理水平上，中国企业的管理经验、管理制度、管理人员素质都不适应现代跨国公司管理水平的要求，特别是中国企业普遍缺乏政治可靠、业务过硬、熟悉国际市场经济惯例、通晓专业生产技术知识和外语、富有竞争意识和胆略的高层次复合型人才。

（3）在管理体制上，由于以本国派人为主，很容易把国内的一套管理体制搬到国外去，形成国内体制在国外的延伸。

（4）对海外投资的可行性研究不够充分，投资存在一定的盲目性。国内一些单位和部门在海外设立公司的筹备过程中，急于"跨出去"，而对东道国的经贸环境、政治法律制度、合作伙伴的资信以及市场前景等情况缺乏深入细致的调查研究，以致海外企业开办后才发现实际困难比预料的大得多，严重影响了企业正常的经营活动，尤其是合作伙伴选择不当，受骗上当时有发生，给国家财产造成了巨大损失。

3. 中国海外投资企业的经营一体化程度低

（1）海外投资企业缺乏横向联系，还处在低水平的各自为政、分散化经营阶段

中国目前进行海外投资的企业绝大多数是国有企业，由于其在国内的行政隶属关系各不相同，在进入海外市场时，又没有成立统一的管理部门，因此它们在海外经营过程中彼此缺乏横向的经济联系，各自为政，孤军作战，既不能实现彼此在资本、技术、市场、信息、生产等资源方面的共享与互补，又不能共创新的市场机会，这大大削弱了中国企业在世界市场上的整体竞争力量。

（2）海外投资企业缺乏纵向的分工与合作，工业、贸易相互脱节

中国的工业企业、经贸公司在对外直接投资时缺乏相互间的联系与合作，

这主要是旧体制下长期的条块分割造成的，中国大型工业企业有较强的投资生产能力，技术、管理水平也相对较高，但由于缺乏对海外市场的了解，不熟悉国际经济惯例，制约了其进行海外直接投资的能力。而外贸公司虽在长期的国际商品行销活动中，建立起了庞大的、稳定的全球营销网络，有着众多的客户和资源供应者，积累了丰富的国际营销、国际采购的经验，但它们普遍未拥有生产实体，对产品开发、技术设计和产品生产等过程均不了解，也难以成为具有强大竞争力的海外直接投资者。工贸的分割、脱节使得优势不能互补，难以形成具有综合群体优势的中国海外投资企业。

（三）对外投资结构不尽合理

1. 规模结构：海外投资项目规模不大，实力较弱

对外直接投资说到底是一种财力和综合实力的竞争和较量，没有一定的企业规模和财力基础，必然会使中国的对外直接投资从一开始就处于不利的竞争地位。

目前，中国海外企业除少数几个较大的项目之外，绝大多数属于中小型企业，如果扣除几个较大项目，大部分海外企业的平均规模只有几十万美元，其平均规模远低于世界水平。例如，上海海外企业总投资在100万美元以下的项目占79%，其中1/4的项目总投资还不足10万美元，总投资大于500万美元的项目仅占2%。规模结构层次低下，限制了投资项目规模经济的实现，不利于企业的长远发展。

2. 地区结构：广泛而集中

中国海外直接投资遍布五大洲130多个国家与地区，显示了中国跨国经营多地区发展的特点。但是从整体上看，中国投资地区仍然相当集中，海外企业数将近一半设在中国的港澳地区，对外投资金额大部分集中在美国、加拿大、澳大利亚、欧共体和日本等发达国家。这种地理布局与中国出口市场过分集中于发达国家以及希望从发达国家引进更多的资金和先进技术有着密切关系。

但是，这种地区结构一方面造成在一些密集地区企业设点交叉重复、自相竞争的不正常局面；另一方面在发展中国家投资设厂相对过少、力量薄弱，又在一定程度上影响了对发展中国家市场的继续开拓。总之，不利于实现中国对外直接投资的风险分散策略和市场多元化战略。

3. 产业结构不合理

就项目来说，中国的对外直接投资几乎涉及三大产业各个行业，但是

除资源开发型投资外，一般加工型项目所占比重过大。在产业结构上，中国的跨国投资过分偏重于对加工、初级产品制造产业的投资，对高新技术产业的投资严重偏少；偏重于加工型项目投资，忽视了出口导向型行业的投资；偏重于对国内辐射导向效应弱的产业的投资，忽视对国内辐射导向效应强的产业的投资；偏重于建筑、资源开发等劳动密集型产业的投资，缺乏对日益占据国际投资主流的技术密集型产业和服务业的投资。

所有这些一方面使得投资结构不合理，不能充分发挥中国的经济、技术和产业优势；另一方面导致海外投资与国内生产企业的断档、分割，致使海外投资风险加大，总体经济效益低下。①

第三节　中韩对外直接投资的相关分析

一　中韩对外直接投资规模

（一）中国对外直接投资规模

根据中国商务部公布的数据，1990 年中国企业对外直接投资流量为 9 亿美元，进入 21 世纪中国对外直接投资迅速发展，2013 年中国境内投资者共对全球 156 个国家和地区的 5090 家境外企业进行了直接投资，累计实现非金融类直接投资 901.7 亿美元，同比增长 16.8%。截至 2013 年底，中国非金融类对外直接投资累计额为 5257 亿美元。

表9.5　　　　　　　　　　中国对外直接投资额　　　　　　　（亿美元）

年度	投资流量	年度	投资流量
1990	9	2002	27.0
1991	10	2003	28.5
1992	40	2004	55.0
1993	43	2005	122.6
1994	20	2006	211.6
1995	20	2007	265.1
1996	21	2008	559.1
1997	26	2009	565.3
1998	27	2010	688.1
1999	19	2011	746.5
2000	10	2012	772.2
2001	69	2013	901.7

资料来源：商务部《2013 年中国对外直接投资统计公告》（www. mofcom. gov. cn）。

---

① 谭介辉：《论我国对外直接投资的战略选择》，湘潭大学 1999 年硕士学位论文。

（二）韩国企业对外直接投资规模

韩国企业的，经过 80 年代的稳步增加和 90 年代的积极扩大，进入 21 世纪以后则更加积极。2013 年，韩国企业对外直接投资项目数为 7967 个，对外直接投资额为 240.5 亿美元。截至 2013 年末，韩国企业对外直接投资项目数累计为 105930 个，实际对外直接投资额为 2094.87 亿美元。

表 9.6　　　　　　　　　韩国对外直接投资规模　　　　　　　（个；千美元）

年度	项目数	流量	年度	项目数	流量
1960—1980	496	145196	1997	2767	3780380
1981	103	56995	1998	1672	4757006
1982	90	115837	1999	2345	3350519
1983	90	168913	2000	3942	529444
1984	85	50186	2001	4049	5340877
1985	70	112966	2002	4778	4003926
1986	122	316105	2003	5445	4746364
1987	171	409616	2004	7181	6516271
1988	421	216581	2005	8859	7228863
1989	646	570789	2006	10165	11796162
1990	909	1069051	2007	11932	22301797
1991	890	1307341	2008	10607	23883142
1992	993	1352325	2009	7524	20381579
1993	1524	1446253	2010	8084	24336221
1994	2650	2369981	2011	7862	26494836
1995	2503	3211636	2012	7535	23163930
1996	3211	4504255	2013	7967	24053643
			累计	105930	209487056

注：1980 年为新中国成立后的对外投资累计额。

资料来源：韩国进出口银行：《对外投资统计》，2014 年（www.koreaexim.go.kr）。

（三）中韩对外直接投资占 GDP 的比重

由于中韩两国经济规模的不同，在比较对外直接投资的时候，采用对外直接投资率指标，即对外直接投资占 GDP 的比重。2007 年之后，韩国对外直接投资占 GDP 的比重一直保持着 2% 左右的比重，而中国则保持着 1% 左右的比重。虽然 2005 年之后中国对外直接投资的实际规模大于韩国，2012 年中国对外直接投资流量是韩国的 3 倍，截至 2012 年中国对外直接投资存量是韩国的 2.5 倍，但相对于 GDP 规模，中国对外直接投资比重为韩国的一半，这说明中国对外直接投资发展潜力很大。

表9.7 　　　　21 世纪初中韩对外直接投资占 GDP 的比重　　　　（亿美元;%）

年份	中国的 GDP	对外投资	对外投资率	韩国的 GDP	对外投资	对外投资率
2000	10808	10	0.09	6032	52	0.86
2001	11590	69	0.59	6514	53	0.81
2002	14538	27	0.18	7205	40	0.55
2003	16409	28.5	0.17	7671	47	0.61
2004	19316	55.0	0.28	8268	65	0.78
2005	22569	122.6	0.54	8552	72	0.83
2006	27129	211.6	0.78	9087	117	1.28
2007	34940	265.1	0.75	9750	223	2.28
2008	45218	559.1	1.23	10264	238	2.31
2009	49912	565.3	1.13	10659	203	2.41
2010	58786	688.1	1.17	11732	243	2.07
2011	71919	746.5	1.03	12351	264	2.13
2012	86000	772.2	0.89	11292	231	2.04

资料来源：《中国统计年鉴（2012）》，中国统计出版社 2012 年版；商务部：《2012 年中国对外直接投资统计公告》（www.mofcom.gov.cn）；韩国进出口银行：《韩国对外投资动向 2012》（www.koreaexim.go.kr）。

二　中韩对外直接投资对国际贸易收支影响的比较

（一）中国对外直接投资对国内贸易的影响

参照联合国贸易与发展会议《世界投资报告 2006》的分类方法，我们将中国对外直接投资的动因归结为市场寻求型（Market-seeking）、资源寻求型（Resource-seeking）、效率寻求型（Efficiency-seeking）和创新资产寻求型（Created-asset-seeking）四大类。不同的投资动因所导致的贸易效应也有所不同。

1. 资源寻求型对外直接投资的贸易效应分析

中国对采矿业的直接投资属于资源寻求型对外直接投资。随着国民经济的快速发展，中国日益成为世界能源和矿产资源市场上的需求大国，通过对外直接投资，可以帮助中国获取国内生产所必需的石油、矿产等关键性自然资源，或者获得较为有利的价格条件。资源寻求型对外直接投资在中国境外直接投资中所占的比重较大，2010 年，中国对采矿业的直接投资占对外直接投资总量的 14.1%，主要分布在石油和天然气开采业、黑色金属、有色金属矿采选业，在一些资源丰富的国家，如澳大利亚、南非、尼日利亚、赞比亚和巴西等国，采矿业是中国对其直接投资的第一大行业。由于资源寻求型对外直接投资的主要目的是获取国外的能源和自然资源，因此会直接导致中国资源型产品的进口增加。同时，境外资源开发还能带动中国的生产设备、实用技术、中间产品和相关劳务向外出口，特别是向资源丰富的发展中国家进行直接投资时，对中国出口贸易的带动作用更为明显，因为这些国家更需要中国的机械设备、开采技术与总部服务。可见，资源寻求型对外直接投资对中国的进口与出口均发挥着较强的促进作用。

2. 市场寻求型对外直接投资的贸易效应分析

所谓市场寻求型对外直接投资是指一国企业为了绕开东道国的贸易壁垒，或更有效地占领或扩大东道国市场而进行的对外直接投资行为。它是企业对海外市场规模、国际贸易壁垒、国际运输费用和相对生产成本等要素进行综合权衡的结果。寻求或扩大海外市场是中国对外直接投资的主要目的之一，就行业分布来看，主要集中在贸易依附型服务行业和加工制造业领域。2010 年，中国对境外商务服务业、金融业、批发零售业、交通运输业四大服务行业的直接投资额为 2177 亿美元，占对外直接投资总量的 58.6%。对这些服务业进行直接投资的主要目的，是为中国的对外贸易特别是出口贸易服务，因此对外直接投资会促进对外贸易特别是对外出口的规模扩张。中国对制造业的直接投资大致可以分为两种情况：一种是为了突破贸易障碍或规避贸易壁垒而进行的直接投资；一种是为了稳定与扩大原有市场或开拓新的市场而进行的直接投资。不同情况所引致的贸易效应也各不相同：如果投资是为了规避贸易壁垒或保持原有的市场规模，由于在投资发生前，中国是向东道国出口具有比较优势的产品，现在改由海外分支机构或子公司在东道国当地生产和销售，因此会导致最终产品的出口减少，但同时海外投资建厂也会带动生产设备、中间产品、原材料和服务的对外出口，因此对外直接投资会在一定程度上改变中国的出口结构；如果对外直接投资是为了开拓新的海外市场，则会对中国出口贸易产生积极的促进作用，因为跨国公司的海外生产会带动相关产品和服务的出口，而且不存在对原有出口的减少与替代效应。

3. 效率寻求型直接投资的贸易效应分析

效率寻求型对外直接投资一般是指跨国企业为了节约生产成本，在全球范围内进行生产和经营布局，从而提高生产效率的对外直接投资行为。由于企业对外投资的主要目的是利用国外廉价的生产要素（主要是劳动力和土地），因此所选择的投资对象多为劳动力和土地资源丰富而且廉价的发展中国家，投资的产业多为母国由于生产成本过高而丧失比较优势的"边际产业"。近些年来，由于中国沿海地区劳动力成本不断上升，国内某些行业产能严重过剩，因此初步形成了将边际产业向亚、非、拉等发展中国家进行转移的效率寻求型对外直接投资。通过对外直接投资将国内过剩的生产能力向外转移，在减少国内生产的同时会使东道国的比较优势得以发挥，从而增加东道国的产量和出口量，其中部分产品会返销到中国，由此引起中国的进口增加。同时，海外投资所需要的总部服务、机械设备、中间产品和原材料等会从母公司采购，由此带动中国的出口增加。可见，效率寻求型对外直接投资与中国的进口、出口均呈较强的互补关系。但是，目前中国对其他发展中国家的非资源寻求型直接投资数量十分有限，这也意味着中国的效率寻求型对外直接投资尚未真正形成。

4. 创新资产寻求型直接投资的贸易效应分析

创新资产寻求型对外直接投资是指企业为了获得国外的战略性要素或无形资产所进行的对外直接投资行为。在其所寻求的战略性资产中，最为核心和关键的就是先进技术尤其是尖端技术。创新资产寻求型对外直接投资的目的决定了这类直接投资主要流向发达国家的制造业、科学研究、技术服务、信息传输、计算机服务和软件业等行业，主要的表现形式是建立联合研发中心和国外 R&D 中心等。目前，中国的多数大型家电制造企业如海尔、TCL、科龙、康佳等都在美国、欧洲或日本建立了自己的研发基地；信息技术产业企业联想、华为等公司在欧美投资设立了研发机构。一般来说，这类直接投资会带来相关专利技术、专有技术等技术贸易的广泛开展和中国高新技术产品的进口增加，因此与中国的对外贸易具有一定的互补性。但就目前而言，中国的此类直接投资规模十分有限。2010 年，中国对欧盟、美国等发达国家和地区的对外直接投资存量为 173.7 亿美元，在对外直接投资总量中占比 5.4%；对技术服务和地质勘查业、信息传输/计算机服务和软件业投资为 123.8 亿美元，在对外直接投资总量中占比 4%。

（二）中韩对外直接投资对国内贸易影响的比较

依据上述的分析以及结合第四章的分析，可以看出，第一，中国对外直接投资对国内贸易的影响：资源寻求型对外直接投资可以带动中间产品的出口增加和资源性产品的进口增加,因此具有较强的出口创造与进口创造效应;对贸易依附型服务行业的直接投资可以促进出口规模的扩大;对制造业进行的市场寻求型对外直接投资可以改变出口商品结构;对发达经济体的创新资产寻求型对外直接投资可以促进高新技术产品的进口增加;对亚、非、拉等发展中国家的直接投资可以带动机器设备、中间产品和技术的出口增加。第二,韩国对外直接投资对国内贸易的影响:到现在为止,还没有对韩国国际贸易收支产生更大的负面影响,但是,如果按照现在的速度发展对外直接投资,随着高附加价值的产业对外直接投资的比重不断提高,将逐渐显现出对国民经济的负作用。所以,韩国应着力提高国内夕阳产业向海外转移,同时发展国内的高科技主力产业,形成国际产业间分工,而且产业内的核心原材料、零部件在国内生产,改善国内产业环境,防止生产设施向海外过度转移;因此,有必要实现对外投资行业的多样化,提高对外投资的收益。

三　中韩对外直接投资对国内就业影响的比较

结合第五章的分析以及中国对外直接投资对国内就业的影响,可以看出,第一,中国对外直接投资对国内就业的影响:中国对外直接投资对就业数量有促进作用,因此,对外直接投资对中国就业总量有正的影响。但是由于中国劳动力过剩的情况比较严重,而且发展对外直接投资仍处于起步阶段,很多投资属于防御性投资,这种投资对国内投资的挤占效应并不十分显著,相反会加大对国内资本、中间产品的需求,因而对就业的刺激效应要大于替代效应。这也表明扩大对外开放,增加中国对外直接投资在现阶段的确可以缓解就业压力。对外直接投资对就业质量来说,对于不同产业的就业人数影响程度存在着明显差异。从拟和程度来看,对外直接投资对于第一产业影响比较微弱,对于第二、三产业都有较为显著的影响。再通过观察变量的系数值,即就业弹性,可知对外直接投资对三个产业的影响程度依次为 0.02938、0.1182 和 0.2133,说明其对第三产业的影响程度最大。这正符合了全球化的趋势:第一产业比重下降,第三产业比重上升,从而表明对外直接投资对于中国就业质量的提高能起到积极作用。这个结论与作者的预期也是相符的。(1)农业作为传统产业,对外直接投资对其拉动作用并不大。(2)中国对外投资多为工业性的跨国公司,这些跨国公司在国内的子公司或辅助企业就会加大第二产业的就业数量。

（3）第三产业包括了具有多种生产方式的行业，虽然有一些是资本密集型行业，但绝大多数行业均是劳动、技术、知识密集型，资本有机构成较低，同样投资水平下的劳动力需求量要高于其他产业。从长期来看，"刺激效应"的作用增加了新兴工业部门和第三产业部门的就业机会，提高了科技人员和企业管理人员在就业人数中所占的比重。国内第三产业中有一些劳动密集型产业如纺织、服装、食品等的生产能力严重过剩，在国内处于比较劣势地位，但是在其他国家却具有相当优势，这些国家和地区均是较好的投资区域。因此，加大劳动密集型产业的海外转移力度，促进生产要素向这类产业转移，会使得对外直接投资对第三产业就业的拉动作用更为明显。尤其是在 2006 年 12 月 11 日后，中国的 WTO 5 年保护期终结，服务行业全面开放，这也给中国的服务人才提供了大量的就业机会。还有一部分企业在"走出去"的同时，其管理部门却集中在中国总部，为国内创造了许多非生产性的就业机会，吸纳了大量的高科技人才从事研发，并聘用了许多高水平的管理人员。另外，这些企业在国外子公司的国际经营业务会导致对中国法律、管理、工程咨询及国际金融等配套服务方面的需求，这便大大地刺激了这些服务领域的就业。这对服务业严重滞后的中国来说，若能在第三产业以及那些劳动密集型产业的对外直接投资上多利用国内的劳动力资源，这样，在大力发展中国对外直接投资的情况下，第三产业也会相应得到发展，从而使中国服务行业与国际接轨。"走出去"的战略目标一方面可以促进国内高新企业的发展，扩大其就业规模，另一方面还可以创造出新的行业，并促进国内的就业结构调整和劳动力合理转移，减轻国内企业困境，从而拓宽国内就业渠道，为解决中国就业问题提供新的思路。第二，韩国对外直接投资对国内就业的影响：通过分析韩国制造业不同行业及不同时期，对外直接投资总体上对韩国国内就业的直接和间接效应，到目前为止，对外直接投资对国内就业并未产生消极的影响。这是由于纤维/服装等一部分轻工业行业的对外直接投资，减少了国内生产设备投资，直接引起当地就业机会的减少。但是，电器电子、钢铁/金属等大部分重化学工业行业的对外直接投资，增加了国外子公司的管理、支援及研究开发人力的需求，反而增加了国内就业数量，而且还通过对外直接投资对国内出口的增加，间接带动了国内就业机会。参照发达国家的经验，国内服务业生产比重扩大，制造业生产比重减少，是产业结构优化的结果。在这一过程中，国内制造业就业比重减少，同时对外直接投资扩大，就说明对外直接投资是引起国内就业减少的主要原因，这个结论的论证是比较不充分的。发达国家的现象在韩国是否发生，也不敢轻易断言。因为，韩国对外直接投资的规模与其他 OECD 国家相比还很小。因此，随着韩国国外直接投资的增加，企业国内生产比重减少，不能排除对国内就业的负面影响。同时，韩国对外直接投资的子公司，当进一步实现生产的本土化的时候，就会逐渐形成就地采购原材料等资本品，减少从母国的进口。而且，随着对外直接投资的扩大，国内企业进出海外时，技术转移的可能性在增加，加速了对出口的副作用，因此对国内就业的负面影响也值得忧虑。① 美国在对外直接投资初期，投资与出口是互补关系，但是随着对外直接投资的发展，体现出对出口的替代效应。

四　中韩对外直接投资对国内技术创新的影响比较

结合第六章的分析以及中国对外直接投资对国内技术创新的影响，可以看出，第一，中国对外直接投资对国内技术创新的影响：中国高技术行业对外直接投资对母国自主研发有显著正向效应，并最终促使母国技术创新绩效的提升，而对外直接投资对母国技术引进具有替代作用，并非起正向促进作用。究其原因，本书认为，当中国高技术行业进行对外直接投资时，高技术行业对技术的依赖性使其更偏向于参与外国的研发网络，获得知识技术的自主权。同时，对外直接投资使得企业对外国的技术有了初步认知或了解，中国企业的高学习能力使其更偏向于在对外技术认知的基础上进行自主研发。此外，中国企业在对外直接投资过程中存在并购等活动，而收购并购行为中已经收购外国知识技术，因而对外直接投资与技术引进可能存在一定的重叠，因而两者之间存在替代作用。本书认为，中国高技术行业对外直接投资并不会造成高技术行业空心化等现象，而是会促进中国高技术行业的技术进步，中国的"走出去"政策仍可继续推广，其对中国技术进步及赶超有显著作用。第二，韩国对外直接投资对国内技术创新的影响：韩国企业对外直接投资是获得高新技术的重要途径之一。本章分析了韩国对外直接投资对国内技术创新的影响机制，即并购和收购

---

① "韩国贸易协会问卷调查"（2011 年 7 月）结果，国内有 73.6% 的企业向国外子公司转移技术。

发达国家的国际知名大企业；建立技术开发型国际合资和独资企业；进行国际战略联盟和建立海外研发机构。本书认为，国际上之所以把韩国定位为创新型国家，是因为韩国的电子、半导体、汽车、造船等技术能够领先于世界，韩国的企业通过海外投资特别是技术开发型投资是功不可没的。近年来，韩国的科技创新更是层出不穷。仅 2006 年，韩国企业研发最具有代表性的两项成果分别为：（1）WIBRO（无线宽带互联网）技术成功商业化，并成为国际标准，从而使韩国在第 4 代移动通信技术领域占有明显优势。韩国在 WIBRO 所必需的技术项目——无线连接遥控、多址连接、双工技术上比美国、日本、欧洲更具有优势。核心技术——直交码分多址（OFDM）技术在美国、日本、欧洲申请了多项专利，其中三星电子、韩国电子通信研究院申请的专利占 51%，具有很强的竞争力。美国主要通信企业 Sprint Nextel Corp 已采用韩国的 WIBRO 技术，预计，2008 年开始商业服务。韩国 WIBRO 技术成功进入美国市场是韩国 IT 业取得的又一重大进展，它不仅为韩国企业带来了可观的利益，而且为其 IT 业带来新的发展机遇。（2）三星电子引领世界开启 50 纳米 DRAM 时代。2006 年，三星电子公司相继开发出 40 纳米 32GNAND 型闪存和 50 纳米 1Gb 动态随机存取存储器（DRAM）半导体，并在新工艺、产品开发、设计等各项领域，向国内外共申请了 51 项专利，这是韩国在半导体技术上取得的突破性进展。三星电子已从 2008 年第一季度开始出售采用 50 纳米工艺的 DRAM 产品，到 2011 年，市场规模已达到 550 亿美元。

五 中韩对外直接投资对国内产业结构的影响比较

结合第七章的分析，以及中国对外直接投资对国内产业结构的影响，可以看出，第一，中国对外直接投资对国内产业结构的影响：中国通过技术获取型对外直接投资（TSFDI）渠道获取东道国创新资源并消化吸收，能极大程度地提高投资母国的硬技术和软技术水平，从而加快产业结构优化升级的步伐。2003 年和 2008 年对外直接投资规模大幅度增长，次年专利授权量增速加快，可见，专利授权量与对外直接投资规模保持相同增长趋势，但略有滞后。显然对外直接投资对中国的技术进步和创新具有明显的正面作用。同时，通过对发达国家的直接投资，中国引进国外先进的消费模式与理念，并逐步改变国内的消费观念，引导国内消费者更多地消费新产品。中国消费者对基础性需求如食品、居住的消费在总消费支出比重逐年下降，对交通通信、文教娱乐等的消费明显增加。由于中国消费者对高新技术产品的需求增加，因而可以通过国内需求结构的改善推动新兴产业的发展以及产业结构的调整。另外，中国当前正处于后工业化发展的初期阶段，包括产业结构调整在内的经济发展都会面临关键性资源短缺的发展瓶颈。中国企业（尤其是大型国有企业）通过对外直接投资获取海外资源并将其返销回投资母国，能够削弱资源瓶颈对于本国经济发展的制约；在回避了自身资源缺陷的同时，对外直接投资还能够减少母国经济发展对于稀缺资源的依赖，从而使更多的投入要素投向高级化产业，产业结构也更易优化升级，最终表现为投资母国经济发展与产业结构调整的良性循环过程。2012 年交易金额前十位的对外直接投资中，有 6 宗涉及能源行业，可见资源寻求是中国对外直接投资的主要动因之一。与此同时，随着中国对外直接投资规模的逐年扩张，第二、三产业的人均产值增加与之保持正向关系，对外直接投资对第二、三产业生产效率的提高有着正向的促进作用。第二，韩国对外直接投资对国内产业结构的影响：通过 Granger 因果检验结果表明，韩国对外直接投资的扩大是导致国内产业结构调整得到优化的原因。在对外直接投资的初级阶段，韩国经济实力并非很强，对外直接投资主要集中在技术水平较为成熟的企业，随着经济发展水平的提高和产业升级，韩国第二产业主要是制造业已经相当成熟并具有很强的优势，逐步向东南亚、中国等具有比较优势和贸易带动优势的地区转移，同时注重新兴产业的发展特别是信息技术产业的发展以防止产业"空洞化"。中国作为发展中的大国，与韩国的经济结构有许多相似之处，应该借鉴韩国扩大对外直接投资成功地调整国内产业结构的经验，结合中国产业竞争力现状，针对不同发展程度的国家选择不同的 FDI 战略，以达到优化国内产业结构的目的。首先，将边际产业向发展中国家转移，为国内产业结构的升级提供一定的资金和空间。从产业选择来看，中国跨国公司应偏重于制造业，走制造业带动服务业的实业化道路。其次，高新技术和传统产品以发达国家作为主要投资对象，以牵引和拉动国内产业结构的优化。总之，目前中国正处于经济起飞和产业结构转换的重要阶段，我们必须从战略的高度，重新整合企业资源，积极培育相关产业的发展，充分发挥对外直接投资产业的带动效应，强化中国产业的整体竞争力，实现产业结构的高度化。

六 中韩对外直接投资区域、行业、投资方式和企业结构的比较

（一）中国对外直接投资区域分布

2011 年中国的对外直接投资遍布全球 170 多个国家和地区，对外直接投资存量的七成分布在亚洲地区。2011 年中国对外投资中亚洲投资占第一位，投资额为 454.9 亿美元，所占比重为 60.9%；其次是向拉丁美洲的投资，全额为 119.4 亿美元，占 16%；第三位是对欧洲地区的投资，所占比重为 11.1%；对大洋洲的投资占 4.4%；对非洲的投资为 31.7 亿美元，占 4.3%；对北美洲的投资为 24.8 亿美元，占 3.3%，主要流向美国和加拿大。①

（二）韩国对外直接投资的区域分布

从韩国对外直接投资的区域分布看，亚洲地区所占比重最高，韩国对亚洲地区的投资占韩国在对外直接投资的 47%；其次为北美地区的投资和对欧盟的直接投资。对亚洲的直接投资中，对中国的直接投资大约占 30% 以上。

表9.8　　　　　　　　　韩国对外直接投资的地区分布　　　　　　　（百万美元）

	2008 年	2009 年	2010 年	2011 年	2012 年
亚洲	11766	6769	10066	11080	10114
北美洲	5263	6000	4624	7266	4449
欧盟	3395	5327	6121	3650	3070
中南美洲	2104	1041	2137	2340	2534
大洋洲	771	549	778	1519	3379
非洲	320	374	291	372	365
中东	264	322	349	268	353
合计	23883	20382	24366	26495	23164

资料来源：韩国进出口银行：《韩国对外投资动向 2012》（www. koreaexim. go. kr）。

（三）中国对外直接投资行业分布

2011 年，在中国对外直接投资中，商务服务业占 34.3%，批发和零

---

① 商务部：《2012 年中国对外直接投资统计公告》（www. mofeom. gov. cn）。

售业占13.8%，金融业占8.1%，采矿业占19.4%，制造业占9.4%，交通运输业占3.4%。其他服务业等总计不到对外投资总额的10%。①

（四）韩国对外直接投资的行业分布

在韩国对外直接投资中，对制造业、矿产业、科学技术服务业三个行业的投资所占比重为73.3%，尤其对制造业的直接投资保持在30%以上。

表9.9　　　　　　　　　韩国对外直接投资的行业分布　　　　　（百万美元）

行业	2008 年	2009 年	2010 年	2011 年	2012 年
制造业	7231	4569	7027	8197	7394
矿业	4002	5449	7319	7579	6991
科技服务业	1813	2030	1713	2333	2600
批发零售业	3750	1796	1304	1889	1516
不动产	1767	2489	1595	528	1478
金融保险业	2164	2002	3273	3602	945
电力、煤气	89	343	313	586	783
合计	23883	20382	24366	26495	23164

资料来源：韩国进出的银行：《韩国对外投资动向2012》（www.koreaexim.go.kr）。

（五）中国对外直接投资方式

21世纪初，中国对外直接投资主要采取跨国并购的方式。2003—2011年，中国跨国并购类对外直接投资，占同期对外直接投资总额的50.6%。②

中国对外直接投资方式的另一个特征为境外经贸合作区的发展。截至2012年，中国在13个国家，建设了16个经贸合作区，累计实际投资超过30亿美元，进入合作区内的中国企业近300家。

（六）韩国对外直接投资方式

在韩国的对外直接投资方式中，绿地投资比重仍占主要比重，2012年新建企业比重占74%，海外并购方式所占比重只占22%。

---

① 商务部：《2012年中国对外直接投资统计公告》（www.mofeom.gov.cm）。
② 同上。

表 9.10　　　　　　　　韩国对外直接投资方式　　　　　　（百万美元）

	2008 年	2009 年	2010 年	2011 年	2012 年
绿地投资	16409	14950	17438	20400	17846
并购方式	7474	5432	6928	6095	5318
合计	23883	20382	24366	26495	23164

资料来源：韩国进出口银行：《韩国对外投资动向 2012》（www. koreaexim. go. kr）。

（七）中国对外直接投资的企业结构

在中国企业的对外直接投资中，大部分是中央直属国有企业。目前约有 100 多家央企在境外（含港澳地区）设立了子企业或管理机构，而民间、民营以及中小企业的对外直接投资规模还比较小。①

（八）韩国对外直接投资企业的结构

在韩国对外直接投资中，尽管中小企业对外投资项目所占比重比较大，但在对外直接投资额中，大企业占绝对比重。2012 年，在韩国企业对外直接投资中，大企业投资额占 83%，中小企业等所占比重只有 17%。

表 9.11　　　　　　　韩国对外直接投资企业的结构　　　　　（百万美元）

	2008 年	2009 年	2010 年	2011 年	2012 年
大企业	17151	16749	20197	21139	19100
中小企业	5763	3313	3648	4309	3536
个人企业	85	40	59	47	39
个人	835	280	434	320	312
非盈利团体	50	1	28	680	177
合计	23883	20382	24366	26495	23164

资料来源：韩国进出口银行：《韩国对外投资动向 2012》（www. koreaexim. go. kr）。

七　中韩对外直接投资政策的比较

（一）中国对外直接投资政策的演变

改革开放之前，中国的对外直接投资只是从政府对外经济合作层面

---

① 商务部：《2012 年中国对外直接投资统计公告》（www. mefeom. gov. cn）。

上，向非洲等第三世界国家提供经济援助性建设项目。从严格意义上讲，这不是企业对外直接投资，而是对外经济援助。中国企业的对外直接投资大体上经历了 20 世纪 80 年代控制对外直接投资的阶段、90 年代鼓励对外投资政策、21 世纪初积极扩大对外直接投资政策等三阶段。

1. 控制对外直接投资时期（20 世纪 80 年代）

改革开放后，中国政府开始允许国内企业对外投资。1983 年，中国国务院赋予对外经济合作部对外投资审批权和对外投资企业管理权。在国内资本不足、外汇短缺的情况下，国家在极其有限的范围内批准了企业的对外投资，同时企业对外投资必须要通过严格的审批程序。对外投资的主体，主要是原国务院所属的专业贸易公司或部分省市的国际经济技术合作公司，投资行业也集中在建筑业和餐饮业。①

2. 放宽对外投资政策时期（20 世纪 80 年代）

进入 20 世纪 90 年代后，中国的整体经济状况发生了很大的变化，国内资源日趋紧张，企业经济实力进一步壮大，国家外汇储备增多。1992 年，中国政府根据跨国投资日益国际化和国内经济发展对战略性资源需求加大的形势，提出了"走出去"的战略方针。同时整顿对外投资企业，颁布了一系列新的规定。从 1994 年起，具有国际经营经验的大型工业企业、商业流通企业和高新技术企业，把目光转向海外，开始寻求国外的投资项目。

到 20 世纪 90 年代末，随着中国企业经济实力的提升，不少企业开始进行对外投资。1999 年 2 月，国务院办公厅转发对外经济贸易部、国家经济贸易委员会、国家财政部联合颁布的《关于鼓励企业开展境外带料加工装配业务的意见》，正式提出了支持中国企业以境外加工贸易方式"走出去"的具体政策措施。

3. 促进对外投资政策时期（21 世纪初）

进入 21 世纪，中国政府采取了积极促进企业对外投资政策，详细制定了对外直接投资政策，商务部定期和不定期颁布各种与对外直接投资相关的政策法规。这些文件有《对外投资合作规划纲要》《对外投资合作国别（地区）指南》《对外投资国别产业指引》《国别投资经营障碍报告》《中国对外投资报告书》《对外直接投资统计制度》《境外中资企业报道登

---

① 杨大楷：《国际投资学》，上海财经大学出版社 2003 年版，第 410 页。

记制度》《境内机构对外担保管理办法》《关于调整部分境外投资外汇管理政策的通知》《境外投资管理办法》《中国境外企业文化建设若干意见》《境外中资企业（机构）员工管理指引》《境外中资企业机构和人员安全管理规定》《对外投资合作境外风险提示》《对外投资合作环境保护指南》等。2008 年国际金融危机后，中国政府采取了大力推进对外直接投资政策，中国企业的对外直接投资得到迅速发展。

（二）中韩对外直接投资政策演变过程比较

通过上面的分析，结合第三章韩国对外直接投资政策的演变，可以看出，中韩两国对外直接投资政策的演变轨迹大体相似，都经历了控制对外直接投资阶段、鼓励对外直接投资阶段和积极促进对外直接投资阶段。由于两国经济发展阶段的不同，这些政策的演变时期存在着差异。

韩国对外直接投资起步比中国早，韩国 20 世纪 80 年代末卢泰愚政府推行北方政策，积极促进同原社会主义国家的经济合作，鼓励企业向外直接投资。进入 20 世纪 90 年代，金泳三政权上台后实施世界化战略，鼓励企业向外直接投资。1997 年韩国金融危机后，企业对外直接投资步伐加快，21 世纪初韩国政府进一步规范了对外直接投资政策。

中国是从 20 世纪 90 年代初开始鼓励企业对外直接投资的，但直到实施"走出去"战略，中国企业才真正开始了对外直接投资的步代的，尤其是 2008 年金融危机之后，中国企业"走出去"的步伐加快。

表 9.12　　　　　　中韩两国对外直接投资政策演变过程比较

	控制阶段	放宽阶段	促进阶段
韩国	新中国成立后至 70 年代	80 年代	90 年代
中国	新中国成立后至 80 年代	90 年代	2000 年代后

资料来源：根据相关内容整理得出。

第四节　小结

一　中韩对外直接投资的共性与差异

中韩两国对外直接投资，呈现出两个共性。共性之一是，在对外直接投资的区域分布上，两国对亚洲的直接投资都占第一位，不过在韩国对亚洲的直接投资中，对中国的直接投资占主要比重，而中国则对中国香港地区和东南亚地区的直接投资占主要比重。共性之二是，中韩对外直接投资都集中在大企业，而中小企业对外投资所占比重低。

中韩两国对外直接投资之所以呈现出这两点共性的原因在于，中国与韩国是亚洲的主要经济大国，亚洲是两国经贸合作的重要区域。对韩国而言，中国是韩国最重要的经贸合作对象，在韩国对外投资中，对华投资占主要比重是必然的结果。

中韩两国对外直接投资的差异点之一是，对外直接投资占 GDP 的比重不同。2007 年以后，韩国对外直接投资占 GDP 的比重一直保持在 2%，而中国则保持在 1%，中国对外直接投资的比重为韩国的一半。差异点之二是，中韩两国对外直接投资的行业分布呈现出明显的差异，相对中国而言，韩国对外投资中对制造业的投资比重高。差异点之三是，中韩两国对外直接投资方式上呈现出很大的差异，即韩国绿地投资比重居高，而中国则是并购居多。

两国对外直接投资之所以呈现如此差异的原因在于中国与韩国的国情毕竟不同，韩国以外向型经济为主的国家，而且对外直接投资的起步比中国早，尤其重视制造业的对外直接投资，而中国对外直接投资的快速发展是在 2004 年之后，尤其是 2008 年国际金融危机之后，企业对外直接投资迅速扩大。

二　韩国对外直接投资政策比中国先行一步

从 20 世纪 60 年代末开始，韩国开始对外直接投资，经历 90 年代和 21 世纪初两次对外直接投资热，在对外直接投资政策上，比中国起步至少早 20—30 年，因此各项政策实施的时间也比中国早。比如，在企业对外直接投资的核准制度上，韩国是 1998 年已实行申报制，而中国是从 2004 年开始的。韩国早在 90 年代开始就不断制定各种对外直接投资的法规和政策，从 1967 年开始不断同投资对象国缔结双边投资保障协定、缔结社会保障协定等，而中国是从 90 年代末开始实施"走出去"战略的，真正意义上的对外直接投资政策的实施是在 2000 年之后，尤其是 2008 年之后逐渐趋于具体和成熟的，因此在对外直接投资政策的制定上韩国的很多经验和做法值得我们借鉴。

三 韩国对外直接投资政策比中国更加完善

由于韩国境外投资起步相对中国要早一些，对境外投资的税收制度也比较具体和完善。韩国在对外直接投资税收支援政策上，详细规定了海外投资损失准备金免税制、间接扣除、对海外资源开发的税收支援等。为预防海外投资企业在投资经营过程中可能发生的损失，韩国政府制定了海外投资损失准备金制度，即海外投资金额的 20% 可当作准备金，并对此给予免税。近年来，随着中国"走出去"企业的增多，中国税务部门不断完善境外投资企业的税收政策，但是，在很多具体政策的细节上，中国不如韩国具体。中国应该借鉴韩国的经验，进一步完善对外直接投资的各项法规和政策。

四 韩国对外直接投资服务比中国更到位

韩国在对外直接投资的金融、保险等支援上十分具体和到位，尤其是在对外直接投资的金融服务上，向对外投资的企业提供贷款的机构不仅有韩国进出口银行、外汇银行、矿业振兴公司、韩国石油开发公司、森林开发资金等机构和基金部门，而且融资的种类也很多，其贷款条件相对中国也较宽松。目前中国政府也鼓励企业"走出去"，对境外投资企业实行了不少金融、税收优惠，但由于中国的对外直接投资尚处于起步阶段，金融、税收等各方面的限制仍然很多，应当进一步放开。

韩国向对外投资企业提供信息的部门比中国多，诸如韩国进出口银行、外汇银行、贸易保险公司、国税厅、知识经济部、中小企业振兴工团分别提供金融、保险、税收、法律、支援政策方面的专门服务。而中国主要是由商务部承担该项职责，相对于韩国，中国对外投资的服务机构和咨询服务项目等各方面刚刚起步。

五 韩国对外直接投资对国内经济的影响比中国更深

毕竟韩国的对外直接投资早于中国，制度比中国更加完善，韩国的对外直接投资对其国内贸易、就业、技术创新以及产业结构升级的影响更为深刻，而中国的对外直接投资真正迈开大步伐始于 2004 年，国家大力支持企业"走出去"，规模的扩大更是始于 2008 年，因此对外直接投资的时间期限以及规模还不如韩国，作为世界上第二大经济体的中国，其对外直接投资的规模远远小于所应承担的规模，所以中国的对外直接投资对本国国内贸易收支、就业、技术创新以及产业结构的影响仍然有限。

第十章　韩国对外直接投资对中国的启示

本书通过对韩国对外直接投资的历程及政策的梳理，进一步深入系统地分析韩国对外直接投资对其国内贸易收支、国内就业、技术创新、产业结构及产业空洞化的影响。因此，本章在以上研究的基础上，结合中国对外直接投资的发展及现状，总结并吸取韩国对外直接投资的经验与教训，提出了中国对外直接投资的相应策略。

第一节　对外直接投资政策的调整要与经济
发展进程相适应

一　正确把握政府的干预力度

在韩国近几十年的对外投资发展历程中，韩国政府发挥了举足轻重的作用。为了实现韩国经济的国际化和本国经济发展的需要，政府不断制定和完善各种支援政策和管理制度。为了确保企业的对外投资快速发展，从1968 年起，韩国政府就开始制定相关法律，规定对外投资的有关规则。20 世纪 70 年代开始制定金融、税收、海外投资保险等方面的支援政策，大力扶持大企业集团；从 20 世纪 80 年代开始，韩国政府进一步放开对企业对外投资的限制，简化审批制度，实行海外投资的自由化，以促进海外投资的发展。政府在海外投资的发展过程中，通过指令性政策发挥了指导作用。这种积极的政府干预政策，在赶超阶段起了非常重要的作用，但韩国政府没有认识到政府干预具有"双刃剑"的作用，即在创造辉煌的经济成就的同时，也带来了许多矛盾和问题。如政府、企业、银行三者联系过于紧密，造成政企不分、腐败、企业集团规模过分扩张、盲目投资导致企业出现大量的不良资产等问题。这种违背规律的政府干预终于使韩国政府和人民尝到了苦果，1997 年发生的金融危机使韩国经济受到严重的冲击。

　　韩国政府过分干预所导致的结果使我们清醒地认识到，政府在制定对外投资发展战略时，不仅要强调政府对海外投资的发展予以积极支持的必要性，也应该讲究政府介入的方法。第一，政府应发挥催化剂和挑战者的作用。政府应鼓励或者引导企业提升其目标，达到较高的竞争水平。① 政府更适于发挥间接作用。政府可以采取一些简单但基本的原则来扶持本国企业形成竞争优势，如鼓励创新、促进国内竞争等。政府要将精力集中在专业化要素上，并执行严格的产品、安全和环境标准。严格的政府规章制度可以刺激和提升国内市场需求、促进竞争优势的增强。对产品效能、安全性和环保的严格标准能够促使企业提高质量，满足消费者和社会的需求。宽松的标准只能阻碍企业的发展，严格的标准可以使企业提供的产品和服务在国际市场上更具竞争力。第二，在制定和执行扶植对外投资发展规划的过程中，还必须同其他经济政策目标（如适当放宽外汇管制、出口信贷政策等）相协调。第三，在处理政企关系方面，应使政府、企业、金融机构三者之间各司其职，界限分明。总之，政府必须明确自己的职能定位，避免对对外投资活动进行过度干预，做好自己的分内工作，才能真正有效地实施中国"走出去"战略。

二　进一步改进对外直接投资管理体制

　　为了最大限度地提高投资效益并防止不健全的投资，韩国政府制定并完善了对企业境外投资的审批管理制度，并严格执行有关规定。

　　20 世纪 60 年代，韩国政府就开始认识到海外投资的必要性。韩国第一次涉及海外投资的法律是早在 1961 年颁布的《外汇管理法》及施行令中有关海外投资部分。1968 年，韩国制定了《外汇管理法规程》，对海外投资作了明确规定，内容包括投资方法、批准制度、程序等，使政府对海外投资的管理真正开始有法可依。1978 年 10 月，韩国政府发表《海外投资运营要领》，大大加强了对海外投资的许可及事后管理，并从 12 月开始实行了海外投资现地法人经营成果分析，并且开始实行对海外投资的积极奖励措施。1981 年，在海外投资审批制度中降低了资格条件，取消了对海外投资对象国的条件要求。为奖励海外投资，1981 年 7 月，在韩国

――――――――――
　　①　郭铁民：《中国企业跨国经营》，中国发展出版社 2002 年版，第 401—402 页。

银行内设立了海外投资事业审议委员会，取消了海外投资事先批准制度，把复杂的海外投资批准程序也简化了。1982年7月放宽了投资持有资金比率并第一次制定了专门的法律《海外资源开发事业法》，这与以前的要领不同，是真正的法律。1987年12月，韩国将海外投资条件确认制转向申告制。1987年4月，送到海外投资审议委员会审议的范围大大缩小，只有300万美元以上的投资项目才需要审议，其他的由主管行长直接批准，当年12月又将标准调整为500万美元以上。1988年7月，韩国政府取消了海外投资企业的资本金条件，允许购买投资对象国对外债务方式的投资。到90年代，政府对海外直接投资政策不仅从已有的国际收支管理的角度考虑，还从产业政策角度考虑，政府的政策转向了扩大海外市场与实现企业国际化的支援体制。

中国当前境外投资管理体制基本上是20世纪90年代初建立起来的，现行体制已越来越不适应中国经济发展、市场化改革和对外开放的现状，中国经济加速融入全球经济的发展趋势及企业迫切要求参与国际市场竞争的现实需要了。企业对外投资项目报批过于严格，过于复杂，时间太长，很容易延误商机。一个企业要报批一个项目，需要经十多个部门立项批复、接受审议，这个过程需要半年到一年。由于中国企业缺乏应有的投资决策权，丧失商机、阻碍企业发展机遇、影响企业竞争力的事例比比皆是。而且中国境外投资管理机构还存在多元化、分散化、缺乏透明性而使企业办事效率低下等问题。

韩国政府不断改进和完善境外投资管理制度，使之适应国家的经济发展、世界经济走势的经验，值得我们学习。我们应借鉴韩国的经验，进一步优化中国对外投资的宏观管理体制，促进和支持中国企业境外投资的创业和发展。为此，应做到以下几点。

第一，要"松绑"。企业境外投资是一项复杂的经营活动，必须使企业享有充分的自主权。经济贸易委员会首先要确立以企业为主体的指导思想，按照建立社会主义市场经济体制的要求和国际化经营的一般规律，尽量简化影响企业"走出去"的审批制度，并且取消或减少对企业实行的不必要的干预。对必须审批的项目应大大简化手续、缩短周期、减少环节。在用汇、人员出国、设备原材料出口及退税方面也应放宽审批条件。

第二，要规范。扩大企业"走出去"的自主权不是无条件的，而应以必要的规范为前提。既要"放"，也要"管"。一是建立和完善法律法规。以往在境外投资方面有一些规章制度，但大部分是部门规章，而且各部门各管一段，相互之间不配套，政出多门。中国应尽快制定与国际法、国际惯例接轨的对外投资法和对外投资公司法，作为调整中国对外直接投资的基本法，主要应对中国有关对外直接投资的基本态度，境外投资企业的法人地位、投资形式、投资审批和管理办法、境外投资企业的组织机构和劳动用工制度、投资争端解决方式等问题作出原则性的规定。与此同时，应着手制定对外投资风险管理办法，规定风险管理工作程序，从而使境外投资企业有法可依、有章可循。二是制定规划。为使企业境外投资有计划、有步骤地展开，各地区和有关行业要依据中国产业的自身优势，科学分析国际市场，从实际出发制定科学的发展规划。

第三，要扶持。虽然企业是"走出去"的主体，但政府也应积极予以扶持，以达到尽快增强国际竞争力的目的。各级政府、经济贸易委员会对于有可能成为"走出去"排头兵的企业，要在债转股、优先上市、富余人员再就业等方面给予支持，使这些企业能够轻装上阵。要以国际市场为目标，加大这些企业的技术改造力度，坚持高起点，围绕国际市场竞争，提高产品技术、质量、性能和档次，尽快缩小与世界先进水平的差距。还要促使企业加强联合、共同"走出去"。目前，我们真正具备"走出去"实力的企业并不是很多。即使有的企业勉强能够"走出去"，其竞争力也很弱。在这种情况下，政府部门可以推动生产企业之间、生产企业与贸易企业之间、生产企业与科研机构之间的联合，实现优势互补，增强竞争力，共同开拓国际市场。

第四，要监管。在以往的境外投资中，政府部门往往只批不管或批管脱节，导致大量的国有资产和外汇资源流失。因此，中国政府必须克服这种现象，重点抓好两方面的管理：一是审批管理，在项目审批中既要减少环节，简化手续，提高效率，缩短时间，又要严格审批条件，保证境外投资项目的质量和效益，避免盲目投资。二是后期管理，各地政府要通过对投资主体的监督来强化境外企业的管理。要及时掌握境外企业日常生产经营情况，发现问题要及时纠正。要有高素质的管理人才，对境外企业的经营管理者要加强考核监督，并相应地采取一些有效的激励机制，以保证境外企业的正常运营和健康发展。

三　不断完善对外直接投资的支援制度

对外直接投资对韩国的国民经济发展具有重要意义，同时，企业在制度、习惯不同的外国进行投资往往伴随着相当大的风险。因此，政府从金融、税收、保险、情报及缔结政府协定等方面应采取综合支援政策，支持企业的对外投资。

韩国政府的金融支持是从 1971 年开始的，为鼓励和支持韩国企业的海外投资，韩国政府在不同的历史时期制定了不同的制度。支援对象为主管海外投资的金融机构、公司。负责此项工作的包括韩国进出口银行、外汇银行、中小企业振兴公团、大韩矿业振兴公社、韩国石油开发公社等。其中作用最大的是进出口银行。此类资金被称为政策性贷款资金，资金数额大、利率低、偿还期限长。海外投资金融支援制度所属种类有以下几种：海外投资基金，海外事业资金，外国政府等出资的资金支援，主要资源开发资金，对发展中国家投资或融资资金。企业进行海外投资需要很强的国内国际融资能力，但中国金融体制正处在改革之中，无论是国家政策银行还是商业银行对进行境外投资的企业都没有优惠利率的资金支持，人民币在贷款指标、外债指标、担保指标等数量方面难以满足对外投资企业的需要。在政府政策方面，非但政府没有给予有利的金融政策支持，而且对企业的融资管得过严，导致对外投资企业在国内资本市场上的融资能力极为有限，限制了对外投资的快速发展。①

在税收方面，为扶持和促进对外投资，韩国政府根据法人税法和所得税法，不仅对对外投资者采取海外投资损失准备金制度、国外纳税额扣除制度以及税收减免制度等支援政策，还于 1986 年 12 月，在修订税收减免限制法时，新设了国外纳税额减免制度，即同韩国订有防止双重征税协定的国家为鼓励外国人的投资，如对韩国投资者给与减免所得税或法人税优惠，被减免金额应被视为纳税额，在韩国国内也给予减免。而在中国，只有境外加工贸易业务所使用（含实物性投资）的出境设备、原材料和散件，实行出口退税，退税率则按国家统一规定的退税率执行。

在海外投资保险制度方面，韩国政府为鼓励对外投资，防止和减少对外投资因非常原因而遭受损失制定了海外投资保险制度。1972 年第二次修

---

① 李文峰：《中国跨国公司现状、问题及对策》，《改革》2001 年第 5 期。

改出口保险法时，加上了海外投资保险的内容，从 1977 年 1 月起两项业务由韩国进出口银行负责执行。此外，为保障和促进对外投资事业的发展，韩国政府还积极推进同有关国家签订投资保护协定、防止双重征税协定，并加入国际投资保证机构（MIGA）。而中国在这方面制定的支援政策还很不完善。中国虽然也与一些国家签订了投资保护协定，并加入了国际投资保证机构，但中国的海外投资保障制度还不太完善，企业往往得不到保障。

为最大限度地减少海外投资的失败风险，提高其成功率，韩国政府还制定了情报信息资料提供制度，事先向投资者提供充分的投资情报。这些情况不但包括投资对象国的政治、经济动向，金融、税收、外汇等经济制度，对外资的政策，也包括希望合作的企业以及有投资前景的行业等信息。韩国政府用提供各种信息的办法支援海外投资企业，是多年以前就着手实施的政策。提供投资信息的机构有韩国进出口银行、大韩商工会议所、大韩贸易振兴公社、中小企业振兴公团、产业研究所、信用保证基金和各部门有关机构，其中的大部分在国外设有办事机构。1988 年 10 月，韩国进出口银行内设海外投资情报中心。它的工作范围包括介绍外国投资制度，提供投资环境资料，联系国内外投资企业，对合作对象进行信用调查，培训对外投资人才，与国际机构进行资料交换，合同书的签订指导等。而中国的信息服务体系尚未完全建立，企业难以及时获取国际市场信息，导致企业盲目投资，常使企业蒙受惨重的损失。

韩国政府对企业的对外投资支援政策值得我们借鉴，为了完善中国的投资支援政策，为此中国应做到以下几点：

1. 制定和完善中国的财政金融支援政策。一是除继续保留中央外贸发展基金、援外优惠贷款和合资合作项目基金对境外加工贸易项目的支持外，应单独设立国家对外投资基金。二是完善现行出口信贷政策，扩大规模，将境外投资纳入出口信贷支持范围。国家应指定有关政策性银行或商业银行专门负责对外投资基金的具体运营。三是要适当放松对企业的金融控制和外汇管制，赋予条件适合的跨国企业以必要的国内外融资权，并由国家给予必要的担保，允许这些企业在国际金融市场上运用发行股票和债券、融资租赁和国际信贷等方式筹措资金和融资，获取较多的融资便利，以扩大对外投资的金融实力，减轻投资的资金筹措负担。

逐步完善有关境外投资和跨国经营的财税政策。在对外投资税收政策方面，除对作为实务性投资的出境设备、散件、原材料实行全国统一的出口退税政策外，还应实行国外纳税额扣除政策。抓紧与有关国家商签避免双重征税协定并批准实施，这将保证中国对外投资企业及其工作人员得以避免在国内外被双重课税。

扩大中央财政对实施"走出去"战略的支持力度，增加财政投入，以支持企业对新行业领域市场的开拓并提供公共服务。财政支持可通过赠款、贷款和股权投资的方式提供。进一步改善"走出去"战略的金融环境。在信贷方面，对境外投资企业降低门槛，例如，可以降低受贷企业出具担保的额度要求，这一责任可由中国的政策性银行如进出口银行承担，由其为对跨国经营企业提供商业贷款的商业银行提供信贷担保。加强保险和担保制度建设，如出口信用保险公司的政策定位应更加清晰，适度扩大资本金规模，进一步扩大对外投资和其他跨国经营的保险和担保范围，确定合理适度的信贷保险费率，满足企业跨国并购、BOT 项目融资等新兴业务的需要。推行更为适宜的外汇管理政策。过去几年进行的放松外汇管制试点已经证明，外汇管理部门减少简化审批手续、下放审批权限并没有造成企业恶意用汇，因此应根据企业海外投资战略的特点，制定适宜的外汇管理政策措施。

2. 尽快建立和健全中国的对外投资的法律和其他保障制度。为鼓励企业跨国投资和保护投资者利益，须加大宣传力度和提高保险服务质量，并在审批环节中对投资于高风险国家的企业和机构实行强制性投保制度，以对中国海外投资提供更充分、更有效地保护。投资自由化是以法律为保障的，投资者母国也需以法律法规保障投资者的权益。中国迄今为止尚未制定对外投资法，部门管理规章也比较零散，落后于形势的发展，亟待完善与更新，否则依法行政就没有根据。海外投资法规和政策透明度的提高，将会有效鼓励中国企业的海外投资和其他跨国经营活动，保障其权益。另外，为更好地保护投资者利益，政府还有两件事要加紧进行；一是与外国政府签订投资保护协定；二是与外国政府签订避免双重征税协定。

3. 信息服务和技术援助。政府应设立一个专门负责提供海外投资情报和咨询服务的机构，并建立一个提供投资情报信息的专业的政府网站，为投资者提供投资对象国的政治、经济动向，金融、税收、外汇等经济制度，对外投资的政策，必要的市场信息和法律咨询，帮助企业了解国际市场的需求状况和投资环境，研究分析产业、产品和企业的优势等相关信息，减少企业投资的盲目性，同时避免在国际市场上自相残杀，协调企业的行为。信息服务的内容要赋予新内涵，除提供东道国经济和政策法规外，还要向国内投资者提供相关国家的各类风险信息；建立对境外投资有兴趣的国内企业的相关情况数据库；提供中介服务，向潜在投资者提供投资机会信息或介绍适宜的投资合作项目；举办会议、投资团组和其他有实质意义的信息性项目，以期向潜在投资者提供投资机会。就机构而言，中国现有各驻外机构，可以更多地提供投资服务。还可以设立全国性和区域性的海外投资信息中心，负责向海外投资企业提供目标国家各方面的准确信息。在一些中国投资企业较多的国家，可以成立当地的中资企业协会，以交流信息，对外沟通，并为国内拟投资的企业提供咨询和建议。技术援助体系应该包括根据企业需要，设定投资促进的技术援助项目，如跨国收购和资源整合、可行性研究等。通过这种项目，把发达国家的高级管理人员带到国内，或者把国内企业的高级管理人员送到发达国家，相互交流；对圈定的投资机会，提供项目开发和可行性研究等。

4. 外交为对外投资服务

国际政治和经济利益是难以严格区分开来的，以经促政，以政促经，外交为经济战略服务，经济战略的有效实施反过来为外交创造新的条件，两者相辅相成，才是当今国际关系的真谛。所以在国际政治中要善于打经济牌，这是发达国家的普遍做法，值得中国借鉴。在处理双边和多边关系时，不仅要在原则上维护国家利益，而且要在具体事务上，尤其是重大项目的市场开拓上，对企业的跨国经营活动予以促进和支持。

第二节　对外直接投资的区位及产业选择要有利于促进出口

韩国对外直接投资直到金融危机爆发之前，对国内出口的引致效应是很明显的，在一定程度上起到了改善贸易收支的作用。韩国的海外法人企业实行就地生产、就地销售和就地生产销往第三国的经营策略，从而有效地避开了发达国家的关税和非关税壁垒，并节省了运费，降低了成本，使产品的国际竞争能力得到了增强。同时，当地法人企业的生产也带动了技术、成套设备和半成品的出口。应付发达国家的保护主义政策，开拓国际市场，是韩国企业对外投资的重要目的。在这方面，韩国已取得了明显成效。例如，韩国最大的汽车厂商——现代汽车公司，从 20 世纪 80 年代中期起就向加拿大、美国出口小轿车；同时从长远考虑，选择加拿大进行设厂投资，以当地法人资格向加拿大、美国供应小轿车，因而避开了数量和贸易摩擦。再如，韩国三大电子产品制造商三星、大宇、金星公司，由于在20世纪80年代后期受到欧共体反倾销惩罚，它们改变传统的出口策略，通过吞并当地企业（如三星公司在英国）或就地设厂（如大宇公司在法国）或组建合资企业（如金星公司在意大利、德国和芬兰）进行直接投资（总额达3.5亿美元），实行就地生产就地销售。

同时，在向其他发展中国家进行技术转让方面，韩国企业也取得了较大的进展。20世纪六七十年代，为了加速技术进步，韩国大量引进当时被认为是先进的生产技术和设备，同时还购进许多在发达国家高工资制下无利可图而被淘汰、转让的技术和设备。这些技术和设备对韩国企业来说，在低工资时期能提高生产效率，改善产品质量，增强出口竞争力。然而，随着国内技术开发的进展和人均工资水平的提高，这些技术和设备的重要性降低了。从20世纪80年代中期起，韩国企业便开始把原先引进的相对先进而现已被淘汰或即将被淘汰的技术和设备转移到国外，主要是亚洲、非洲、中南美洲劳动力相对便宜的地区。以转让设备作价进行合作投资，其中也包括为了转让专有或专利技术而进行的投资。这类投资不仅取得了海外企业的生产经营权，而且极大地带动了技术、设备以及与生产经营有关的半成品的出口，取得了双重效益。

据韩国银行统计，1981年，韩国对海外当地法人企业的出口额为20.64亿美元，1985年增至50.82亿美元；在出口商品总额中的比重，由1977年的4.1%提高到1981年的10%和1985年的19.2%。截至1985年底，对海外法人企业的商品进出口顺差达68亿美元，既扩大了商品出口，也改善了贸易收支状况。

中国的对外投资对贸易的影响可以从具体的投资行业和投资区域考察。首先，服务贸易型企业的投资，其动机与目标非常明确，肯定是为扩大出口服务的，因此这类企业的对外投资对中国对外贸易的影响无疑是积极的。其次，资源开发型企业的对外投资，进口的资源都是中国相对成本低或战略的需要，同时还能带动设备、制成品（如钢材）、技术和劳务的出口，虽然会带来一定的进口贸易增长，但从整体上看对中国出口贸易还是起到了促进作用的。最后，生产加工型企业的对外投资对中国对外贸易的影响情况较为复杂。我们将对生产加工型企业的对外投资做一个具体分析。（1）机械行业。机械行业中如汽车、摩托车零配件组装，家用电器中的 CKD、SCD 等①，由于绝大部分甚至全部都要使用国内的零部件，在初期设备投资之后，后续的零部件就成为组装生产的必要条件。因此，从总体上看，机械行业在海外投资对中国出口的带动作用是持续且长期的。特别是大型家用电器，这是典型的加工组装型产品，根据外经贸部的有关统计，家电行业投资带动出口的系数比其他产品高达 20—30 倍。金城集团的案例也显示，摩托车产品在海外投资建厂生产后，大幅度地带动了该集团的出口：1997 年，海外销售收入为 250 万美元，带动出口近 150 万美元；1998 年，海外销售收入近 600 万美元，带动出口达 400 万美元。②实证分析表明，机械行业由于技术与原材料、散件的高度结合，海外投资就可带来明显的贸易创造效应。（2）轻工业。严格地讲，轻工行业中也有属于机械行业的产品，主要是体积较小的机械产品如自行车以及其他轻工产品。这类产品的特点是，体积较小，出口运费没有体积较大的机械产品高，与海外加工的生产成本比，在国内生产此类产品后出口更经济，很少会有企业再到海外投资生产；即使在海外投资并形成规模生产，对国家的出口带动作用也不大。（3）纺织服装行业。纺织服装行业的投资主要是规避贸易壁垒，由于根据多种纤维协议，在投资国的出口配额已经用尽时，如果东道国尚有未使用的配额，投资国便可以使用。中国在纺织品领域受欧美出口配额的限制非常严重，因此不少纺织服装行业到海外投资的主要动机都是突破配额的壁垒，在海外寻求更广阔的市场。这种类型的企业在海外的投资也要视情况而定：一次性投资建厂可以带动国内纺织机械的出口，但对出口贸易没有持续的带动作用；使用国内材料多的，可以促进国内原材料、面料的出口，但有原产地规定比例的国家对此也有一定的限制；在有的国家（地区）可以享有免配额、免关税的优惠，则可以大大提高中国产品出口或向第三国出口。因此，纺织服装行业在海外的投资对中国出口贸易的影响是扩大还是替代，抑或兼而有之，目前尚为找到实证数据。

---

① CKD：Complete Knock-Down，即全分解装配：将产品全部拆散成零件后提供给买方组装成整机；SKD：Semi Knock-Down，即半分解装配：将产品拆散成部件或部分部件、部分零件后提供给买方组装成整机。

② 李钢：《"走出去"开放战略与案例研究》，中国对外经济贸易出版社 2000 年版，第 3—6 页。

　　总之，韩国的对外直接投资总额占国民经济很小的比例，还没有达到发展中国家的平均水平，因此，还没有对韩国国内贸易收支产生更大的负面影响。但是，如果按照现在的速度发展对外直接投资，高附加价值的产业比重不断提高，将逐渐显现出对国民经济的副作用。中国现阶段对外直接投资还处于发展初期，而且中国与韩国的经济结构有很多相似之处，借鉴韩国的对外直接投资对国内贸易的影响及其态势，对中国发展对外直接投资具有一定的启示：

　　中国在进行对外投资时，既要立足于现状，选择具有比较优势的产业输出，又要考虑经济发展的长远需要。因此，产业选择主要应该按照以下五个导向展开。第一，资源保障导向。一国经济的发展总是建立在充足的自然资源基础之上的。随着中国经济发展，国内资源约束问题突显，有必要进一步利用其他国家和地区的自然资源来保持经济的长期稳定发展。单纯依靠传统的贸易渠道难以保证重要资源的长期稳定进口，这就要求中国从战略高度进行对外直接投资，在境外建立一批战略性资源开发生产供应基地。第二，市场导向。国际贸易保护主义重新抬头，表现为种类繁多的非关税壁垒、滥用反倾销调查等多种形式。中国作为受反倾销指控最多的国家之一，传统优势产品出口深受其害。而直接投资于目标市场，"变国内生产国外销售为国外生产就地销售"，就能很好地绕过贸易壁垒。同时，可以使设计和生产更贴近市场，既方便捕获市场动态，又降低了运输费用，得以维持和扩大市场占有率。第三，产业结构导向。对外投资应该具有推动国内产业升级的作用，从国内产业结构出发，既要转移国内比较优势产业，又要注重投资产业的辐射效果以带动国内产业链发展。（1）产业高度同质化。发达国家的对外直接投资主要集中在第三产业里，同时，对高技术产业的对外投资也呈上升趋势。这表明对外直接投资的产业选择应与国内的支柱产业选择呈现一定程度的吻合。由于中国国内经济发展的整体水平不高，产业结构层次还比较低，不能盲目要求第三产业和高技术产业成为对外直接投资的重点，但这些产业是中国未来对外直接投资的重点发展方向。（2）产业相对优势。是指东道国产业相对投资国同类产业所具有的优势，这是某产业能否进行对外直接投资，形成跨国体系的前提条件，既可表现为"边际产业"，也可表现为"优势产业"和"中等水平产业"。通过相对优势产业的转移，可以满足国内产业结构调整和升级的需要。（3）产业内贸易量。是指某产业的对外直接投资所能形成的母国相关生产环节的交易份额。显然，这种交易份额越大，对国内产业的辐射越广，对拉动国内产业结构升级就越有利。优先选择产品供应链长的产业能够增加产业内贸易量。第四，学习和技术寻求导向。在国内管理落后、研发能力难以满足经济增长的情况下，就需要从国外引进先进的科学技术和管理方法。目前通过外资引进的技术没有知识产权，受到发达国家对本国先进技术外流的严格限制，也不能完全适合国内市场和产业的需要。因此应该直接到科技资源密集的地方投资设立研发机构和兴办高科技企业，开发生产具有自主知识产权的新技术、新产品；或在发达国家与拥有当地先进技术的企业合资或直接收购当地高科技企业，以便及时学习国外先进的管理方法，并将这些先进技术和管理方法带回国内。第五，品牌提升导向。中国经济发展已经到了一个转折点，要从利用别国的著名品牌发展本国的产业转变为培养中国自己的世界著名品牌。这可以通过两条途径得以实现。一方面，国内企业可以通过到发达国家和地区进行直接投资，显示自己在资金、技术和人才等各方面的实力，从而变"中国制造"的廉价品形象为发达国家和地区本土产优质品的形象，提高企业知名度，提升自己的品牌竞争力，如海尔模式；另一方面，通过收购国际知名品牌，如 TCL 并购汤姆逊，将著名品牌直接收归旗下。

一 加强对发展中国家制造业的投资，促进出口

美国经济学家威尔斯的小规模技术理论指出，发展中国家跨国企业的竞争优势来自与其母国的市场特征紧密相关的低成本；英国经济学家劳尔的技术地方化理论也证明了落后国家企业以比较优势参与国际生产和经营活动仍可具有一定的竞争能力。根据这两个理论，中国可以把劳动密集型的、适合发展中国家的产业投资到周边的次发展中国家，诸如朝鲜、老挝、越南等国家。中国的轻纺、家电、电子、机械部门也有一定的比较优势，同时有较大规模的加工组装型制造业，其中相当一部分产品的技术性能和质量稳定，很适合国外市场特别是发展中国家的市场需要，并且这些产业部门的生产出现了总供给过剩而国内市场饱和的情况，具备了向发展中国家和地区实行"梯度转移"的条件。由于中国已建立相对完整的工业体系，有必要在国际领域中建立和发展制造业国际生产体系，目前，大多数发展中国家和地区（包括中国）还处于低层次的技术结构上，与发达国家的高技术结构相比技术梯度比较小，可通过对外直接

投资实现产业与技术的国际转换。利用比较优势,将富余的劳动力和设备转移到经济发展水平类似的或低于中国的一些亚非拉发展中国家,这不仅可以带动把原先引进的相对先进而现已被淘汰或即将被淘汰的技术和设备转移到国外,而且可以极大地带动技术、设备以及与生产经营有关的半成品的出口,取得双重效益。

二 大力发展服务贸易型企业的对外投资

韩国在对外直接投资初期,服务贸易型的对外投资占有很大比重,这种类型的投资在很大程度上是为了开拓国际市场,对产品进行展示、推销,因此,完全是为扩大出口服务的,韩国对欧美等发达国家的投资中服务贸易业的投资至今仍占有很重要的地位,仅排在制造业之后。

中国可以在发达国家里以服务贸易业作为直接投资重点,形成并发展服务贸易业的国际化体系。相对于发达国家而言,中国制造业相对落后,总体上处于比较劣势,而在第三产业的服务贸易业上,虽然中国服务业的发展规模和水平远不及发达国家,但是服务业中的有些行业(如贸易和运输业)却是中国具有比较优势的行业,也是对外投资比较集中的行业。在服务业发展水平较高的发达国家进行投资,可以充分利用其先进的管理经验和技术,带动中国服务业及相关产业的发展。从服务业自身的特点看,投资服务业是符合中国经济发展现状和目标的选择。首先,服务业的投资规模较小且见效快,这个特点使其成为中国对外直接投资初级阶段的产业选择。其次,贸易等服务业的直接投资可作为其他行业对外直接投资的先导,发挥贸易业的后向关联作用。服务业特别是贸易业的这一特点也是符合中国现阶段对外投资的发展目标和政策的。从对外直接投资发展历史看,许多国家以出口贸易为先导,然后扩展贸易服务业(仓储、包装、运输、保险),再从贸易服务业发展到就地生产,发展工业制造业。因此中国也可以通过扩大贸易业的直接投资规模,逐步带动其他行业对外直接投资。

三 实现对外直接投资行业的多元化,分布区域的合理化,促进出口

韩国对外直接投资在发展初期,主要分布在北美地区,集中在劳动密集型的制造业里。进入 20 世纪 90 年代,其投资逐步转向亚洲国家,特别是对中国的投资,2004 年,中国已成为韩国对外直接投资的最大国家,

投资行业仍然集中在制造业，这种投资区域和行业过度集中，对本国的出口和改善贸易收支状况的作用具有一定的局限性，因此中国应该借鉴韩国的教训，发展对外直接投资，不仅要发展本国当前具有比较优势的劳动密集型行业，而且要向发达国家投资高新技术产业，以有利于中国出口结构的优化和贸易收支状况的改善。同时，中国对外投资企业应在企业布局上形成定位正确、分布合理、重点突出的多元化市场格局。从总体上看，发达国家政局比较稳定，法制比较完善，市场条件好，对经营管理水平的要求也高。在这些市场投资难度较大，但如果经营好，不仅可以获得较好的经济效益，而且对高科技的获得，对企业经营水平的提高都有好处，同时也能改善出口结构。在广大的发展中国家、独联体和东欧国家，中国企业有很大的比较优势。中国经济与这些国家的互补性较强，技术上有相对优势，便于这些国家掌握。特别是一些机电产品、成套设备的出口，有很广阔的发展前景。同时还可以利用一些发达国家对中国部分商品有配额而对某些发展中国家没有限制的条件，迂回开拓发达国家市场。因此，当前中国企业跨国投资的市场取向应该是：确立亚太地区作为投资的重点区域；继续保持对欧美两个市场的投资；积极开拓东欧、拉美、非洲等发达国家市场，实现投资行业的多元化，分布区域的合理化，促进出口，改善贸易收支状况。

第三节　对外直接投资要有利于企业的技术创新

韩国是依靠科技创新带动本国经济发展和增长方式转变的成功国家。一方面，在过去几十年中，韩国始终坚持以国家意志为先导、以企业创新为主体、以市场需求为导向、以产业应用为目的、以政府职能转变为关键的科技创新模式，不断加大科技创新的投入力度，努力提升本国的自主创新能力水平。另一方面，韩国企业通过对外直接投资来获取技术创新优势。第一，通过跨国兼并与收购欧、美、日等发达国家的高新技术企业，牢牢地控制和掌握着该企业原有的技术研究和开发机构、科研人才、设施和商品销售渠道，不仅为韩国国内提供重新组织技术研究和开发的有利条件，而且也使其获得了发达国家相关产业的关键技术、研究成果和现存生产能力以及稳定可靠的销售网络，从而推动韩国企业的技术水平和竞争实力的不断提高。韩国大企业集团的国际并购是获得国外现有技术与潜在技术的一种最为直接、重要的手段。第二，韩国大企业集团通过与美国、日本等发达国家的高科技企业集团进行战略联盟，联合开发高科技产品，三星电子与日本东芝生产记忆芯片是最典型的例子。韩国企业通过国际战略联盟获得了技术，降低了成本和风险，也是取得技术协作溢出效应的重要途径。第三，韩国早在20世纪80年代就"走出去"，到发达国家建立科技研发基地，而且在最新一次长期科技发展规划的纲领性文件《2025年构想》中，也明确提出要将其研发体系由"本国决定型"向"全球网络型"转变的设想。韩国政府还积极鼓励一些大型企业到国外设立研发机构，或者与国外企业建立战略性技术联盟，以实践韩国政府提出的所谓"国际技术战略路线图"。第四，韩国大企业集团为了获得先进技术，早在20世纪80年代就到具有领先技术行业的发达国家和发展中国家建立技术开发型的国际合资与独资企业。这是韩国企业获得先进技术最早、最重要的手段之一，并取得了良好的效果。如三星的半导体、现代汽车、大宇电子和汽车都纷纷到欧、美、日等发达国家建立合资与独资企业，吸收学习当地的先进技术，开拓市场，抢占全球尖端技术的制高点。总之，韩国通过对外直接投资获得发达国家先进的技术，取得了明显的成效。

中国企业对外直接投资的历史比较短，对国内技术创新的影响并不明显，但是，目前很多大型企业已进入发达国家寻求技术合作。总结中国对外投资企业技术创新的特点有以下三点：第一，技术接近于市场。中国的生产性对外投资企业，大多建在发展中国家，由于经济特点和发展水平与东道国的近似性，中国企业的技术不需要太大的变动就能适应当地市场，适应当地经济发展的目标。由于发展中国家的制成品市场规模很小，适应小规模市场的技术特征是劳动密集型的，因此，以发展中国家为目标市场的中国对外投资企业的技术创新优势，同样打上了小规模与劳动密集的烙印。但近年来，对发展中国家投资的比例减小，以及平均投资规模的逐步增大，说明中国对外投资企业技术创新优势的水平在提高，在某些行业中，甚至相对于发达国家而言，也开始具有相对技术创新优势。对发达国家以盈利为目的项目的增多，也说明了这一点。第二，技术主要源于国内母公司或其他相关单位。长期以来，中国企业由于科技体制的原因，企业不是科学研究的主体。除了少数大型国有企业外，大部分企业本身承担的科学研究活动不多。研究开发活动主要集中于一些科研院所和大专院校。虽然经过科技体制改革，企业科技开发力量有所加强，但基本格局没有发生改变。许多企业的技术支持依赖于科研院所和大专院校，这实际上相当于一种集中 R&D 的模式，只不过这种模式由于产学结合的困难而问题更多。由于企业自身 R&D 活动，中国对外投资企业所有的技术，往往是由母公司或其他相关单位的技术经过较小改动，甚至是没有改动而直接转移到境外的。虽然由于经济科技环境的类似，这些技术在某些发展中国家具有优势，但这种优势具有内在限制性，如附加价值低，生命周期短，容易被模仿等。第三，中国对外投资企业研究开发投入少，自主开发能力较弱。中国大中型企业技术开发经费占销售额的比重，近几年来一直徘徊在 1.4% 左右，而 R&D 经费占销售额的比重则更低。以工业企业为例，近年来，其科研经费占销售额的平均比例只有 0.7%，这一比例与发达国家平均 5% 的比例相差甚远，这从一个侧面反映了中国对外投资企业技术创新优势的差距。

总之，借鉴韩国对外直接投资对国内技术创新的经验与教训，结合中国目前对外直接投资企业技术创新的特点，得到如下的启示。

一　正确选择技术获取型跨国并购的条件与路径

韩国的对外直接投资最初始于 1968 年，高速发展阶段是 20 世纪 80 年代中期，国际跨国并购高速发展始于 20 世纪 90 年代初，这时韩国对外直接投资已取得一定的经验，韩国的大企业集团已在国际市场上摸爬滚打多年，因此韩国企业跨国并购取得成功的案例很多，如三星、大宇等大型跨国集团已进入世界 500 强行业，它们的跨国收购具有更多的经验可以借鉴，因此选择正确的跨国并购路径具有至关重要的意义。

近年来，中国企业并购国外企业动作连连，按照中国商务部发布的统计数据，仅在 2005 年 1—11 月，非金融类对外直接投资为 56.5 亿美元，而境外并购类投资占同期对外投资的 54.7%。中国大型集团跨国并购的案例，如获得成功并购的有：2004 年 7 月，TCL 并购法国汤姆逊；2004 年 9 月，上汽集团并购韩国双龙汽车公司；2004 年 12 月，联想集团并购 IBM 的 PC 业务；2005 年 8 月，中石油并购哈萨克斯坦石油公司。失败的有：2005 年 6 月，海尔集团并购美国美泰克公司；2005 年 6 月，中海油并购美国优尼科公司。这些成功与失败的并购案例要求我们必须具备正确并购的条件与路径。笔者认为，第一，尽早"走出去"是开展跨国技术投资的首要条件。进行海外技术获取型并购投资是一个复杂的系统工程，如果对投资国相关产业的发展状况、产业政策、资本市场相关政策缺乏足够的了解，不能充分利用海外融资渠道，是难以独立建设海外研发机构的，更无法顺利完成技术并购。企业只有通过多年的海外经营，才能具备所需的知识、技能、人才。第二，进行并购前的技术准备与积累是技术获取型并购投资的先决条件。从当前阶段来看，为了迅速进入利润的高端，快速掌握关键技术，许多企业在本身没有技术积累的情况下，希望通过并购的方式直接获取技术，这无疑大大增加了并购的风险，导致许多企业最终未能形成独立的研发能力。在现在的商业环境下，技术变化日新月异，而且当前的主要趋势是技术研发的分散化，由于技术研发的高投入与高风险，很少有企业独立进行所有相关技术的研发，大多是自身掌握几个核心技术，然后通过研发联盟以及专利互授的方式共同承担其他研发的风险与利益。在这个过程中，会形成非常复杂的技术转让以及使用关系。评估这些技术的商业价值以及分析这些技术联盟中的相关条款对未来并购的影响，是在收购前需要解决的问题。因此，对于那些希望通过资本收购来达到技术升级的公司来说，需要技术积累，以有效地帮助确定收购目标、进行并购后的整合。第三，并购后的技术整合是技术获取型并购的关键。企业收购在本质上是看中了被收购对象的未来价值——人。对于以技术获取为主要目标的收购，看重的就是未来能够提供的技术价值。技术人员的流失，当然会使对已有技术的理解与运用增加很多成本，而且也会损耗企业潜在的未来价值。因此，保留人才成为企业并购整合工作中的重点。第四，变"弱势收购"为"强势收购"。在中国近年来发生的收购中，无论TCL收购汤姆逊、阿尔卡特，明基收购西门子，还是联想收购IBM PC，基本上都属于蛇吞象，也就是弱势收购。这种并购不但整合起来非常困难，还会使新公司因缺乏明确的战略路线而丧失既有优势。而华为为拓展美国市场所采取的收购策略，是在美国展开了一系列小规模收购。如2002年初对光通信厂商OptMight的收购；2003年对Cognigine的收购。这一系列收购强化了华为在传输与接入领域的优势。其实，韩国大型企业集团在美国等发达国家收购很多小型高科技公司也是为自己提供直接技术服务的。这也是我们应当借鉴之处。

二　应重视和逐步开展境外企业的 R&D 活动

在进入新世纪之后，特别是在经济全球化和国际科学技术竞争不断激化的压力之下，韩国开始认识到构建全球网络型国家创新体系的重要性。在《2025 年构想》的纲领性文件中明确提出将研发体系由"本国决定型"向"全球网络型"转变的设想。为实现这一转变，韩国政府采取措施吸收世界著名跨国企业来韩国设立研发中心，同时积极鼓励本国企业到海外设立 R&D 机构，参与全球具有战略意义的国际合作项目，希望通过这些国际合作，获得关键性技术，韩国大企业集团的海外研发活动不仅在欧、美、日等发达国家进行，而且也在中国这样的发展中国家开展，仅三星公司就在世界范围内建立了 11 个 R&D 中心，通过这样的境外研发活动获得发达国家的高科技，同时能够生产出当地所特有的技术产品。

　　中国企业在海外以独资、合资、合作等多种形式设立研发机构，如海尔分别在东京、洛杉矶、里昂、阿姆斯特丹等地设立了 18 个设计中心，格兰仕公司在美国设立微波炉研究所等。这些境外研究开发活动带来了很多效益：一是通过在发展中国家的境外企业自身的 R&D 活动，可以进一步拓宽投资技术的适应性和竞争力；可根据当地市场需要开发新产品，更多地占领当地市场；当地 R&D 活动还可利用当地的技术人才等资源。二是通过在技术水平先进的发达国家境外企业的 R&D 活动，可以更好地开展技术获取工作。充分利用境外企业接近当地技术资源的优势，实现跟踪先进技术的目的。当然，境外企业 R&D 活动不仅仅是为了获取技术，而包括对所获取技术的吸收和消化。在此基础上，一方面可以开发新产品，占领当地市场；另一方面还可以充分利用内部市场，进行向国内的技术转移和扩散。通过这种转移，一可以利用国内生产的低成本优势，延长技术生命周期；二可以使境外 R&D 的成本获取补偿；三可以带动母公司及其他子公司技术水平的提高。

三　与国际上具有先进技术水平的跨国公司结成战略联盟

　　跨国公司间缔结国际战略联盟最早始于 1979 年的汽车行业。当时美国福特汽车公司与日本马自达汽车公司结成第一家国际战略联盟。继此之后，尤其是进入 20 世纪 90 年代以后，国际竞争极为激烈的半导体、信息技术、电子、生物工程、汽车制造、食品饮料、航运和银行等资本技术密集的行业，成为跨国公司建立国际战略联盟集中的领域。而且，其战略合作覆盖从科研和开发到生产、销售和服务的全过程。据统计，在世界 150 多家大型跨国公司中以不同形式的战略联盟涉及的领域大多是资本、技术和知识密集型产业，签订的合作协议中技术合作协议占很大比重，而这种研究与开发战略联盟基本上集中在核心技术产业。国际战略联盟提供了竞争获得技术，降低成本和风险，取得技术协作溢出效应的途径。许多合作的研究与开发既是作为对于竞争的反应，又作为竞争的手段，使竞争在更高层次上展开。这种国际合作型的企业技术开发目前虽然主要在发达国家进行，但一些发展中国家的跨国公司也越来越多地运用这种方式。

韩国企业与国际上具有先进技术水平的跨国公司结成战略联盟是获得技术创新的手段之一，通过"策略性联盟"方式对发达国家高科技产业进行投资，分享对方的先进技术和最新技术信息资料，不仅促进了原有产业的技术改造，而且加速了高科技产品的开发。诸如韩国三星电子公司与日本东芝公司形成战略联盟合作开发记忆芯片，韩国还很关注与俄罗斯之间的合作和技术联盟，所以韩国企业不仅与发达国家还和发展中国家进行技术战略联盟，共同开发先进技术，促进国内技术创新。

中国作为发展中的大国，可以与国际上具有先进技术水平的跨国公司结成战略联盟以获得先进技术，韩国企业发展这种国际战略联盟的历史比中国长，我们可以借鉴其经验，结合中国企业的技术优势发展中国的跨国战略联盟。中国企业在一些传统技术（如中药、气功、园林）、中间制造和加工业（如机电、轻工业、食品）以及高精尖技术领域（如计算机软件、生物工程、航天工程）等方面都具有较强的优势，应当尽快实行国际化，占领国际市场，以产生更大的效益。在这些行业里，与一些已经在国际市场上有所建树的外国公司进行联盟，借助它们的资金、生产力量及市场渠道进行国际化，一可以获取企业所需要的技术资源；二可以利用其资金、生产力量、销售渠道等优势；三可以减少独立进行 R&D 的风险性。在具体方式上，可以吸引国外大型跨国公司到中国，与之合作兴办技术投资企业或设立科研院所，合作进行技术开发活动。也可与之合作在海外兴办技术开发中心、海外实验室等，还可以就某一方面的技术开发项目结成较松散的联盟。

四　要加强对外直接投资企业的技术创新力度

韩国在对外直接投资初期，乃至 1997 年发生金融危机之前，还没有清醒地认识到要加强对外直接投资的技术创新力度。当然，对外直接投资的技术创新不足也是导致金融危机的因素之一。特别是韩国在对外直接投资初期，主要是在劳动密集型行业里向东南亚等落后的发展中国家投资，随着经济的发展逐步向资本密集型的制造业方向发展，但是韩国虽然在20世纪80年代第一次提出了技术立国的口号，但无论在国内还是在对外直接投资方面的技术创新是不足的，结果导致其国内出口产品和对外直接投资产品的技术含量很低，缺乏竞争力，收益率逐步降低，面临着像中国这样后发展中国家和亚洲其他新兴工业化国家和地区的激烈竞争，而且韩国的对外直接投资企业大多数在技术水平、经济实力、市场渠道、融资能力和经营管理方面均居劣势。因此，在金融危机发生后，在21世纪初，韩国明确提出第二次技术立国战略，从政府、企业到国民都支持大力发展高科技企业，加强对外直接投资企业的技术创立，提高出口产品的技术含量，这也是中国发展对外直接投资时应吸取的经验教训。

中国对外直接投资已初具规模，中国对外直接投资主要还是劳动密集型产业，无论中国的出口产品还是对外直接投资企业制造的产品遍布全球各地，但是由于科技含量低，竞争力不高，而且企业的收益率很低。因此，随着对外直接投资的发展一定要注重对外直接投资企业的技术创新力度，吸取韩国的经验。第一，大力促进产学研相结合，提高企业的科研开发实力。对于股份制改造的对外投资企业，可吸收拥有对口专业的大学、科研机构作为公司的股东，相互形成紧密的联系，使大学、科研机构成为公司科技成果开发基地和人才培养基地，充分发挥其在基础研究、应用研究方面的优势。对于股份化条件不成熟的对外投资企业与科研院校等也可以合资经营、合作研究与开发等形式组成有限责任公司，加强双方的结合和联系。以技术市场为媒介，搞好对科研院所技术转让的吸收、消化工作，增强自身的技术实力。第二，解决好技术的产业化问题。企业应高度重视技术创新工作，把技术的商业化应用研究放在头等重要地位。商业应用的范围不仅局限在国内，而且应扩大到国际上，从而建立起复杂化的技术创新优势。在此基础上，做好技术的转移和扩散工作，比如，通过技术许可、合资经营等形式，延长技术生命周期，获取足够的技术收益。同时，对中医、中药、餐饮业应重视专有技术与经营管理技术的结合，通过特许经营等方式，在国际范围内实现产业化。

第四节 对外直接投资要有利于优化产业结构

一 韩国对外直接投资对其国内产业结构调整的效应

众所周知，韩国是产业结构调整比较成功的新兴工业化国家之一。从20世纪60年代开始，韩国国内主力产业经历了从劳动密集型的轻纺工业、资本密集型的汽车和造船等机械制造业、技术和知识密集型的电子工业到当今的通信、生命科学等高科技产业的转换。每一次产业结构的成功转型，对外直接投资也是重要的促进因素之一。

韩国的对外直接投资对其国内产业结构调整的效应可以从两个角度考察。第一，通过对外直接投资将国内处于比较劣势的产业向海外转移。韩国的经济发展进入20世纪80年代中期，伴随着国内劳动力工资的极大提高、技术人员不足以及劳资纠纷等情况的出现，以及周边国家如中国、泰国、菲律宾等国家经济的崛起，这些国家大量地生产劳动密集型产品，给韩国劳动密集型的产品带来极大的竞争压力，韩国的比较优势产业，即技术含量低的劳动密集型产业，比如纺织品产业、鞋类产业、玩具类产业、文具类产业成为夕阳产业，在国际市场上逐步失去了竞争力。韩国为了适应国际市场及国内经济发展的需要，适时地把这些夕阳产业在20世纪90年代初大举向东南亚等发展中国家进行转移，这种产业的转移使非效率资源配置到国外转化成比较优势，实现了资源的有效配置，取得了产业优化组合的利益。第二，向国外进行高新技术产业的投资，吸收先进技术，促进国内新兴的高新技术产业的形成和发展。韩国企业到欧、美、日等发达国家，投资于半导体、电子计算机、新材料、遗传工程等高新技术领域，可以从中吸收世界最前沿的技术，并把产品销往第三国或在当地销售，而且还可以把已经掌握的技术向国内传递。这可以使国内产业技术得到更新，提高产业结构。

韩国对外直接投资对国内产业结构的调整效应也可以从其投资的产业与区域分布来考察。从总体上看，1968—1980年，韩国的制造业对外直接投资分布在东南亚邻国；贸易业分布在东南亚和欧美一些发达国家；建筑业分布在中东石油输出国；资源开发业主要分布在邻近的一些资源丰富的国家。这一时期，韩国对外直接投资主要在发展中国家和地区，对发达国家的投资刚刚起步，且主要分布在它的最大的外销市场——美国。1981—1986 年，资源开发所占比重也高居首位，制造业比重有较大上升，贸易业和建筑业下降幅度较大。1986 年后，行业结构发生再一次改变，制造业和贸易业的投资上升，而且对中国的投资增长最迅猛，对亚洲的投资也迅猛增长，但是韩国对外直接投资一直以亚洲和北美洲为主。20 世纪末，对欧洲的投资也有所增长，韩国的对外投资向多元化方向发展。

二　中国对外直接投资产业分布现状

1. 中国对外直接投资所涉及的行业领域极为广泛，几乎囊括了三大产业的各个领域。从工业品制造加工、农业种植、资源开发、交通运输到旅游餐饮、咨询服务、科技开发以至综合贸易、金融业和房地产业等，皆有涉足。在工业项目中，又广泛涉及纺织、轻工、机械、电子、冶金、化工等多种行业领域。投资所涉及的产业范围虽广，但从总的经营情况看，还处于布局零散、个别占领的状态。

2. 对外直接投资高度集中于资源开发业和初级加工制造业。按照投资额计算，在中国全部海外投资中，资源开发投资占 29.4%，工农业生产投资占 51.6%，其他投资仅占 19%。① 其中在资源开发方面，渔业、林业和矿业资源是主要开发对象。

中国初级加工制造业是生产性海外投资中另一个较为集中的部门，占全部海外投资企业的 50% 左右。这些行业由于技术相对简单，投资少，见效快，与中小型企业的对外投资要求颇为适应。中国在纺织、服装、制鞋、家具和珠宝加工等领域具有一些优势。

3. 对技术密集型项目的投资近年来有所增加，新建了若干高科技企业。如中信公司在中国香港合资开设的亚洲卫星公司，赛格在中国香港建立了生产精密集成电路板的工厂（投资总额达 3.12 亿美元），海尔集团在美国南卡罗来纳州建立了冰箱生产厂，在东京设立了研发机构；长虹、康佳、科龙、小天鹅等在硅谷设立了实验室。但从总体上讲，中国目前在海外投资企业中高技术企业的比率还很低，对外投资的低技术格局仍未发生改变。

4. 从业范围出现了"交叉进入"的多样化发展趋势。中国企业在进

① 王林：《中国对外直接投资与产业结构调整研究》，《价值工程》2006 年第 6 期。

行境外直接投资的过程中，在坚持以一业为主的同时，逐步向多种经营转变，从生产一种产品到生产多种产品，从一个行业向多种行业稳步拓展，从而呈现出不同行业的企业之间交叉投资的多样化发展趋势。外贸公司不断扩大境外加工制造业的投资比重，工业企业向贸易业和其他行业领域扩展。以劳务输出、承包工程为主的对外经济技术合作公司，正逐步向纺织、轻工和电子等行业延伸。

三　借鉴韩国对外直接投资产业的经验，中国对外直接投资产业应采取的对策

总结韩国对外直接投资对其国内产业结构调整的经验与教训，结合中国目前对外直接投资的产业现状及国内产业结构转型，得出如下的启示。

（一）根据对外直接投资产业动态发展原则选择中国对外直接投资重点行业——制造业

韩国对外直接投资的初期是从林业等资源开发型产业开始的，随着国内经济的发展，制造业实力增强，从 20 世纪 80 年代中期开始，对外直接投资转向汽车、电子等制造业，到目前为止，制造业仍是韩国对外直接投资的主力产业。进入 21 世纪，韩国国内进行了产业结构调整，大力发展服务业等高科技产业，进而向发达国家投资高新技术产业，吸收发达国家的先进技术，提高本国产品的技术含量，大力发展以第三产业为主的对外直接投资。这是一条成功地利用对外直接投资改善国内产业结构的路径。中国对外直接投资产业分布状况表明，资源开发业到目前为止一直是中国对外直接投资的重点。中国是一个人均资源相对贫乏的国家，发展资源开发型的对外直接投资有助于缓解资源缺乏这一经济发展的瓶颈，发挥对国内相关产业的前向辐射效应。但是，资源开发业毕竟属于低附加值行业。表明韩国也是资源贫穷的国家，资源开发业也是其对外直接投资初期的重点行业，但是随着其经济的发展，制造业成为国内的优势产业，进而成为对外直接投资的主力产业，因为制造业具有较高的附加价值，可以带来更大的利润空间，对国内的辐射效应也很大，可以带动国内经济的更大发展。制造业也是中国的比较优势产业，但是其对外投资的比重并不高，而且以初级加工业为主，这样的对外直接投资对国内产业结构的调整不会起到促进的作用。① 中国现阶段面临着经济结构和产业结构转型的任务，而制造业的对外直接投资能更有效地实现国内产业结构调整的目标。因此，中国对外直接投资的产业选择应从以资源开发业为主转向以制造业为主，加大制造业对外投资的力度。

（二）注重发挥发展中国家的产业相对优势

发展中国家的产业相对优势主要体现在成熟的标准化技术和适应较小市场需求或适应当地投入要素的技术上。由于本国（地区）市场容量较小，资金技术实力不足，它们往往要对从发达国家引进的技术进行改造，使之符合自身的需要；在进行对外直接投资时，海外子公司会充分利用这些已经发展成熟的小规模劳动密集型技术进行生产。这些技术更符合那些国内市场有限、劳动力众多的发展中东道国的实际，因而在这些国家表现出强大的生命力。

对优势型对外直接投资而言，应选择能够发挥其产业相对优势的行业。韩国对外直接投资平均规模比较小，中小企业占有很大的比重。中小企业就是利用韩国从发达国家引进成熟的标准化技术，经过改造，适应较小市场规模的需求，形成相对发展中国家而言的比较优势，结合当地的要素投入进行生产的。这些中小企业主要向其周边的发展中国家进行投资，如中国、朝鲜、东南亚国家，不仅带动了国内夕阳产业的海外转移，而且也为一些国内生产能力过剩的产业找到了出路，同时也改善了国内的产业结构。

迄今为止，中国已建立了较为完整的工业体系，工业制造品在中国出口中占据绝对主导地位。虽然中国的工业制造业发展水平同发达国家相比尚有较大差距，但同一些发展中国家相比，中国在纺织、食品、冶炼、化工、医药、电子等产业上形成了一定的比较优势。此外，中国还拥有大量成熟的适用技术，如家用电器、电子、轻型交通设备的制造技术、小规模生产技术以及劳动密集型的生产技术，这些技术和相应的产品已趋于标准化，并且与其他发展中国家的技术阶梯度较小，易于为它们所接受。因此中国的对外直接投资重点应放在生产能力过剩、拥有成熟的适用技术或小规模生产技术的制造业上。

---

① 范欢欢、王相宁：《我国对外直接投资对国内产业结构的影响》，《科技管理研究》2006 年第 11 期。

（三）对外直接投资的产业选择方向应与国内产业结构高度化的发展趋势相一致

金融危机后，韩国对外直接投资的重点逐步转向科技含量高的高科技产业。21世纪初，结合韩国国内新一轮的产业结构调整趋势，对外直接投资企业通过跨国兼并收购、建立高科技的合资独资企业、到发达国家建立研发机构以及通过企业间的国际战略联盟，提高国内技术创新的力度，进一步优化国内的产业结构。韩国还大力发展金融、保险、不动产、仓储、批发零售业等第三产业的对外直接投资，进一步促进国内第三产业的发展。尽管在韩国的对外直接投资中，制造业仍然占有很大的比重，但是笔者的实证分析表明，韩国的对外直接投资与国内第三产业结构的变化是成正比的，相关系数是正的，说明韩国对外直接投资对国内产业结构的优化具有积极的效应。

中国的对外直接投资还处于起步阶段，国内产业结构的层次还比较低，因此不可能盲目地要求第三产业和高科技产业成为对外直接投资的重点。但是，我们要借鉴韩国的经验，在发展制造业对外直接投资的同时，必须结合国内产业结构调整的趋势，把第三产业作为代表中国未来对外直接投资产业的重点发展方向，在推动国内产业结构升级方面大有可为。特别是高新技术行业，其海外投资能够及时追踪、获取国外最新技术成果，分享国际技术资源，带动国内产业的发展。因此，对学习型对外直接投资而言，投资的重心应落在技术密集型产业，特别是那些高新技术含量大、产品附加值高的行业。这符合对外直接投资的辐射效应和产业结构高度同质化要求。

（四）发展对外直接投资，防止国内产业空洞化

一些韩国学者认为，韩国已经进入产业空洞化的阶段，而且与其他国家，特别是发达国家相比，进入得比较早，发展速度很快。本书从韩国发展对外直接投资对国内产业空洞化影响的角度进行了分析，认为韩国的海外投资对其产业空洞化的影响还不明显。首先，韩国对外直接投资在整个国民经济中所占比重还很低；其次，即使制鞋业、纤维产业及机械装备业有加速国内产业空洞化的趋势，但是家电、汽车及电子等产业在不断向海外发展的同时，也加速了国内相应产业的技术改造，延缓了国内产业空洞化的出现。

实际上，近两年来，韩国政府也在采取一些措施化解产业空洞化所带来的不利影响。首先，不断调整产业政策，加大对主要支柱产业的投资力

度，将 IT、汽车、造船、钢铁、机械、纤维服装、石油化学等产业中的16 种产品作为下一代提升经济发展的动力源，并通过持续的技术革新和开发新技术来提高这些产业的竞争力。韩国产业资源部最近表示，今后 5年，在 IT 领域重点扶持半导体等八大产业，将投入 1 万亿韩元（约合8.45 亿美元），以确保相关产业的竞争力不断提升。其次，进入 21 世纪，韩国先后制定了中长期科技发展和创新计划，其中包括对重点领域、重点产品开发的投资比例进行调整等。最后，近几年来，韩国政府多次提出要大力扶持中小企业的发展和推动其海外投资以及大力支持中小风险企业创业的政策和措施。

中国目前也有一些产业空洞化的迹象，对外直接投资的比重也很低，与韩国对外直接投资与产业空洞化有很多相似之处。如何避免过早地进入产业空洞化时期，以及如何发展对外直接投资以减少产业空洞化所带来的负面影响，借鉴韩国经验，可得到如下的启示：第一，发展对外直接投资，获取先进技术，改造国内传统产业。中国许多传统产品，如科学仪器、工艺美术品、稀土原料等在美国和西欧颇具竞争力，这些产品以质量优良和价格低廉取胜。中国的汽车、造船及电子等资本密集型产品也应该"走出去"，到发达的资本主义国家投资，掌握先进的技术，反馈到国内，形成对国内产业结构高度化的直接牵引，可带动国内相关产业的发展和技术改造、更新、产品的升级换代。第二，发展对外直接投资，创造新兴产业。中国虽然在总体产业技术水平上落后于经济发达国家，但在航天、通信、IT、生化技术、超导技术等高科技领域具有一定的比较优势。通过发展对外直接投资，与发达国家合作实现高新技术成果产业化，能解决中国科技成果产业化比例低的难题。另外，我们可以借鉴韩国的经验，对外发展中小风险企业，到国外融资，建立高科技的研发机构，不仅能够掌握世界前沿的技术，而且能够反馈到国内，创造新兴产业，改善国内的产业结构，实现产业结构的优化。

第五节　对外直接投资要有利于国内就业

到目前为止，韩国对外直接投资对其国内就业总体上并未产生消极的影响。而且随着对外直接投资的扩大，国内就业人数也在不断扩大，如表10.1 所示，1995 年对外直接投资总额为 31 亿美元，当年 1 月的总就业人

数为 1951 万美元，到 2006 年对外直接投资总额扩大到 107 亿美元，当年
1 月的总就业人数扩大到 2247 万美元，表明对外直接投资的迅速发展促
进了国内就业。因为，韩国的对外直接投资初期主要是轻纺的劳动密集型
行业，随着生产设施大量的海外转移，减少了国内的就业岗位，但是当电
子、化工的重化学工业变为对外直接投资的主力产业时，直接增加了对国
内中间品、原材料的需求，同时也会扩大国内出口，间接地增加国内的就
业岗位。而且，韩国目前积极发展第三产业的对外投资，为了满足海外投资
方面的法律、管理和工程咨询、国际金融等方面的需求，增加国内这些方
面的就业岗位。从表 10.1 也可以看出，从 1995 年以来，韩国第一产业的就
业人数在减少，第二产业制造业的人数变化不大，而第三产业的就业人数
在增加，就可以说明这一点。对外投资的发展，就业人数的增加，说明韩
国国内在大力发展海外投资的同时，能够成功地进行产业结构的转换，积
极地转变对外直接投资产业，实现就业岗位的增加，及就业结构的优化。

表 10.1　　　　　**韩国对外直接投资规模与就业人数**　　　　（百万美元；千人）

市场	对外直接投资	就业人数总计	农林渔业	制造业	建筑业	零售、饮食、旅游业	电器、运输、仓库、金融	公共服务设施
1995.01	3100	19510	1874	4839	1767	5397	1811	3792
1996.01	4460	19943	1802	4734	1834	5614	1912	4026
1997.01	3715	20556	1790	4669	1898	5880	1995	4302
1998.01	4815	19686	1794	4236	1769	5603	1963	4298
1999.01	3332	18996	1694	3853	1282	5639	1957	4553
2000.01	5100	20210	1723	4250	1392	5998	2049	4781
2001.01	5174	20504	1585	4292	1379	5822	2102	5306
2002.01	3709	21342	1627	4248	1550	6005	2151	5741
2003.01	4092	21562	1596	4144	1704	6027	2169	5908
2004.01	5947	21936	1489	4254	1740	5939	2167	6327
2005.01	6561	22078	1405	4252	1686	5848	2202	6667
2006.01	10773	22471	1361	4201	1700	5861	2307	7025
2007.01	–	22729	1334	4156	1748	5787	2370	7316
2008.01	–	22964	1270	4125	1743	5750	2392	7664

说明：对外直接投资额是当年的实际对外直接投资额。

资料来源：韩国统计厅（www.nso.go.kr）。

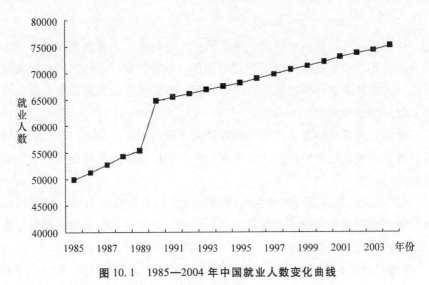

图 10.1　1985—2004 年中国就业人数变化曲线

资料来源：根据各年《国际统计年鉴》整理所得。

　　根据图 10.1 和表 10.2 可以看出，改革开放以来，随着中国经济的快速发展，中国就业总体上呈稳步增长趋势。1985 年，中国就业人数为 49873 万人，2004 年底，中国就业人数达到 75200 万人，城镇就业人数为 26476 万人，其中单位就业人员 11099 万人，城镇私营企业和个体经济组织就业人员 5515 万人；2004 年，中国就业人数比 1985 年净增 25327 万人，平均每年新增 1266.35 万人，年递增率为 2.54%。近年来，尽管就业人数逐年增加，但由于中国劳动年龄人口众多，国民教育水平较低，在就业压力持续加大的情况下，中国政府采取多种措施控制城镇失业率的急剧上升。2004 年底，城镇登记失业率为 4.2%，城镇登记失业人数为 827 万人。

表 10.2　　　　　　　　　　1985—2004 年中国就业人数　　　　　　　　　　（万人）

年份	1985	1986	1987	1988	1989	1990	1991	1992	1993	1994
就业人数	49873	51292	52783	54334	55329	64749	65491	66152	66808	67455
年份	1995	1996	1997	1998	1999	2000	2001	2002	2003	2004
就业人数	68065	68950	69820	70637	71394	72085	73025	73740	74432	75200

　　资料来源：根据各年《国际统计年鉴》整理所得。

从总体上看，目前中国就业矛盾依然十分突出，主要表现为：劳动力供求总量矛盾和就业结构性矛盾同时并存，城镇就业压力加大和农村富余劳动力向非农领域转移速度加快同时出现，新成长劳动力就业和失业人员再就业问题相互交织。

中国在发展对外直接投资的同时要关注国内的就业影响，我们借鉴韩国对外直接投资对其国内就业的影响，结合中国目前的就业现状，得出如下的启示：

1. 中国应鼓励进行防御性投资的企业大胆走向海外市场，充分利用海外生产性资源优势或抢占海外一部分市场。对其有利于国内就业的行为给予鼓励，对于出口到国外子公司的产品予以税收上的优惠。

2. 对于服务业以及一部分具有比较优势的劳动密集型产业的对外直接投资，要积极地引导它们利用国内的劳动力资源。国家要通过各种形式的培训和教育方式帮助那些因国内产业调整而不得不进行就业调整的人员顺利地转移到新的行业。

3. 大力发展与对外直接投资有关的服务性行业，特别是一些有助于海外投资发展的中介部门。为了满足海外投资企业对国内的法律、管理和工程咨询、国际金融等方面的需求，政府应该放宽这些行业在经营主体、经营方式、经营范围等方面的管制，从而大力提高这些行业从业人员的比例。

4. 鼓励内陆地区一些有优势的企业走向海外。它们走向海外将有利于带动内陆地区的投资和消费，可以刺激相关企业的出口，也有利于其就业素质的提高。国家应为这些企业提供大量的海外信息及咨询等中介服务，解决这些企业暂时的信息不对称问题，为它们走向海外搭桥牵线。

总之，我们要充分认识到对外直接投资对中国就业的影响。利用海外的资源来为解决中国的就业问题服务。

第六节　对外直接投资的主体、方式以及企业战略的选择

一　投资主体的选择

可参考韩国对外直接投资过程中的成功经验。韩国政府20世纪60年代根据经济复兴计划扶持了一些大企业，在政府投资、税收优惠和贷款优

惠的推动下，按照市场导向、资源导向支持国内大集团形成优势产业群，利用规模经济优势在 FDI 跨国化过程中发挥了重要作用。如大宇、LG 电子、鲜京、三星电子、东亚建筑、双龙水泥，使其到 1997 年排在发展中国家 50 强前列。韩国在经历了 1997 年亚洲金融危机后，对国内经济进行了大刀阔斧的结构改革，同时大力培养中小企业的发展，协助中小企业走向海外。所以，韩国目前的海外直接投资是大中小企业并举发展，促进了韩国在海外的直接投资。亦可参考其他发展中国家和地区的对外直接投资经验，如中国香港、中国台湾地区从 20 世纪 80 年代后在投资自由化政策的驱使下，主要依靠中小企业，根据国际市场行情，发挥其经营灵活的有利因素进行对外直接投资，使 20 世纪 90 年代以"四小龙"为主体的东南亚、东亚的 FDI 额占发展中国家 FDI 总额的 86% 以上。因此，对中国对外直接投资主体的选择启示是：中国应该实施大集团与中小企业并举的方针。审视当代企业跨国发展格局与中国大中小企业二十余年的对外投资实践，对外投资主体应不拘一格，既要重视和发展大型骨干企业的对外投资，又要鼓励和推进中小企业的跨国发展，大中小企业并进，以求配套协调发展。作为兼容资金、技术和人才优势，集生产、销售与服务于一体的大型对外投资企业是生产经营国际化日益发展和世界经济竞争进一步加剧的产物，也是一个国家企业对外投资水平由初级阶段走向中高级阶段的重要标志。它不仅能够实现企业内部生产要素的优化组合和资源的有效配置与使用，而且能够增强企业竞争能力，优化产品结构和对外经济的生产布局。因此，应有计划、有步骤地组建和发展中国大型对外投资企业。但是，中国毕竟是发展中国家，外投资金和生产经营技术都有很大的局限性，所以还必须充分发挥中小企业对外投资少、容易上马、便于管理、经营灵活、拾遗补阙等特殊作用。如手工编织、手工雕刻和制陶等轻工业项目，都适合于中小企业的对外投资，并有非常广阔的发展前景。

二 投资方式的选择

（一）进入方式的选择

除了新建投资外，并购投资也应当被更多地采用。并购具有许多独特的优点，主要体现在速度优势和获得品牌、技术、销售网络等战略性资产上，东道国政府也更乐意接受。需要特别指出的是，这一策略在东道国企业遭遇外部冲击（如金融危机）或自身经营不善时采用尤为经济，此时目标企业资产大幅缩水，可以低成本获得优质资产，实现快速扩张。20世纪90年代后盛行的国际战略联盟不失为中国企业对外直接投资方式的又一选择。通过国际战略联盟可以集多家公司的力量共同对一个项目进行投资。这样不仅可以解决资金不足、管理力量薄弱问题，而且可以增强竞争力，分散经营风险。总之，在对外直接投资进入方式选择上，建议采取新建、并购、国际战略联盟等多种形式，选择灵活的市场进入战略，但要在企业现有竞争实力和驾驭能力的基础上量力而行。

（二）经营方式的选择

在经营方式上要将企业优势和东道国的要求结合起来进行选择，在这里，按照是否参与股权，可以将对外直接投资划分为两种：股权投资和非股权投资。

合资、独资等方式，是股权投资的方式，它是指以资金形式投资国外经营企业，并对企业拥有全部或部分所有权和控制权的投资。从中国企业整体情况看，选择合资经营方式进行对外直接投资是有利的，能吸收和利用当地合作伙伴的优势和长处，在享受东道国优惠政策的同时，减少和避免政治风险。特别是在某些发展中国家，对外资控股额有一定的限制，采用合资方式是必需的。但是企业自身条件不同，对投资方式的选择也各异。对于拥有独特技术优势、经营规模较大、在国际市场上有一定竞争力的大型企业集团，在可能的情况下，采用独资经营更为有利。

非股权投资是指不以持有股份为主要目的的投资方式，包括技术授权、管理合同、生产合同、共同研究开发、合作销售、共同投标和共同承揽工程项目等。合作经营、合作开发都属于非股权投资。通过非股权投资，既可以用少额投资获取利润，还可以对当地企业施加影响。因此，在对发展中国家进行投资时，如果在技术、管理和营销上东道国无力经营，同时中国企业在这些方面有充足优势，可以考虑非股权参与。

综上所述，由于未来会有更多的中小企业走出国门开辟海外市场，而这一群体存在运作效率虽高，但经营分散、抗风险能力差的问题，可以借助形成中小企业产业集群的模式加以解决。中小企业间存在共同性和互补性，通过企业间互动互助，能促进竞争升级和规模效应的发挥，并有希望培育出中国对外投资的新的优势。这种模式要求整合多个中小企业的生产、技术和销售优势，选择恰当的发展路径，循序渐进、逐步升级，辅以相应的公共政策支持，中小企业海外投资的竞争力会大大增强。

三　企业战略

中国企业进入国际市场，并非仅为扩张已有的比较优势，更多的是寻求新的发展优势。因此企业要根据新一轮国际产业转移的大趋势，进行跨国经营的战略规划和决策，并在走向国际市场的过程中，进行科学管理和战略控制，只有这样，才能真正达到国际化的目的。

第一，巩固的国内市场是国际化战略的基础。中国的国内市场是世界上最大的潜在市场，对选择跨国经营的国内企业来说，如何巩固国内市场份额是一个重要问题。如果走出去导致本土市场丧失，就会丧失发展的基础，最终导致国内国际市场两头皆空。健力宝和乐华等是这方面的失败案例，不注重国内市场的巩固和开发，只盲目推行国际化战略，当巨资被投入开辟国际市场时，国内市场却迅速萎缩，公司整体陷入困境。

第二，制定明确、科学的国际化发展战略。强调跨国经营战略与企业整体发展战略相协调，把国际化发展与企业的整体发展战略有机结合起来，企业的每项海外投资和跨国经营必须服从于整体战略。同时，海外发展战略需要以经济效益为核心，不能盲从国家战略要求。

第三，在海外投资项目选择上，要合理取舍产业链条，确定经营方向，从资源重组角度出发，以降低成本为基点，开拓海外市场或寻求海外资源和技术，将资源开发、技术开发、耗能高的生产环节和销售环节转向境外相关地区。同时，投资项目必须有利于巩固企业的核心竞争力，提升企业实力，这是企业在国际竞争中制胜的关键。

第四，着力完善跨国经营管理制度。包括投资决策制度、经营管理制度、人力资源管理制度以及风险规避制度等，以制度推动和约束企业发展，跨国经营的战略管理与控制制度是实现企业全球化资源优化配置的关键。

第五，加强成本管理和战略控制。企业在产业布局过程中，要兼顾成本和利润率，实行价值链管理，以母公司利润最大化为根本目标。对现有生产经营的产业链进行细分、延长，由国内外分支机构按资源优化组合的原则进行专业化分工协作，把国内劳动力资源的竞争优势转化为利润然后加大对研发和营销的投入，创立自主知识产权和自有品牌。

第六，高度警惕和防范跨国经营可能会遭遇的各类风险，建立风险评估机制和风险防范预案，通过快速反应机制，应对风险的发生并降低风险带来的损失。除政治风险可以依托中国政府和政策性机构获得相应的规避和赔偿外，交易风险、汇率风险、管理风险等，都需要企业依靠健全的风险防范机制进行规避。

第七，企业对外投资离不开充沛的资金来源。对外投资的资金来源应以内部资金来源为主，提倡以国产的设备、机器和材料等有形资产和专利权、技术及商标牌号等无形资产折股参与，以实现中国技术转移和产业结构的升级。同时，也要积极开拓对外筹资渠道，充分发挥外部资金来源的作用。目前发达国家跨国公司的资金来源中 40% 以上依赖外部融资，这种融资主要有三个途径：东道国银行贷款或在东道国资本市场发行证券和债券等筹款；向国际信贷市场、资本市场借贷；向有关国际经济机构借款。今后应着重通过开发外部资金来源和利润再投资来解决海外企业的资金问题。

参考文献

马克思：《资本论》第 1—3 卷，人民出版社 1975 年版。

列宁：《列宁选集》第 1—4 卷，人民出版社 1972 年版。

［英］亚当·斯密：《国民财富的性质和原因的研究》，商务印书馆 1974 年版。

［美］W. 阿瑟·刘易斯：《经济增长理论》，上海三联书店、上海人民出版社 1994 年版。

H. 钱纳里、S. 鲁宾逊、M. 赛尔奎因：《工业化和经济增长的比较研究》，上海三联书店、上海人民出版社 1995 年版。

［美］道格拉斯·C. 诺思：《经济史中的结构与变迁》，上海三联书店、上海人民出版社 1994 年版。

崔日明、徐春祥、金明玉：《跨国公司经营与管理》，机械工业出版社 2005 年版。

冯舜华、程伟：《比较经济体制学》，辽宁大学出版社 1993 年版。

汤敏、茅于轼：《现代经济学前沿专题》第 1、2、3 集，商务印书馆 2002 年版。

金承男：《韩国对外经济关系论》，吉林大学出版社 2000 年版。

金明玉：《东亚区域经济合作》，白山出版社 2006 年版。

［韩］宋丙洛：《韩国经济的崛起》，商务印书馆 1994 年版。

［韩］赵淳：《韩国的经济发展》，中国发展出版社 1996 年版。

［韩］金圣寿：《韩国经济的发展》，沈阳出版社 1994 年版。

［韩］金正濂：《韩国经济腾飞的奥秘》，新华出版社 1993 年版。

［韩］金麟洙：《从模仿到创新：韩国技术学习的动力》，新华出版社 1998 年版。

［韩］黄玉珏：《朝韩经济启示录》，中国发展出版社 1996 年版。

［韩］徐载轼：《南朝鲜经济》，黑龙江人民出版社 1989 年版。

［韩］李相俊：《韩国对外经济的成功与失败》，中国大百科全书出版社
　　1994 年版。

［日］中村哲：《近代东亚经济的发展和世界市场》，商务印书馆 1994
　　年版。

张世和：《韩国研究报告》（上、中、下），黑龙江朝鲜民族出版社 2000
　　年版。

张宝仁：《现代韩国经济》，吉林大学出版社 2000 年版。

陈龙山：《韩国经济发展论》，社会科学文献出版社 1997 年版。

李春虎、张世和：《当代韩国经济》，上海外语教育出版社 2003 年版。

［韩］安忠荣：《现代东亚经济论》，北京大学出版社 2004 年版。

张东明：《韩国产业政策研究》，经济日报出版社 2002 年版。

卢进勇：《入世与中国利用外资和海外投资》，北京对外经济贸易大学出
　　版社 2001 年版。

鲁明泓：《国际直接投资区位决定因素》，南京大学出版社 2000 年版。

张继康：《直接投资与市场结构效应》，上海财经大学出版社 1999 年版。

宋亚非：《中国企业跨国直接投资研究》，东北财经大学出版社 2001
　　年版。

刘红忠：《中国对外直接投资的实证研究及国际比较》，复旦大学出版社
　　2001 年版。

李钢主编：《"走出去"开放战略与案例研究》，中国对外经济贸易出版社
　　2000 年版。

赵月华、李志英：《模式Ⅰ——美国、日本、韩国经济发展模式》，山东
　　人民出版社 2006 年版。

《中国对外经济贸易年鉴（2004）》，中国经济出版社 2005 年版。

程惠芳：《对外直接投资比较优势研究》，上海三联书店 1998 年版。

联合国贸发会议：《2000 年世界发展报告》，中国财政经济出版社 2001
　　年版。

张碧琼：《国际资本流动与对外贸易竞争优势》，中国发展出版社 1999
　　年版。

薛永久：《世界贸易组织与中国大经贸发展》，北京对外经贸大学出版社
　　1997 年版。

厉以宁、曹凤岐：《中国企业的跨国经营》，中国计划出版社 1996 年版。

戴褚祥：《我国贸易收支的弹性分析》，《经济研究》1997 年第 9 期。

王厚双：《韩国对华投资的新特点与辽宁引进韩资的对策》，《党政干部学
　　刊》1997 年第 7 期。

金明玉：《韩国科技创新面面观》，《党政干部学刊》2006 年第 7 期。

金明玉：《朝鲜对外贸易政策的改革及其对我国的影响》，《面向太平洋》
　　2005 年总第 15 期。

金明玉：《战略性贸易政策及其在我国的应用》，《沈阳师范大学学报》
　　2005 年第 3 期。

金明玉：《朝鲜对外贸易政策改革、绩效与前景分析》，《湘潮》2005 年
　　第 1 期。

金明玉：《出口退税机制改革及其成效》，《辽宁教育行政学院学报》2004
　　年第 11 期。

金明玉：《21 世纪初中国汽车工业发展的战略选择》，《沈阳师范大学学
　　报》2003 年第 5 期。

金明玉：《韩国扶持中小企业发展的经验值得借鉴》，《党政干部学刊》
　　2002 年第 5 期。

钟昌标：《我国实施"走出去"战略的产业选择和区位选择》，《管理世
　　界》2001 年第 3 期。

骆林勇：《韩国对华投资特征分析及建议》，《国际经贸探索》2002 年第
　　5 期。

宋龙镐：《金融危机后的韩国对华直接投资》，《东北亚论坛》2001 年第
　　4 期。

王冬云：《跨国公司对华直接投资的现状与趋势》，《世界经济研究》2000
　　年第 3 期。

冼国明：《跨国公司 FDI 与东道国外资政策演变》，《南开经济研究》2002
　　年第 1 期。

朱孟楠、林勃：《发展中国家对外直接投资若干问题研究》，《世界经济研
　　究》1996 年第 2 期。

杨晓东：《海外直接投资对韩国出口的效应分析》，《亚太经济》2005 年
　　第 3 期。

董蓉蓉、臧新：《韩国对外直接投资与产业结构调整的实证分析》，《商业

研究》2006 年总第 351 期。

黄顺武、熊小奇:《韩国海外投资保障制度的研究及对我国的启示》,《亚太经济》2004 年第 4 期。

崔文子:《韩国企业的国际化战略》,《经济论坛》2001 年第 4 期。

安永万:《韩国企业跨国购并的实证分析》,《管理科学》2006 年第 8 期。

姜虹:《韩国对外直接投资的区域特征及成因》,《东北亚论坛》2002 年第 2 期。

谈萧:《韩国海外投资法制评析及启示》,《国际贸易问题》2006 年第 9 期。

杜亮:《中韩"蜜月"之患》,《中国企业家》2004 年第 10 期。

娟文:《韩国和日本钢厂将加大海外资源投资开发力度》,《中国冶金报》2006 年 3 月 7 日。

姜贵善:《韩国鼓励企业开发海外资源》,《中国国土资源报》2001 年 3 月 2 日。

韩京:《韩国海外直接投资大幅增长 中小企业作用突出》,驻韩国使馆经商处,2000 年 11 月 27 日。

韩京:《韩大企业海外投资远超本土》,《中国贸易报》2006 年 10 月 31 日。

张明扬:《韩大企业上半年海外投资"缩水"》,《东方早报》2005 年 8 月 3 日。

干玉兰:《海外投资热引发韩国内产业空洞化隐忧》,《国际商报》2006 年 11 月 15 日。

姚露:《韩企业投资海外能源今年将增 3 倍》,《中国贸易报》2006 年 2 月 14 日。

韩文:《韩国骨干建筑企业涌向海外》,《中国建材报》2006 年 3 月 7 日。

刘栋:《韩国企业海外投资发展特点》,《国际经济合作》1997 年第 5 期。

曹艳杰:《韩国对外投资的新热点——东北亚》,《学术交流》1997 年第 5 期。

潘伟光:《美国、韩国、新加坡促进企业对外投资政策及启示》,《计划与市场》2001 年第 1 期。

江海峰:《韩国 IT 产业竞争力探源》,《科学决策月刊》2006 年第 4 期。

黄胜涛:《韩国对外直接投资的区位选择》,《世界地理研究》1997 年第

12 期。

金明华:《韩国对外投资的特点、动因及发展趋势》,《黑龙江财专学报》
　　1997 年第 1 期。

吴德烈:《韩国对外直接投资重点转移》,《国际贸易》1995 年第 9 期。

门明:《韩国对外直接投资政策及其对我国的启示》,《决策借鉴》1996
　　年第 12 期。

丁晓燕:《韩国对外投资的发展》,《东北亚研究》2002 年第 2 期。

康日南:《韩国海外投资迅速发展的主要特点及其趋势》,《中央财政金融
　　学院学报》1994 年第 6 期。

宋魁:《韩国对外投资的特点与走势》,《东北亚研究》2001 年第 1 期。

[韩] 洪德彪:《韩国企业的全球化战略》,《国外社会科学》2002 年第
　　3 期。

李柱锡:《韩国的对外直接投资》,《东北亚研究》2001 年第 1 期。

张喜民:《韩国对外投资的阶段性特点及其成因》,《亚太经济》1994 年
　　第 1 期。

邵勋:《韩国对外投资的回顾与前瞻》,《经济研究参考》1998 年第 1 期。

国家计委赴韩国宏观经济管理研讨团:《韩国政府是如何管理海外投资
　　的》,《经济学消息报》1999 年第 4 期。

[韩] 尹换新:《韩国在东南亚的直接投资》,菲律宾《当代亚洲杂志》
　　1995 年第 2 期。

刘志伟:《中国的对外直接投资对其国际收支影响的实证研究》,《国际贸
　　易问题》2006 年第 12 期。

祝建民:《对外直接投资与经济增长的相关性及其动机探讨》,《商场现代
　　化》2005 年第 1 期。

陈晓莉:《论中国对外直接投资的经济效应》,《商场现代化》2006 年第
　　6 期。

王林:《中国对外直接投资与产业结构调整研究》,《价值工程》2006 年
　　第 6 期。

韩世坤:《中国企业跨国并购的障碍因素分析》,《改革》2001 年第 4 期。

项本武:《对外直接投资的贸易效应研究——基于中国经验的实证分析》,
　　《中南财经政法大学学报》2006 年第 3 期。

戎建:《美国对外直接投资对国际收支的影响》,《世界经济与政治》2005

年第 5 期。

黄瑞芬：《论外商直接投资与国际收支平衡的关系》，《青岛行政学院学
　报》2005 年第 6 期。

朱金生：《对外直接投资与经济增长的关联及启示》，《国际经贸探索》
　2000 年第 2 期。

国际经济合作编辑部：《中国对外直接投资：快速发展 健康有序——2005
　年度中国对外直接投资统计公报发布》，《国际经济合作》2006 年第
　9 期。

孙来斌：《后发优势研究述评》，《经济社会体制比较》2006 年第 4 期。

吴钧：《发展中国家对外直接投资后发优势探析》，《淮阴师范学院学报》
　2006 年第 5 期。

胡汉昌：《后发优势战略与比较优势战略》，《江汉论坛》2002 年第 9 期。

李建萍：《论中国对外直接投资的出口效应》，《上海商学院学报》2006
　年第 12 期。

李雪欣：《中国对外直接投资动因分析》，《辽宁大学学报》1997 年第
　1 期。

臧新等：《日韩国内经济与对华直接投资关联性的比较》，《世界经济与政
　治论坛》2006 年第 3 期。

曹晓蕾：《韩国企业在华投资新趋势与长三角地区引进韩资的对策思考》，
　《江苏商论》2006 年第 11 期。

周小兵：《韩国经济结构转型及其对华投资的影响》，《当代韩国》2005
　年夏季号。

梁志坚：《日韩在华直接投资：现状与对策》，《国际经济合作》2005 年
　第 2 期。

金美子：《韩国投资企业对我省的投资现状及发展趋势》，《黑龙江经济
　报》2005 年 3 月 17 日。

周宏燕：《韩国对华直接投资战略转变及深层原因分析》，《生产力研究》
　2006 年第 7 期。

陈德民：《韩国对华直接投资的地区分布不平衡及调整建议》，《当代韩
　国》2006 年秋季号。

安虎森：《韩国对华投资现状、特点与问题》，《学术界》2006 年第 3 期。

孙启明：《韩国对华投资：发展状况与作用》，《国际经济合作》2006 年

第 6 期。

张慧智：《在华韩资企业的投资经营分析》，《东北亚论坛》2004 年第 4 期。

刘蕾：《韩国对华投资分析》，《石河子大学学报》2006 年第 2 期。

何俊华：《韩国在华投资产业结构研究》，《边疆经济与文化》2006 年第 5 期。

张存涛：《人均 GDP1000—3000 美元时期韩国产业政策调整及启示》，《世界经济研究》2006 年第 9 期。

韩秋：《韩国产业结构转换中的动态比较优势》，《黑龙江社会科学》2006 年第 3 期。

吴相奉：《韩国产业的主要课题与今后产业结构变化的方向》，《当代韩国》2005 年秋季号。

周松兰：《韩国的脱工业化特点、产业结构调整重点及其启示》，《外国经济与管理》2004 年第 2 期。

金善女：《韩国的产业政策调整及其对我国的启示》，《经济论坛》2005 年第 11 期。

吴宗杰：《日本、韩国产业政策演变对我国的启示》，《经济纵横》2006 年第 8 期。

霍焱：《韩国新一轮产业结构调整及其对我国经济结构调整的启示》，《延边大学学报》2004 年第 1 期。

周田君：《日韩产业转移与山东半岛制造业发展》，《东北亚论坛》2005 年第 6 期。

刘秀莲：《透视韩国产业空洞化》，《世界知识》2004 年第 15 期。

金善女：《韩国产业政策的成功演变及其启示》，《河北工业大学学报》2005 年第 6 期。

关秀丽：《中韩产业结构调整趋势及产业合作前景》，《经济纵横》2003 年第 3 期。

徐佳宾：《韩国的产业结构调整和税制改革》，《税务研究》2002 年第 11 期。

陶美珍：《中韩产业结构的对比与产业合作前景》，《南京经济学院学报》2002 年第 4 期。

张小兰：《战后韩国产业结构演变的成功经验对我国的启示》，《商业研究》2002 年第 7 期。

付景新：《对韩国与巴西利用外资调整产业结构的对比分析》，《工业技术经济》2002 年第 4 期。

马常娥：《韩国的产业结构调整及其启迪》，《世界经济与政治论坛》2001 年第 2 期。

肖龙阶：《论韩国区域发展政策与产业结构调整》，《东南大学学报》（哲学社会科学版）2000 年第 2 卷增刊。

王林昌：《韩国调整产业结构 提高竞争能力》，《人民日报》2002 年 1 月 23 日第 7 版。

姜明辉：《从现代集团透视韩国产业政策的发展》，《北京航空航天大学学报》（社会科学版）2001 年第 1 期。

徐佳宾：《产业调整中的政策基点分析——韩国的工业化历程及其对中国的启示》，《中国工业经济》2000 年第 12 期。

石柱鲜：《论企业对外直接投资对韩国产业结构的影响》，《世界经济》1999 年第 10 期。

潘悦：《大垄断企业在韩国产业结构发展中的地位和作用》，《山东大学学报》（哲学社会科学版）1993 年第 3 期。

Wan-Soon Kim. "Challenges of Korea's Foreign Direct Investment Led Globalization : Multinational Corporations'Perceptions." *Asia Pacific Business Review*, Mar. 2007, Vol. 13, Issue 2, pp. 163-181.

Lim, Sung-Hoon, "Effects of Outward Foreign Direct Investment on Home Country Exports：The Case of Korean Firms." *Multinational Business Review*, Spring, 2001, Vol. 9, Issue 1, pp. 42, 8.

Steven Globerman. "Global Foreign Direct Investment Flows : The Role of Governance Infrastructure." *World Development*, 2002, 30 (1): 1899-1919.

Victor M. Gastanaga, Jeffrey B. Nugent, Bistra Pashamova. "Host Country Reforms and FDI Inflows：How Much Difference Do They Make?" *World Development*, 1998, 26 (7)：1299-1314.

Altzinger, W. Christian Bwllak, 1999. "Direct Versus Indirect FDI : Impact on Domestic Exports and Exployment Growth and Employment in Europe：Sustainability and Competitivess." NBER Working paper, No. 9, Nov.

Altzinger, W. and Bellzk, C. , 1999. "Direct versus Indirect FDI: Impact on Domestic Exports and Employment." Paper presented at the EIBA, Manchester.

Andersen, P. S. and Hainaut, P. , 1998. Foreign Direct Investment and Employment in Industrialized Countries (Working Paper No. 61). Basle, Switzerland: BIS-Bank for International Swttlements.

Balasubramanyam, V. N. , 1989. Incentives and Disincentives for FDI in Less Developed Countries. Weltwirschaftliches Archiv, 120.

Bayoumi, T. and G. Lipworth, 1997. "Japanese Foreign Direct Investment and Regional Trade." IMF Working Paper, No. 97/103.

Blomstrom, Gunnar Fors, Robert E. Lipsey, 1997. "Foreign Direct Investment and Employment, Home Country Experience In the United States and Sweden." NBER Working Paper, No. 6205, Oct.

Blomstrom & Denise Konan & Rober E. Lipsey, 2000. "FDI in the Restructure of the Japanese Economy National Bureau of Economic Resreach." Working Paper 7963, May.

Brainard, S. L. and Riker, D. A. , 1997. "Are U. S. Multinationals Exporting U. S. Jobs?" Working Paper NO. 5948, New York: NBER.

Campbell, D. 1994. "Foreign Investment, Labour Immobility and the Quality of Employment." *International Labour Review*, 133 (2), 185-204.

Cantwell, John, Paz Estrella E. Tolentino, 1990. "Technological Accumulation and Third World Multinationals." University of Reading Discussion Paper in International Investment and Business Studies, No. 139, May.

R. E. Caves, 1996. *Multinational Enterprise and Economic Analysis* (Second Edition). Cambridge University Press.

J. H. Dunning, A. M. Rugman, 1985. "The Influence of Hymer's Dissertation on the Theory of FDI." *American Economic Review*, 75.

Fors, G. and Kokko, A. , 1999. "Home Country Effects of FDI: Foreign Production and Structural Change in Home Country Operations." Paper presented at the Les Strategies Enterprises Multinationales, Universite de Paris.

Hamill, J. , 1992. "Employment Effects of Changing Multinational Strategies in Europe." *European Management Journal*, 10, 334-40.

Hamill, J., 1993. "Employment Effects of Changing Multinational enterprises." in P. Bailey, A. Prisotto and G. Renshaw (eds.). *Multinational and Employment, Global Economy of the 1990s.* Geneva: International Labour office.

Horst, T., 1974. "American Exports and Foreign Direct Investment." Abaoston: Discussion Paper No. 362. Harvard Institute of Economic Research.

Hufbauer, G. C. and Adler, F. M., 1968. "Overseas Manufacturing Investment and Balance of Payments." Tax Policy Research Study No. 1, Washington: US Treasury Dept.

Goldberg, L. S. and M. W. Klein, 1998. "Foreign Direct Investment, Trade and Real Exchange Rate Linkages in South East Asia and Latin America." NBER Working Paper No. 6344.

Grazia Letti-gillies, 1998. "Earnings from Foreign Direct Investment: Possible Effects on Domestic Economies and Patterns in EU Countries." Paper Number 9-98 in Center For International Business Studies, South Bank University.

Kravid, I. B. and Lipsey, R. E., 1998. "The Effect of Multinational Firms'Foreign Operations on Their Domestic Employment." Working Paper No. 2760, New York: NBER.

Lipsey, 1994. "Outword Direct Investment and The US Economy." NBER Working Papers No. 691.

Ramstetter, 1991. "Regional Patterns of Japanese Multinational Activity In Japan and Asia's Developing Countries: Empirical Studies in Regional and International Economics." The Institute of Economic and International Studies Kansiai Universities.

Lipsey, R. E., Blomstron, M., and Ramstetter, E., 1995. "Internationalized Production in World Output." NBER Working Paper 385, Cambridge, Mass. : NBER.

R. E. Lipsey, Eric D. Ramstetter, Magnus Blomstrom, 2000. "Outword FDI And Parent Exports and Employment: Japan." The United States & Sweden NBER Working Paper 7623, Mar.

Martin Feldstein, 1994. "The Effects of Outbound Foreign Investment on the Domestic Capital Stock." NBER Working Paper 4668.

L. Nachum, J. H. Dunning and G. G. Jones, 2000. "UK FDI and the Comparative Advantage of the UK." *World Economy*, 5, 701-719.

Pontus Braunerhijelm, Lars Oxelheim, 1998. "Do Foreign Direct Investment Replace Home Country Investment? The Effect of European Integration on the Location of Swedish Investment." The Arne Ryde/CEPR-conference on New Issues on Trade and Location.

Swvensson, R., 1996. "Effects of Overseas Production on Home Country Exports: Evidence Based on Swedish Multinationals." Weltwristschaftliches Archiv, 132 (2), 304-329.

Stevens, V. and R. Lipsey, 1992, Interactions between Domestic and Foreign Investment." *Journal of International Money and Finance.*

David Wall, 1997. "Outflow of Capital from China." OECD Technical Paper No. 123, March.

Buckly, P. J., Casson, M., 1976. "The Future of the International Enterprise." London, Macmillan, A Theory of International Operation, North-Holland Amaterdam.

Caves, R. E., 1996. Multinational Enterprise and Economic Analysis (Second Edition). Cambridfe, UK: Cambridge University Press.

Dunning, J. H., 1993. Multinational Enterprises and the Global Economy. Wokingham: Addison Wesley. *Economic Commission for American.*

Hymer, S., 1960. "International Operation of National Firm: A Study of Foreign Direct Investment." Doctoral Dissertation, Massachusetts Institute of Technology.

Kojima, K., 1978. *Direct Foreign Investment.* Croon Helm, London.

Lall, Sanjaya, 1994. "Transnational Corporation and Economic Development." UN Library on TNC, London: Routledge.

Mucchielli, J-L., and Chedor, S., 1999. "Foreign Direct Investment, Export Performance and the Impact on Home Employment: An Empirical Analysis of French Firms. In S. -G. Lee & P. -B. Ruffini (Eds.). *The Global Integration of Europe and East Asia, Studies of International Trade and Investment.* Cheltenham: Edward Elgar.

后　记

　　《韩国对外直接投资的发展轨迹及其绩效研究》是在我博士学位论文的基础上经过认真修改及查找大量数据补充整理而成的。可以说，它是我自研究经济学以来最重要的研究成果之一，也是对我多年来专心研究朝鲜半岛经济及东亚经济的一个总结。

　　自1992年中韩建交以来，中韩经贸合作经历了二十多年的发展，取得了丰硕的成果。韩国经济的成功起飞，创造了举世瞩目的"汉江奇迹"，并且中韩一衣带水，在经济结构上有很多相似性，使得韩国经济的发展成为中国经济发展的一个重要的借鉴对象。于是，大量的中国学者开始研究韩国经济，探索其成功的奥秘，借鉴其经验与教训。另外，对外直接投资作为经济发展的一个重要手段，世界各国在本国经济发展到一定阶段的时候，纷纷走上发展对外直接投资的道路。中国也不例外。中国应该如何走出去？怎样走出去？也是我一直关注和研究的问题。可以说，韩国作为新型工业化国家的代表，是比较成功地通过对外直接投资促进国内经济发展取得显著成效的国家之一。从2005年开始，中国政府鼓励本国的企业"走出去"，从政策、金融等方面给予大力的支持。到目前为止，中国的对外直接投资取得了一定的成果。因为国内的很多学者研究美国等发达国家的对外直接投资，却几乎没有研究新型工业化国家的对外直接投资，所以我系统地研究了韩国的对外直接投资。一方面，我的研究成果可以成为政策制定者的重要参考；另一方面，也可以填补国内这一领域的研究空白。

　　在本书即将出版之际，我要特别感谢我的博士生导师、著名的国际贸易研究专家辽宁大学崔日明教授。从本书的选题、构思、框架、写作，到最后的定稿都是在崔老师的悉心指导下完成的。崔老师的为人为学都令我深深折服，他的榜样力量是我工作和学习生活的动力，其严谨的治学态度和敏锐的洞察力是我做崔老师的学生的最深切感受。曾记得，我初到沈阳工作，在这陌生的城市，对于进一步攻读博士学位感到非常茫然，是崔老师鼓励我，使我有信心攻读博士学位，并最终实现了我的理想；也是崔老师给予我进入更高层次研究领域的机会。毕业后，在工作和生活中，崔老师也一直关怀和帮助着我。非常感谢老师，作为您的学生是我一生的荣幸和骄傲。

我要感谢辽宁大学程伟教授、徐坡岭教授、金明善教授和冯舜华教授，感谢他们对我的授业、解惑以及为我的论文写作提出的大量宝贵意见，是他们中肯、允当的评论推动了这篇论文的不断完善，也是本书得以完善的不可或缺的前提。特别要感谢金明善先生和冯舜华先生，在世界经济专业博士课程的学习过程中，两位先生不辞辛劳地带我们攻读了大量的古典经济学名著，检查我们的读书笔记，使我们深刻地感受到了经济学的博大精深，使我受益终生。

我要感谢沈阳师范大学副校长王大操教授和沈阳师范大学国际商学院院长李峰教授，在写作博士论文期间和本书的修改期间，在工作和生活中给予我的大量帮助，使我顺利地完成了博士论文的写作，顺利地通过论文答辩。在此深表感谢！

最后，我要感谢我的母亲朴明吉女士，她在我考博士、攻读博士学位以及博士论文的写作过程中，给予我无私的帮助，帮助我照顾孩子。她不仅给予我生命，更给予了我伟大的母爱。谢谢您，女儿祝您健康长寿！我也要感谢我的丈夫吴先锋以及女儿吴智媛，是你们的理解和支持，使我一步一步地实现了自己的理想。

人生是一个不断选择、探索的过程，在我的每一次选择和探索中都包含了老师及家人的鼓励与支持，我从心底里感激每一位关心我、帮助我和支持我的人，并真心地祝福他们一生幸福平安。

金明玉

2014 年 9 月